Gotteslehrerinnen

Luise Schottroff • Johannes Thiele
(Hrsg.)

Gottes-lehrerinnen

Kreuz Verlag

Fotonachweise:
S. 9 Jesper Dijohn, Köln (D. Sölle)
S. 16 J. B. Metz, Münster
S. 106 Foto-Wirth, Calw
S. 114 J. Steudner, Jüdische ABC-Schul, 1665, S. 305, nach der 1. Ausgabe des syrischen Neuen Testaments von dem Reuchlinschüler Johann Albert Widmannstadt, Wien 1555. Aus: Friedrich Häussermann, »Pictura Docens«, Blätter für Württembergische Kirchengeschichte, Stuttgart 1966/67
S. 117 Titelkupfer der gedruckten Einweihungsrede von Balthasar Raith (1673). Aus: Friedrich Christoph Oetinger, »Die Lehrtafel der Prinzessin Antonia«, Berlin 1977, Band 1, Verlag de Gruyter
S. 230 B. v. Wartenberg-Potter (L. Kroehler)
S. 248 Barbara Davatz, Zürich (M. Bührig)
S. 249 E. Herb, Frankfurt (M. Dirks)
S. 250 G. Berrnink, Nijmegen (C. M. Halkes), Georg Rizer (C. Heyward), Jesper Dijohn, Köln (W. Jens)
S. 251 Foto Grohe, Tübingen (E. Moltmann-Wendel)
S. 252 und Umschlagrückseite Foto Ebrecht, Kassel (Luise und Willy Schottroff)
S. 254 Foto Jannasch, Marburg (M. Veit)

CIP-Titelaufnahme der Deutschen Bibliothek

Gotteslehrerinnen / hrsg. von Luise Schottroff u. Johannes Thiele. –
1. Aufl. – Stuttgart : Kreuz-Verl., 1989
ISBN 3-7831-0992-2
NE: Schottroff, Luise [Hrsg.]

1. Auflage

Umschlaggestaltung: Jürgen Reichert, Kornwestheim
Gesamtherstellung: Wilhelm Röck, Weinsberg
ISBN 3 7831 0992 2

Inhalt

Über die Schwierigkeit, Gott zu lehren

Gott zu lehren
ist schwer für Lehrer
und Lehrerinnen,

weil es den Gott,
den es gibt, nicht gibt.
Gott ist kein Etwas,

sagt ein katholischer Lehrer.
Es geht vielleicht doch,
wenn sie bereit sind,

ein Stück Gott von sich
zu verschenken an andere.
Daß den Frauen das besser gelingt,

ist gerne zu glauben,
denn es ist leichter für Frauen,
Mensch zu werden,

sagt eine protestantische Lehrerin.

Horst Kirchmeier

Dorothee Sölle

Zum 60. Geburtstag

Die Autorinnen und Autoren
dieses Buches

Der Kreuz Verlag

Zur Einführung: Erinnerung an die Gotteslehrerinnen

Luise Schottroff und Johannes Thiele

Die Geschichte der Gotteslehrerinnen, die dieses Buch exemplarisch zu erzählen versucht, ist eine verdrängte Geschichte. Von Anfang an sind Gotteslehrerinnen in der herrschenden Kirche unsichtbar gemacht worden. Frauen, deren Denken und Fühlen, deren Arbeit die Kirche zum Wachsen und Blühen gebracht haben, wurden übersehen, belächelt, verdächtigt oder gönnerhaft kleingehalten. Dieses versunkene, zum Schweigen gebrachte, in den Untergrund abgedrängte Erbe durchzieht wie ein subversiver Strom die christliche Tradition. Es ist auch eine wesentliche Antriebskraft aller feministischen Theologie. Wir glauben, daß das feministische Projekt in Theologie und Kirche nicht vorangebracht werden kann, ohne dieses Erbe freizulegen, ohne Wurzeln in der Geschichte zu suchen, Wurzeln, die tief im Erdreich den Grund aller Befreiungserfahrung bilden. Es erscheint uns wesentlich, daß die Vergangenheit der feministischen Gotteslehre aus der Zone des kalten Vergessens befreit wird, daß sie befreiend auch für uns zur Sprache gebracht werden muß. Diesem Anliegen möchte das vorliegende Buch in besonderer Weise entsprechen. Indem es sich als einen Teil der feministischen Geschichtsschreibung begreift – die, wie im Inhaltsverzeichnis bereits erkennbar ist, nicht nur von Frauen betrieben werden muß –, erschüttert es die männlichen Exklusivitäten der bisherigen Wissenschaftspraxis. Die hier versammelten Beiträge fordern jeder für sich das Recht ein, daß feministische Fragestellung und Perspektive auch in historischen Fragen des Glaubens nicht nur additive Funktion haben. Sie beruhen auf Erfahrungen, die denen der Männer oft konträr sind. Dabei ist klar, daß das historische

Interesse nicht gegenwartsvergessen bleiben, sondern zugleich in den Prozeß heutigen theologischen Denkens eingebracht werden soll. Die mühsame Rekonstruktion der Geschichte von Frauen erfährt daher hier nur einen weiteren Anstoß; es werden allerhöchstens Teilergebnisse vorgestellt. Das Ziel, Frauen in Geschichte und Gegenwart aus dem Verschweigen zu befreien und den Wärmestrom der christlichen Tradition damit zu verbreitern, ist ein fernes Ziel am Horizont, das wir zwar wahrnehmen, auf das wir uns aber nur langsam zubewegen.

Es geht uns also zum einen um Ansätze einer neuen Art der Geschichtsschreibung: eine Geschichte von unten, eine Geschichte, die die Tradition derer weiterbuchstabieren will, die marginal geblieben sind, deren Lehre verschüttet wurde, die mißachtet, benachteiligt oder gar ermordet worden sind. Die Klagemauer ist nicht der Ort, an dem wir verharren wollen, so notwendig und befreiend es ist, zu trauern und zu klagen. Wir wollen die verwitterten Botschaften entziffern, die uns von Frauen überkommen sind, Frauen, die auf ihre ganz eigene Weise von Gott gesprochen und gelehrt haben. Es ist ein Projekt gefährlicher Erinnerung, einer Erinnerung, die gleichzeitig Gedächtnis eines Gegenentwurfs zur herrschenden Theologie ist. Dieser Gegenentwurf ist – wie gesagt – nur in mühevoller Archäologie zu rekonstruieren. Aber er ist gleichwohl in der Geschichte des Christentums lebendig geblieben, trotz all der zwielichtigen Manöver und offenkundigen Anschläge, die Frauen ins Dunkel der Jahrhunderte abgedrängt haben. Welche verborgenen Schätze liegen in der Geschichte des Christentums begraben! Welche Kämpfe haben Frauen durchstehen müssen, wenn sie für die Gerechtigkeit gearbeitet haben! Wir stehen in einer Tradition, die von diesem Erbe, diesen Gegenentwürfen lebt.

Die Erinnerung an die Gotteslehrerinnen ist Erinnerung an Arbeit für Gerechtigkeit und Frieden. Gotteslehrerinnen haben sich – anders als manche Männer, die sich für Gotteslehrer hielten und noch dafür gehalten werden – eigentlich nie als Lehrautoritäten verstanden, die die »richtige« Lehre der Kirche formulieren. Auch darin sind sie wie ein Gegenentwurf zur herrschenden Praxis in Kirche und Theologie. Sie lehren uns eine andere Sprache, eine andere Sichtweise, ein anderes Erleben Gottes. Sie treten nicht mit dem Anspruch auf, abweichende Meinungen abdrängen oder verketzern zu müssen. Sie wollen Mut machen zum Glauben. Wir wollen damit nicht sagen, daß Frauen »von Natur aus« bessere und solidarischere Menschen seien. Sie werden nur durch ihre Unterdrückungserfahrungen manchmal mit der Sensibilität für das Unrecht begabt. Die Autorität der Gotteslehrerinnen kommt nicht aus der Macht von großen, gesellschaftlich mächtigen Institutionen, aus deren »Ämtern« Frauen ferngehalten wurden und weitgehend noch immer ferngehalten werden. Die Autorität der Gotteslehrerinnen kommt aus ihrer Lebenspraxis, aus der Glaubwürdigkeit ihrer Rede, aus der Solidarität ihres Lebens.

Wir nennen dieses Buch ein feministisches Projekt, auch wenn sich vielleicht nicht alle Autorinnen und Autoren von vornherein mit einem solchen Etikett einverstanden erklären oder befreunden würden. Wir haben allerdings auch niemanden vorher um irgendwelche Bekenntnisse zum Feminismus in der Theologie gebeten oder sie zum Kriterium für die Möglichkeit der Mitarbeit gemacht. Feministische Theologie ist nach unserem Verständnis eine Befreiungstheologie, die sich nicht darin erschöpft, gegen offenkundige Mißstände zu sein. Feministische Theologie vertreibt den Mief eines sündenschnüffelnden Protestantismus wie jene so häufig mißbrauchte staatstragende Männertheologie, die so gut fürs Sturmgepäck taugte. Feministische Theologie entdeckt statt dessen lebensfreundliche Qualitäten: Leib, Natur, Eros, Freude, Verstehen, Wärme, Fest, Spiel, Solidarität und Kommunität. Aber sie ist auch unerbittlich kritisch gegen alle (theologischen) Versuche, Frauen in Kirche und Gemeinde auf weiblich-dienende Funktionen zu reduzieren. Gotteslehrerin ist noch ein sehr vorläufiger Begriff, ihm entspricht noch immer keine weithin akzeptierte Realität. Obwohl es in der Geschichte immer Gotteslehrerinnen gegeben hat – und dieses Buch unternimmt den Versuch, ihre Geschichte zu erzählen –, sind sie weitgehend Ausnahmen geblieben. Und doch, so meinen wir, ist das feministische Projekt in Theologie und Kirche heute irreversibel – gerade auch, weil wir solche Wurzeln in der Geschichte entdecken können. Es mag den einen Theologen oder den anderen Kirchenfürsten oder Funktionär geben, die sich die vorfeministischen Zeiten zurückwünschen, doch die theologische Forschungsarbeit, das praktisch-politische Handeln und die Organisation neuer Solidaritätsformen durch Frauen wird die konfessionellen Landschaften der westlichen Welt noch viel grundlegender verändern, als dies heute überhaupt abzusehen ist – und dies nicht trotz, sondern gerade wegen der Stolpersteine, die der feministischen Theologie hierzulande und allerorten in den Weg gelegt werden. Und gerade auch wegen des Zorns und der heiligen Unberechenbarkeit von theologisch arbeitenden Frauen, die niemals mehr akzeptieren werden, daß Frauen nach wie vor mehr Objekt als Subjekt der Wissenschaft sind, ohne Chance, ihre eigene Geschichte ausreichend zu erforschen, ihre eigenen Fragestellungen einzubringen und ihre eigenen Erfahrungen zum Ort theologischer Reflexion zu machen.

Die Lehre der Frauen von Gott war und ist unkonventionell. Sie ist oft so überraschend und erfrischend wie der Geist, der über die »Mauerkirchen« hinwegweht und die lebendigen Menschen erreicht. Wir ehren mit diesem Buch eine Frau, die uns seit langem schon wie eine Gotteslehrerin par excellence erscheint: Dorothee Sölle. Ihr 60. Geburtstag ist ein zufälliger und zugleich willkommener Anlaß der öffentlichen Erinnerung, was sie für die Theologie der vergangenen dreißig Jahre bedeutet. Dorothee Sölle ist zweifellos eine ungewöhnliche Frau, aber sie steht in einer Tradition. Sie hat Mütter und Schwestern, und sie hat heute zahlreiche Freundinnen und Freunde, von denen sich hier einige zusammengefunden haben. Wir widmen ihr dieses Buch zum Dank für die Solidarität, mit der Dorothee Sölle uns Gott gezeigt, gelehrt und gelebt hat.

Kassel und Stuttgart
zum 30. September 1989

Die Synagoge als Gotteslehrerin

Johann Baptist Metz

Manchen mag die Wahl meines Titels befremdlich erscheinen, anderen zumindest seine Durchführung wie eine Themenverfehlung vorkommen. Ich bin freilich zuversichtlich, daß Dorothee Sölle mir die gewisse List, mit der ich mich in das ihr gewidmete Thema einfädle, nicht verübeln wird. Schließlich gehört gerade sie zu jenen, denen ich mich dankbar verbunden und verpflichtet weiß in der Unruhe der Frage nach dem Antlitz christlicher Theologie »nach Auschwitz«.

Die kleine oberpfälzische Stadt, aus der ich stamme, gehört kirchlich zur Erzdiözese Bamberg. Im Bamberger Dom, in dem ich 1954 zum Priester geweiht wurde, gibt es neben anderen berühmten Kunstschätzen auch das symbolträchtige weibliche Figurenpaar »Kirche – Synagoge«, und ähnlich wie im Straßburger Münster ist auch in Bamberg die Synagoge dargestellt als Frau mit verbundenen Augen.

Wenn ich heute dieses Figurenpaar anschaue, sehe ich es mit gänzlich anderen Empfindungen, anderen Fragen und anderen Erwartungen an als damals, zur Zeit meiner Priesterweihe. Heute schaue ich auf diese beiden Figuren mit den Augen eines Theologen, dem langsam, vermutlich viel zu langsam, bewußt wurde, daß er christlicher Theologe nach Auschwitz ist, und dieses Bewußtsein kennzeichnet einen tiefen Riß in meiner christlich-theologischen Biographie. Seitdem bestimmt mich und meine theologische Arbeit die Auffassung, daß es im Blick auf Auschwitz nicht nur um eine Überprüfung der christlichen Theologie des Judentums geht, sondern um eine Überprüfung christlicher Theo-logie, also christlicher Gottesrede überhaupt.

Wenn ich heute dieses Bildnis der Synagoge mit den verbundenen Augen anschaue, dann bewegt und beunruhigt mich die Frage, was diese Augen wohl gesehen haben, was sie von Gott

Die »Synagoge« im Bamberger Dom

wissen und was wir im Christentum theologisch – und nicht selten höchst gewalttätig – unsichtbar gemacht und zum Verstummen gebracht haben. Wenn ich heute dieses Bildnis sehe, dann frage ich mich bange, ob nicht in jener Nacht, als die Synagogen brannten, eine Gottesweisheit zur Asche werden sollte, ohne die auch wir Christen nicht wissen können, wo uns der Kopf steht und das Herz schlägt, wenn wir »Gott« sagen – und wenn wir »Jesus« sagen, der bekanntlich kein Christ, sondern Jude war. Wenn ich heute auf dieses Bildnis schaue, dann sehe ich in dieser Frau mit den verbundenen Augen auch eine Gotteslehrerin für uns alle. Und davon möchte ich hier sprechen: von der Synagoge als Gotteslehrerin.

Ich versuche das unter zwei Voraussetzungen. Einmal verstehe ich hier die Synagoge nicht primär als Gebets- und Versammlungsraum gläubiger Juden, sondern als Sinnbild und monumentale Erinnerung des biblischen Israel – wie das wohl auch in dem Figurenpaar Kirche – Synagoge angedeutet ist. Und zum andern beschränke ich mich auf einige wenige Blickpunkte in der Gotteslehre Israels und der Synagoge, auf jene nämlich, die gerade den Christen immer wieder aus den Augen geraten, so daß sie ihrerseits wie blind und mit verbundenen Augen von jenem Gott sprechen, den wir – mit Paulus, mit dem Neuen Testament – als den Gott der Juden und Christen bekennen.

1. Die Synagoge als Gotteslehrerin: Sie lehrt uns den *Geist der Erinnerung,* den gottfähigen Geist der Erinnerung, sie rückt Erinnerung und Erlösung nahe zusammen. Gottlosigkeit, Heillosigkeit ist eine Art des Vergessens, in dem schließlich auch des Menschen nicht mehr gedacht wird. Prägt solche Erinnerung, solches Eingedenken auch den Geist des Christentums und unserer christlichen Gottesrede? Ich habe da Zweifel und Sorge. Setzte nicht sehr früh in der Geschichte des Christentums so etwas wie eine Halbierung des Geistes des Christentums ein? Gewann in der christlichen Theologie nicht die Auffassung die Oberhand, der Glaube der Christen wurzle zwar in Israel, der Geist aber stamme – ausschließlich – aus Athen, aus dem Griechentum?

Ohne die Bedeutung des griechischen Geistes für das Christentum unterschätzen oder gar leugnen zu wollen, bleibt doch die Frage: Hatte denn Israel selbst kein Geistangebot an das Christentum und an Europa? Doch, es gibt ein originäres Geist- und Denkangebot für das Christentum auch aus Israel. Es handelt sich dabei um das – gerade in der traditionellen christlichen Theologie selbst hartnäckig verborgene – Denken als Andenken, als geschichtliches Eingedenken.

In diesem Sinne hätte zu gelten: Israel gehört nicht nur in die Glaubensgeschichte, sondern auch in die Geistesgeschichte des Christentums und mit ihm in unsere europäische Geistesgeschichte. Erst wenn der Geist Israels ein Heimatrecht in der Geistesgeschichte Europas hat, werden auch die Synagogen nicht nur geduldet, sondern anerkannt sein. Erst dann wird man die Emanzipation der Juden nicht mehr als Emanzipation vom jüdischen Geist mißverstehen.

Fehlt uns dieser Geist des Erinnerns nicht – mitten im Christentum, mitten in Europa? Der jüngste sogenannte Historikerstreit um die Einschätzung von Auschwitz weckte in mir immer wieder die Frage, ob wir mit dieser Katastrophe von Auschwitz vielleicht nur deshalb so unsicher und zwiespältig umgehen, weil uns der Geist, der in Auschwitz endgültig ausgelöscht werden sollte, fehlt; weil uns der Geist der Erinnerung fehlt, der nötig wäre, um wahrzunehmen, was in einer solchen Katastrophe auch mit uns, mit Europa und schließlich mit unserer Rede von Gott und Mensch geschah.

Fehlt uns dieser Geist des Erinnerns nicht – mitten im Christentum, mitten in unserer europäischen Zivilisation? Warum ist uns das Vergangene so vergangen, warum sind uns die Toten so tot, warum wird gerade uns Christen die Sprache zum beschwörenden Zitat, wenn wir heute den urbiblischen Satz von der Auferweckung der Toten verkünden? Warum stehen wir ratlos, vielleicht staunend vor Sätzen wie denen von Christa Wolf: »Das Vergangene ist nicht tot, es ist nicht einmal vergangen… *Wir* trennen es von uns ab und stellen uns fremd«? Warum geriet bei uns die europäische Aufklärung und die damit verbundene wissenschaftliche Zivilisation in die Gefahr, die fortschreitende Amnesie, die fortschreitende Erinnerungslosigkeit für den eigentlichen Fortschritt zu halten? Längst ist an die Stelle der Erinnerung eine evolutionistisch getönte Historie getreten, die die Vergangenheit des Vergangenen unterstellt und das Vergangene ausschließlich zum Gegenstand wissenschaftlicher Analyse erhebt. Doch jede Vergegenständlichung ist immer auch eine Art des Vergessens, eines Vergessens, in dem nicht nur der Glaube, sondern am Ende der uns vertraute Mensch selbst zu verschwinden droht.

Unser anschauliches, subjekthaftes Menschsein ist bedroht, weil die Macht der Erinnerung, weil die anamnetische Verfassung unseres Geistes bedroht ist. Immer weniger ist der Mensch noch sein Gedächtnis, immer mehr nur noch sein eigenes Experiment. Bekanntlich publiziert das amerikanische Magazin Time jedes Jahr einen sogenannten »Mann des Jahres«. Vor einigen Jahren war das – der Roboter, eine sanft funktionierende Maschine, eine Intelligenz ohne Pathos, ohne Moral und ohne Trauer, eine computerisierte Intelligenz, die sich nicht mehr erinnern kann und nicht mehr zu erinnern braucht, weil sie ja auch nichts vergessen kann: eine Intelligenz ohne Eingedenken. Sollte das etwa unsere Zukunft sein? Die Synagoge lehrt die Gegenmacht des Eingedenkens und ist so eine Lehrerin Gottes und des Schicksals der Menschen.

2. Die Synagoge ist auch darin eine uns alle angehende Gotteslehrerin, daß sie einen Grundzug des israelitischen Geistes erinnert und feiert, den ich *Israels »Armut im Geiste«* nennen möchte. Darüber können wir uns durch einen Blick auf das vorchristliche Israel verständigen. Wodurch denn unterschied sich dieses kleine, kulturell eher unbedeutende und politisch ruhmlose Wüstenvolk von den Hochkulturen seiner Zeit? Es ist, wenn ich recht sehe, die Art seiner leidvollen Verstrickung in die Wirklichkeit, seine »tiefe Diesseitigkeit« oder, anders ausgedrückt, eine besondere Gestalt seiner Wehrlosigkeit, seiner Armut, nämlich seine Unfähigkeit, sich durch Idealisierung und Mythisierung von den Schrecken der Wirklichkeit zu distanzieren, seine Unfähigkeit und auch Unwilligkeit, sich durch einen mythischen »Reichtum im Geiste« über die eigene Leidensgeschichte und über die eigenen Ängste zu erheben.

Das ist in meinen Augen der Unterschied zwischen dem biblischen Israel und den dieses Volk umgebenden glanzvollen Hochkulturen Ägyptens und Persiens. Das ist (für mich) das Stigma seiner »Erwählung«. Gerhard von Rad betont in seiner »Theologie des Alten Testaments« meines Erachtens zu Recht, »daß Israel die Leiden und Bedrohungen des Lebens höchst realistisch wahrgenommen hat, daß es sich ihnen wehrlos und verwundbar preisgegeben sah und daß es wenig Begabung zeigte, sich vor ihnen in irgendwelche Ideologien zu flüchten... Es besaß vielmehr eine ungewöhnliche Kraft, auch den negativen Wirklichkeiten standzuhalten und sie auch da anzuerkennen und nicht zu verdrängen, wo sie geistig in keiner Weise zu bewältigen waren.«

Gewiß, Israel hat, militärisch immer wieder besiegt und kulturell überfremdet, Mythenangebote und Idealisierungsstrategien von verschiedenen Seiten (aus Persien, aus Ägypten, später aus dem hellenistischen Raum) importiert und nachgeahmt. Aber es hat sich dabei nicht beruhigt und sich nicht mit ihnen getröstet. Israel ist – und darin ist es in meinen Augen auch für das Christentum unüberholbar geworden – das Volk, das unfähig ist, sich durch Mythen trösten zu lassen. Das kennzeichnet Israels »Armut im Geiste«, sein »Armsein vor Gott«. Diese Armut ist die Voraussetzung und ist der Preis für seinen Gottesgedanken. Israel blieb immer eine »Landschaft von Schreien« – bis zu Hiobs Klageschrei: »Wie lange noch?« Und bis zu Jesu Verlassenheitsschrei am Kreuz. Der Glaube Israels geriet nicht einfach zur tröstend distanzierenden Antwort auf das Leid, sondern blieb ungetröstete Rückfrage aus dem Leid, unablässige Rückfrage an – Jahwe.

Nicht Mythen und Märchen stillen das Bedürfnis nach Trost in Angst und Leid, sondern allein der immer noch kommende Gott. Auch für Christen gilt schließlich: Wer die Botschaft von der Auferweckung des Christus so hört, daß in ihr der Schrei des Gekreuzigten unhörbar geworden ist, der hört falsch. Wer diese Auferweckungsbotschaft so hört, daß es in ihr nichts mehr zu erwarten, sondern nur noch etwas zu »konstatieren« gilt, der hört nicht das Evangelium, sondern einen Mythos. Wie heißt es bei Paulus: »Wenn die Toten nicht auferweckt werden, ist auch der Christus nicht auferstanden« (vgl. 1. Korinther 15,16 und 13f.). Auch Christologie ist nicht ohne messianische Phantasie, nicht ohne Blick auf den kommenden Gott*.

3. So wird die Synagoge, Inbild Israels, schließlich zur Lehrerin einer Mystik, die Juden und Christen verbinden müßte. Gewiß, die Synagoge kennt und lehrt die Mystik vom Königtum Gottes, von seiner Gerechtigkeit schaffenden Macht. Aber sie kennt und lehrt offenbar auch eine andere Form der Mystik. Ich kennzeichne sie hier versuchsweise als eine *Mystik des Leidens an Gott*. Sie begegnet gerade auch und vor allem in den Gebetstraditionen Israels: in den Psalmen, bei Hiob, in den Klageliedern und nicht zuletzt in vielen Passagen der Prophetenbücher. Diese Gebetssprache ist selbst eine Leidenssprache, eine Krisensprache, eine Sprache der Anfechtung und der radikalen Gefahr, eine Sprache der Klage und der Anklage, eine Sprache des Aufschreis und, wörtlich gesagt, des Murrens der Kinder Israels. Die Sprache dieser Mystik ist nicht in erster Linie trostreiche Antwort auf das erfahrene Leid, sondern eher leidenschaftliche Rückfrage aus dem Leid, eine Rückfrage an Gott, voll gespannter Erwartung.

Diese Mystiker sind keine wohlfeilen Jasager, weder erfolgreiche noch apathische, sie sind auch keine feigen Kuscher, keine Unterwerfungsmasochisten, keine frommen Untertanen. Ihr Ja zu Gott ist nicht Ausdruck schwacher Ergebenheit oder infantiler Regression. Und Beten als Ausdruck dieses Ja, das ist keine Sprache der Überaffirmation, keine künstliche Jubelsprache, die isoliert wäre von aller Leidens- und Krisensprache und die nur allzu schnell in den Verdacht verzweifelt gespielter Naivität gerät. In dieser Sprache geschieht auch nicht Verdrängung, sondern eher – Zulassung von Angst, Trauer und Leid, sie bleibt selbst eingesenkt in die Gestalt der Nacht, in die Erfahrung des Untergangs der Seele. Sie ist weniger ein Gesang der Seele, eher ein klagender Aufschrei aus der Tiefe, aber kein vage schweifendes Jammern, sondern ein – Anschrei. Die

* Vgl. dazu ausführlicher meine Überlegungen zu »Theologie gegen Mythologie«, in: Herder Korrespondenz, April 1988.

Sprache dieser Mystik hat und sucht immer neu ihre Instanz, die Instanz des verborgenen Antlitzes Gottes.

In dieser Tradition steht auch ein Grundzug der Mystik Jesu. Sie ist in einzigartiger Weise eine Mystik des Leidens an Gott. Sein Schrei am Kreuz ist der Schrei jenes Gottverlassenen, der seinerseits Gott nie verlassen hatte. Das weist, so meine ich, unerbittlich in die Gottesmystik Jesu: Jesus hält der Gottheit Gottes stand; in der Gottverlassenheit des Kreuzes bejaht er einen Gott, der noch anders und anderes ist als das Echo unserer Wünsche, und wären sie noch so feurig; der noch mehr und anderes ist als die Antwort auf unsere Fragen, und wären sie die härtesten und leidenschaftlichsten – wie bei Hiob, wie schließlich bei Jesus selbst.

»Gott, meine Freunde, redet zwar, aber er antwortet nicht«, erläuterte ein alter, leidenserfahrener Rabbi seinen ratlosen Schülern. Dieser chassidische Ratschlag weist meines Erachtens in Richtung einer Mystik, die in Israel verwurzelt ist und die wir keineswegs als zu »negativ« abtun dürfen. Sie begegnet uns schließlich heute überall dort, wo wir uns der letztlich entscheidenden Gottesfrage stellen, der Frage nach Gott im Angesicht der abgründigen Leidensgeschichte der Welt.

Hanna und Maria

Luise und Willy Schottroff

Die Bibel enthält zwei Loblieder, die einander in ihrem Inhalt so sehr gleichen, daß man sie für Zwillinge *eines* Geistes halten könnte, lägen nicht Jahrhunderte zwischen ihrer jeweiligen Entstehungszeit. Beide Lieder sind Frauen in den Mund gelegt: das eine, der Lobgesang der Hanna (1. Samuel 2,1–10), der Mutter Samuels, das andere, das Magnificat Marias (Lukas 1,46–55), der Mutter Jesu. Das Erstaunliche an ihnen ist jedoch nicht ihre Berührung in Einzelheiten. Diese ließen sich zur Genüge mit der historischen Einwirkung des älteren, alttestamentlichen auf das jüngere, neutestamentliche Lied erklären. Was an beiden überrascht, ist vielmehr die Identität der ihnen gemeinsamen Gotteserfahrung.

Sie übertrifft an revolutionärer Sprengkraft, Weite des Horizonts und klarer Eindeutigkeit der Einsicht in das Wesen des Gottes Israels zumindest alles, was bis zur Entstehungszeit der uns in 1. Samuel 1 ff. vorliegenden Samuelüberlieferung als Äußerungen von Frauen oder Männern über diesen Gott galt. Denn das Siegeslied der Mirjam am Schilfmeer (Exodus 15,20 f.) etwa oder auch als Deboralied (Richter 5), um zwei ältere hymnische Stücke als Beispiele zu benennen, bewegen sich mit dem, was sie als Großtaten dieses Gottes preisen, noch ganz in den üblichen Bahnen dessen, was Israel auch sonst als die machtvollen geschichtlichen Manifestationen seines Gottes ansah. In den Lobgesängen der Hanna und der Maria aber wird das Erleben dieser beiden unscheinbaren Frauen selbst zum Erfahrungsort für das weltbewegende Handeln Gottes und damit transparent für ein Geschehen, das nicht auf ihren privaten Lebenskreis beschränkt bleibt, sondern alle angeht. Die Erfahrung unbedeutender, ja verachteter Glieder der Gesellschaft wird in diesen Liedern so zum Paradigma für das Heil der Welt.

Was beide Lieder formulieren, nimmt auf diese Weise die paradoxe Einsicht des Paulus vorweg: »Was schwach ist vor der Welt, das hat Gott erwählt, damit er zuschanden mache, was stark ist; und das Geringe vor der Welt und das Verachtete hat Gott erwählt, das, was nichts ist, damit er zunichte mache, was etwas ist« (1. Korinther 1,27f.). Heil, so lehren diese Gotteslehrerinnen, ist kein Privileg von Ansehen, Stärke und Macht.

Willy Schottroff: Der Lobgesang der Hanna[1]

Der Leidensweg der kinderlosen Frau

Hannas Ergehen demonstriert diesen Grundsatz mit aller Deutlichkeit. Die Situation, in der sie sich zu Beginn der Samuelüberlieferung vorfindet, ist typisch für eine kinderlose Ehefrau in einer patriarchalen Ehe.

Was ganz allgemein von einer verheirateten Frau erwartet wurde, waren Kinder, – nach Möglichkeit: *männliche* Kinder. Denn nur solche zählten voll, weil sie – jedenfalls ursprünglich – allein die Erben eines Mannes sein und seiner Linie überkommenen Erbbesitz erhalten konnten (vgl. Genesis 15,2–4; Deuteronomium 21,15–17; doch siehe auch die späteren Regelungen, die unter bestimmten Bedingungen ein Erbrecht der Töchter zulassen: Numeri 27,1–11 und 36,1–9). Nur Söhne konnten auch den Namen eines Mannes weitertragen und ihn so lebendig halten (vgl. 2. Samuel 18,18; doch siehe auch Jesaja 56,4f.). Die Erwartung, die sich an eine Frau richtete, ging aber nicht nur überhaupt auf männliche Kinder, sondern auf *zahlreiche* männliche Nachkommenschaft, die in der Lage wäre, das eigene Geschlecht besonders kraftvoll und mächtig zu machen (vgl. Genesis 24,60; Rut 4,11f. und Psalm 127,3–5).

Es ist unter solchen Voraussetzungen nur zu verständlich,

---

1 Vgl. zum folgenden auch meine Exegese von 1. Samuel 2,1–2. 6–8a, in: H. Nitschke (Hg.), Gottesdienstpraxis 4. Perikopenreihe Bd. 4: Ergänzungsband Exegesen, Gütersloh 1987, 63–67.

wenn auf kinderlose verheiratete Frauen von allen Seiten ein außerordentlicher Druck ausgeübt wurde, sie möchten doch endlich schwanger werden und Kinder gebären. Kinderlosigkeit galt als Schmach (Genesis 30,23; Lukas 1,25), und eine kinderlose Frau war der Verachtung (Genesis 16,4f.) und Kränkung (1. Samuel 1,6f.) gerade auch in ihrer engsten Umgebung ausgesetzt. Denn man suchte die Ursache für ihre Kinderlosigkeit ganz selbstverständlich bei ihr, in ihrer Unfruchtbarkeit (wobei der Gedanke an eine mögliche Unfruchtbarkeit des Ehemanns fernlag, vgl. Genesis 16,2, und seine Zeugungsunfähigkeit höchstens für das hohe Alter in Betracht gezogen wurde, siehe Genesis 17,17; 18,12 und vgl. 1. Könige 1,1–4). Gewiß wurde die Unfruchtbarkeit einer Frau letzten Endes darauf zurückgeführt, daß *Gott* ihren Leib verschlossen habe (Genesis 16,2; 1. Samuel 1,5f.) und ihr auf diese Weise Kinder vorenthalte (für das Gegenteil siehe Genesis 30,22 und vgl. Genesis 18,11–14; Lukas 1,36f.). Aber die Meinung dabei war doch, daß er dies nicht ohne Grund tue. Mochte man die Verantwortung dafür im Einzelfall auch beim Ehemann (Genesis 29,30f.) oder einem anderen (Genesis 20,17f.) suchen – in der Regel wird man den unmittelbaren Anlaß jedoch wohl auf der Seite der Frauen, in einer vielleicht gar unerkannten Verfehlung ihrerseits vermutet haben.

So kann es nicht verwundern, wenn in diesen Verhältnissen das Streben nach einem Kind oft die Züge eines verzweifelten Bemühens annahm und die kinderlos gebliebenen Frauen nichts unversucht ließen, um allem Augenschein zum Trotz dennoch zu Kindersegen zu gelangen. Die Jakobsüberlieferung beispielsweise zeigt, wie die unfruchtbare Rahel ihren Mann derart nachhaltig bestürmte, ihr doch Kinder zu verschaffen, daß dieser schließlich über sie ergrimmte (Genesis 30,1f.). Ein Sprichwort aus der hebräischen Bibel beklagt aus der Sicht des Mannes das Unerträgliche der Situation, der sich dieser in einem solchen Fall ausgesetzt fühlte: »Drei sind es, die nicht satt werden, vier sagen nie: ›Genug!‹ – Das Totenreich und der verschlossene Mutterleib, die Erde, die an Wasser nie satt wird, und das Feuer, das nie sagt: ›Genug!‹« (Sprüche 30,15b–16). Aber auch nachdem sie selbst fürs erste von Jakob abgewiesen worden war, ließ Rahel nicht ab von dem Versuch, dennoch zu Kindern zu kommen. Wie Sara (Genesis 16,1–6; vgl. 21,1–13), die Frau Abrahams, und ihre ebenfalls mit Jakob verheiratete ältere Schwester Lea (Genesis 30,9–13) machte sie von einer Möglichkeit Gebrauch, die ein Rechtsbrauch zumindest den Frauen wohlhabender Kreise eröffnete: Sie überließ ihrem Manne ihre eigene Leibsklavin, damit jener mit dieser Kinder zeugte, die dann als die ihren galten (Genesis 30,3–8). Ja sie verschmähte, um dennoch auch zu *eigenen* Kindern zu kommen, selbst den Gebrauch der goldgelben Liebesäpfel der Alraune nicht (Genesis 30,14f.), die man als Aphrodisiakum benutzte und denen man magische Wirkung auf die Fruchtbarkeit von Männern und Frauen zuschrieb[2]. Nichts von alledem freilich half, und nichts vermochte die Verzweiflung von ihr zu nehmen, bis sich Gott ihrer annahm und ihrer gedachte, auf ihr Gebet hörte und ihren Schoß endlich öffnete (Genesis 30,22), so daß sie nun selbst noch zwei Söhne zur Welt bringen konnte (Genesis 30,23f.; 35,17–19).

Die Lage der Hanna, die in 1. Samuel 1 gezeichnet wird, stimmt in allen wesentlichen Einzelheiten mit den geschilderten Merkmalen überein, die für die Situation einer kinderlosen Frau in einer patriarchalen Ehe zu jener Zeit überhaupt kennzeichnend waren. Zwar war Hanna – genauso wie Rahel – die von ihrem Mann bevorzugte Lieblingsfrau in einer polygamen Ehe (vgl. 1. Samuel 1,5 mit Genesis 29,30) und insofern in einer gewissen Ausnahmesituation. Denn der Normalfall wird dies kaum gewesen sein: Die Gunst eines Mannes wird sich vielmehr in der Regel jener Frau zugewandt haben, die ihm Kinder gebar. Aber auch so vermochten weder die uneingeschränkte Liebe ihres Mannes noch sein wiederholter Versuch, sie zu trösten (V. 8), ihr über das Elend und die Verzweiflung ihrer Kinderlosigkeit hinwegzuhelfen. Denn der gesellschaftliche Druck, der auf ihr als der Versagerin lastete, war ihr gleichwohl stets nahe in Gestalt von Peninna, der (mit ihr gleichrangigen) Nebenfrau ihres Mannes, die ihrerseits über leibliche Kinder verfügte und – darin Hagar, der Leibsklavin Saras ähnlich (vgl.

2 Vgl. M. Zohary, Pflanzen der Bibel, Stuttgart 1983, 188f.

Genesis 16,4f.) – keine Gelegenheit ausließ, um sich über sie zu erheben und sie zu kränken (V. 6).

Besonders sichtbar und in aller Öffentlichkeit geschah dies jedesmal bei Gelegenheit der jährlichen Wallfahrt, die Elkana mit seiner Familie zum Heiligtum von Silo[3] führte: Hier wurde der Unterschied zwischen den beiden Frauen schon an den verschieden großen Anteilen am Opferfleisch, die jeder von ihrem Ehemann zugewiesen wurden, sinnenfällig und gab Peninna Anlaß zu verletzenden Reden gegen Hanna (V. 3–7). Obwohl die Wallfahrtsfeste Tage ausgelassener Freude sein sollten (vgl. Levitikus 23,40; Deuteronomium 12,7; 16,11.14f.), an denen es auch zu dem sonst seltenen Fleisch- und Weingenuß kam, war die Wallfahrt nach Silo für Hanna nur ein Anlaß, der ihr jedesmal das ganze Ausmaß ihres Elends besonders deutlich vor Augen führte: »Sie weinte und aß nichts« (V. 7).

Einmal freilich faßte sie sich, so berichtet der Text (V. 9–18), ein Herz und begab sich nach der Opfermahlzeit zum Tempel, um die ganze Not, unter der sie all die Jahre schon litt, in stummem Gebet vor Gott zu bringen. Sie gelobte Gott in einem Gelübde, daß sie ihm, falls er ihr einen Sohn schenke, diesen als Nasiräer (vgl. V. 11 mit Numeri 6,1–21; Richter 13,1–25; Amos 2,12) weihen und zu seinem Dienst im Tempel bestimmen wolle. Eli, der Priester von Silo, der, hinter dem Türpfosten des Tempels verborgen, ihrem inbrünstigen, stummen Gebet zugesehen und sie zunächst für betrunken gehalten hatte, sagte ihr schließlich, über den wahren Sachverhalt belehrt, die Erfüllung ihrer Bitte zu. Und so geschah es: Gott »gedachte« der Hanna, wie er der kinderlosen Rahel gedacht hatte (Genesis 30,22). Als sie wieder zu Hause waren, »erkannte Elkana Hanna, seine Frau, ... und nach Ablauf der Tage wurde Hanna schwanger und gebar einen Sohn« (V. 19f.). Die gewisse Besonderheit der Situation Hannas drückt sich hier zudem darin aus, daß sie ein so weitreichendes Gelübde ohne die aus-

3 Ein Tempel ist bei den Ausgrabungen auf der Ortslage des alten Silo bislang nicht entdeckt worden, s. A. Kempinski, Art. Shiloh, in: M. Avi-Yonah / E. Stern (Hg.), Encyclopedia of Archaeological Excavations in the Holy Land IV, Oxford-Jerusalem 1978, 1098–1100.

drückliche Einwilligung ihres Mannes ablegen und dann auch ohne seinen Widerspruch einlösen konnte (vgl. Numeri 30, besonders V. 7–9). Als sie nach der Entwöhnung des Kindes (2. Makkabäer 7,27 gibt dafür als Zeitpunkt den Ablauf von drei Jahren nach der Geburt an) das nächste Mal wieder zum Heiligtum von Silo kam, nahm sie ihren kleinen Sohn nach dort mit und brachte ihn zu Eli in den Tempel (V. 24–28), damit er dort bei der Lade Gottes Dienst tue (1. Samuel 2,11).

Hannas Lobgesang – Ausdruck der Hoffnung des Volkes

Bei dieser Gelegenheit der Einlösung ihres Gelübdes legt der Erzähler Hanna einen Lobgesang in den Mund (1. Samuel 2,1–10). Nach Situation und Anlaß müßte es sich dabei um ein konkret auf die von ihr erfahrene göttliche Hilfe bezogenes Danklied handeln, wie es bei der Darbringung eines Dankopfers gesungen zu werden pflegte (vgl. 1. Samuel 1,24–28 mit Psalm 50,14.23; 107,22; 116,17–19 u. a.). Eine genauere Betrachtung des Liedes ergibt jedoch, daß dieses trotz der Anspielungen auf die hochfahrenden und frechen Worte übermütiger Feinde (V. 3, vgl. 1. Samuel 1,6f.) und trotz der Bezugnahme auf die gewendete Not der Unfruchtbaren (V. 5) ebensowenig exakt auf die Lage der Hanna paßt wie der Psalm des Jona (2,3–10) auf die in Jona 1,12–2,2.11 geschilderte Not und Errettung dieses Propheten. Weder der in Vers 5 erwähnte siebenfache Kindersegen, der die ehedem Unfruchtbare erreicht (vgl. 1. Samuel 2,21), noch das Gegenteil davon: das Dahinwelken der Kinderreichen, von dem in diesem Vers die Rede ist, sind Züge, die in der Erzählung von 1. Samuel 1f. bei der Gegenüberstellung von Hanna und Peninna eine genaue Entsprechung haben. Vollends sind die übrigen Beispiele für Gottes auf Umkehrung der Verhältnisse und Ausgleich ungerechter Unterschiede gerichtetes Machthandeln, die in den Versen 4–8a aufgezählt werden, ganz ohne Anhalt im erzählerischen Kontext. Aber die Weite der Thematik, die dieser Mittelteil des Liedes anschlägt, ebenso wie die verallgemeinernde Art, in der in ihm vom göttlichen Handeln geredet wird, zeigen, daß es sich hier auch gar nicht um ein Danklied im üblichen Sinne handelt, sondern um den Hymnus einer einzelnen, in dem Gott in verallgemeinernder Rede durch die Aufzählung und Beschreibung der von ihm zu erfahrenden Machttaten gelobt wird. Hanna reiht ihre persönliche Erfahrung der göttlichen Hilfe, auf die die Verse 3 und 5 gleichwohl anspielen, ein in eine Reihe vergleichbarer Erfahrungen göttlicher Machttaten und verobjektiviert sie so. Diese Verobjektivierung bedeutet gleichzeitig eine Entprivatisierung. Hannas Erfahrung wird auf diese Weise zur Erfahrung des Volkes, sowohl der Erfahrung seiner Not wie der seiner Hoffnung, die sich beide hier in der Gestalt einer erniedrigten und gequälten Frau verkörpern. Die Aussagen dieses Psalms gewinnen dadurch zugleich eine öffentliche und politische Dimension. Durch sie wird auf der anderen Seite aber verhindert, daß der Hymnus als abstrakte Aufzählung zeitloser Eigenschaften Gottes mißverstanden werden kann. Was der Lobpreis besingt, ist vielmehr stets erneut erfahrbares Handeln Gottes und soll als solches auch weiterhin der Hoffnung des Volkes als fester Anhaltspunkt dienen.

Dem entspricht der ganze Inhalt des Hymnus. Sein Thema, das in Vers 1 sogleich explizit anklingt, ist »Gott und die Feinde«. Dabei ist sowohl an die Feinde des Beters oder der Beterin (vgl. V. 1b), hier konkret also an die der Hanna, wie ganz allgemein an die Feinde der Frommen überhaupt gedacht (V. 9). Die Feinde der Frommen sind als »Frevler«, wie sie in Vers 9 genannt werden, zugleich die Feinde Gottes (vgl. V. 10a). Dies findet darin seinen Ausdruck, daß sie nicht nur die Frommen als die Schützlinge Gottes befeinden, sondern sich auch Gott selbst gegenüber unangemessen verhalten. Denn während die Frommen – wie Hanna, die sie hier mit dem Beispiel ihres Verhaltens repräsentiert – ihr ganzes Vertrauen auf Gott setzen und in ihm die einzige Quelle ihrer Kraft erkennen (dies ist die Bedeutung des in V. 1 gebrauchten Bildes vom »hoch ragenden Horn«, vgl. Psalm 89,18; 92,11; 148,14), ferner: während sie ihn als den unerschütterlichen »Fels« ihrer Hilfe preisen (V. 2, vgl. Psalm 89,27; 95,1), lehnen sich die »Frevler« im Vertrauen auf die eigene Kraft und Machtvollkommenheit gegen Gott gerade umgekehrt auf (V. 9b–10a, vgl. Psalm 20,8; 33,16f.; 147,10f.). Die Vermessenheit, in der sie dies tun, äußert sich in hochmütigen und frechen Reden (V. 3), wie Hanna selbst sie von ihrer Nebenbuhlerin Peninna erfahren hatte. Das Loblied der Hanna bringt von Anfang an die sieghafte Gewißheit zum Ausdruck, daß die trotzigen Reden und ruchlosen Machenschaften der gottlosen »Frevler« nicht an ihr Ziel gelangen werden: »denn ein wissender Gott ist der Herr, und bei ihm werden die Taten geprüft« (V. 3b). »Er behütet die Füße seiner Frommen, aber die Frevler kommen in der Finsternis um« (V. 9a). Es ist die Anschauungswelt und der Erfahrungsschatz der religiösen Weisheit Israels, die sich in der vor allem in Vers 3 und 9 zu beobachtenden Gegenüberstellung von »Frommen« und »Frevlern« und in der hier ausgesprochenen Gewißheit, daß die Frevler scheitern müssen, ihren Ausdruck verschafft (vgl. dazu nur Jeremia 17,5–8 und Psalm 1).

Im Mittelteil dieses Hymnus tritt nun ein anderes, nicht mehr weisheitlich geprägtes Paradigma für das Handeln Gottes beherrschend in den Vordergrund. In den Versen 4–8a wird nämlich der religiös-weisheitliche Gegensatz von »Frommen« und »Frevlern« überlagert und ersetzt durch die vorwiegend sozial geprägten Gegensatzpaare oben und unten, stark und schwach, edel und gering, reich und arm, satt und hungrig. Es ist ein umfassendes Bild vom Elend des Volkes, das man durch diese Gegensätze hindurch wahrnimmt: Man gewahrt Wehrlose, die schutzlos dem Mutwillen ihrer bewaffneten Unterdrükker ausgesetzt sind (V. 4), Hungernde (V. 5a), gequälte kinderlose Frauen (V. 5b), Menschen, die vor Elend todkrank sind (V. 6), Bettelarme, die im Staub der Straße sitzen (V. 7f.). Und ihnen stehen ihre Peiniger gegenüber, die über all das verfügen, was diesen Elenden abgeht. Durch diesen Paradigmenwechsel gewinnt der im Hinblick auf seinen realen Hintergrund zunächst noch ganz unbestimmt bleibende weisheitliche Gegensatz von »Frommen« und »Frevlern« an Konkretion. Es wird ab Vers 4 zunehmend deutlich, daß nicht ein lediglich religiöser Gegensatz innerhalb des Volkes gemeint ist, sondern der zwischen den Herrschenden, die die Macht haben, und dem Volk, das ihrer Macht unterworfen ist und von ihnen schonungslos unterdrückt und ausgebeutet wird (zur Illustration vgl. z. B. Jesaja 5,8.18.20; 10,1f.; Amos 3,9f.; 4,1; Micha 2,1f.; 3,1–3, um nur einige der zahlreichen prophetischen Anklagen zu nennen, die die hier vorausgesetzte Situation verdeutlichen). Der Kernsatz, auf den die Aussagen der Verse 4–8a hinauslaufen, ist in Vers 7b enthalten: *»Er erniedrigt und erhöht.«* Bei der Umkehrung der Geschicke, von der hier wie in den übrigen Versen des Mittelteils dieses Hymnus die Rede ist, handelt es sich indessen nicht um die unberechenbaren Willkürakte eines nach Art eines orientalischen Despoten vorgestellten Gottes, der die Geschikke nach Gutdünken und Laune so verteilt, wie es ihm gerade paßt. Daß er die Geschicke umkehrt, die Hohen erniedrigt und die Niedrigen erhöht, gilt hier vielmehr als Ausdruck seiner ausgleichenden Gerechtigkeit, in der er für die Partei nimmt, die sich unten – auf der Schattenseite des Lebens – befinden und in sozialer und anderer Hinsicht schwach, arm und geschlagen, ausgebeutet und verhöhnt sind. Sie sind im Sinne dieses Hymnus die wahren Frommen, weil sie keine andere Hoffnung haben als die auf Gott und sein Eingreifen und zugleich, weil sie die Gewißheit haben, daß Gott auf ihrer Seite ist. Der soziale Gegensatz, der sich in den Antithesen der Verse 4–8a spiegelt, wird auf diese Weise gleichzeitig auch zum religiösen. Auch der Erfahrungshintergrund, aus dem diese Verse ihre Überzeugungskraft beziehen, ist ein anderer als der von Vers 3 und 9. Es handelt sich hier nicht mehr um die weisheitliche Anschauung von dem unauflösbaren Zusammenhang von menschlichem Tun und menschlichem Ergehen. Hier wird vielmehr auf die Erfahrung jener zahllosen Beter und Beterinnen in Israel Bezug genommen, die ihr vielfältiges Elend vor Gott in Klageliedern ausbreiteten, dabei an Gottes Parteilichkeit für die Schwachen und Kleinen als Ausdruck seiner Gerechtigkeit appellierten (vgl. nur Psalm 10,2–15; 74,19.21; 79,8; 142,7 u. a.) und daraufhin in mannigfacher Weise eine Wende ihrer Not erlebten. Wie ein Echo darauf preisen Danklieder und Hymnen die erfahrene Hilfe (vgl. z. B. Psalm 9,19; 18,28; 35,10; 116,6) und heben dabei insbesondere hervor, daß Gottes Gericht über die Bedrücker des Volkes den gerechten Ausgleich der durch Menschen geschaffenen Ungleichheit bewirkt (siehe dazu nur Psalm 75,5–8; 147,6; Hiob 5,8–16). Es ist diese Erfahrung der Befreiung aus vielfältigen Erniedrigungen und Bedrückungen, die den Mittelteil des Hannaliedes zu einem sieghaften Hymnus des Volkes macht.

Hanna – die Prophetin des Volkes

In seinem Schlußvers greift der Lobgesang der Hanna weit über die bis dahin behandelte Thematik hinaus und gewinnt eine neue Dimension. Obwohl zu der Zeit, in die die Erzählung den Hymnus einordnet, in Israel noch kein König herrschte und das Königtum erst später unter maßgeblicher Mitwirkung des hier noch im Knabenalter befindlichen Samuel (vgl. 1. Samuel 2,11.18–21.26) in die historische Wirklichkeit Israels eintrat (siehe 1. Samuel 8–12), erhält der König in 1. Samuel 2,10 einen entscheidenden Anteil an der Verwirklichung des von Gott her ergehenden Gerichts zugesprochen (vgl. dazu auch Psalm 2,8–12; 72 und 110). Sowohl die Reichweite seines Gerichts, das alle Völker umspannt, als auch die weltweite Herrschaft, die ihm als dem Mandatar des Gottes Israels zugeschrieben wird (vgl. V. 10 mit Psalm 2,2 und 72,8), aber sind Züge, die vollends alles weit hinter sich lassen, was unter den historischen Königen Israels, David nicht ausgenommen, erreicht worden ist. Der Lobgesang der Hanna erlangt hier eine eschatologische und messianische Reichweite, die dem Lied sonst fremd ist (vgl. Sacharja 9,8f.). Im Lichte dieses letzten Verses wächst auch der Rede von den Feinden (V. 1b) eine neue Perspektive zu, die ihr ursprünglich nicht eignete: Sie schließt nun nicht nur die Feinde der Armen und Geringen im eigenen Volk ein, sondern auch die äußeren Feinde, die das Volk Israel durch die Jahrhunderte hindurch geknechtet und unterdrückt haben. Es nimmt daher nicht wunder, wenn die spätere talmudische Überlieferung Hanna neben Sara, Mirjam. Debora, Abigajil, Hulda und Ester zu den Prophetinnen zählte (b Megilla 14a)[4]. Und noch weniger kann es überraschen, wenn die Wiedergabe des Lobgesangs der Hanna im Targum Jonatan zu den Vorde-

4 S. dazu R. Gradwohl, Bibelauslegungen aus jüdischen Quellen Bd. 2: Die alttestamentlichen Predigttexte des 4. Jahrgangs, Stuttgart 1987, (84–93) 87.

ren Propheten daraus einen vollständig prophetischen Text machte[5]:

1. Und Hanna betete in prophetischem Geist und sprach: »Nun soll mein Sohn Samuel Prophet sein für Israel. In seinen Tagen werden sie gerettet werden aus der Hand der Philister, und durch seine Hände werden Zeichen und mächtige Taten für sie getan werden. Deshalb ist mein Herz stark in dem Teil, den der Herr mir gegeben hat. Und auch Heman, der Sohn Joels, des Sohnes meines Sohnes Samuel, der aufstehen wird – er und seine vierzehn Söhne werden zu Harfen und Leiern singen mit ihren Brüdern, den Leviten, um im Hause des Heiligtums zu loben. Deshalb ist mein Horn erhöht in dem Geschenke, das der Herr für mich bestimmt hat. Und auch wegen der wundersamen Vergeltung, die an den Philistern geübt werden wird, die die Lade auf einem neuen Wagen bringen müssen und mit ihr die Sühnegabe. Deshalb wird die Gemeinde Israels sagen: ›Laß meinen Mund aufgetan sein, um große Dinge zu sprechen wider meine Feinde, denn ich freue mich deines Heils.‹« 2. Über Sanherib, den König von Assyrien, weissagte sie und sagte, daß er und sein ganzes Heer gegen Jerusalem heraufziehen werde und ein großes Zeichen an ihm getan werde; dort sollten die Leichen seines Lagers fallen. Deswegen würden alle Nationen, Völker und Zungen bekennen und sprechen: »Es ist niemand, der heilig ist, außer dem Herrn, denn außer dir ist keiner«; und dein Volk werde sagen: »Es ist keiner, der stark ist, außer unserem Gott.« 3. Über Nebukadnezar, den König von Babel, weissagte sie und sprach: »Ihr Chaldäer und alle Völker, die ihr über Israel herrschen sollt, sprecht nicht so viel Überhebliches. Laßt keine lästerlichen Worte aus eurem

5 Aramäischer Text: A. Sperber, The Bible in Aramaic Vol. II. The Former Prophets according to Targum Jonathan, Leiden 1959; englische Übersetzung: D. J. Harrington – A. J. Saldarini, Targum Jonathan of the Former Prophets (The Aramaic Bible Vol. 10), Edinburgh 1987. Die Targume sind paraphrasierende Übersetzungen des hebräischen Bibeltextes in das seit der Perserzeit als Umgangssprache dienende Aramäische. Die Entstehungszeit des vorliegenden Textes wird durch die Erwähnung Roms und seines Heeres in der Wiedergabe von V. 5 angedeutet.

Mund hervorgehen, denn der allwissende Gott ist der Herr, und nach allen seinen Werken setzt er das Gericht fest. Und auch euch wird er die Vergeltung eurer Sünden heimzahlen.« 4. Über das Königreich der Griechen weissagte sie und sprach: »Die Bogen der Starken der Griechen werden zerbrochen werden; und jene des Hauses der Hasmonäer, die schwächer waren – mächtige Taten werden für sie getan werden.« 5. Über die Söhne Hamans weissagte sie und sprach: »Diejenigen, die mit Brot gesättigt waren und an Reichtum zugenommen hatten und Geld in Fülle hatten, sind arm geworden; sie mußten sich wieder verdingen (als Arbeiter) um Brot, die Speise ihres Mundes. Mordechai und Ester, die arm waren, sind reich geworden und konnten ihre Armut vergessen; sie sind wieder frei geworden. So wird Jerusalem, die wie eine Unfruchtbare war, mit ihren Weggeführten angefüllt werden. Und Rom, das mit großer Menge Volks angefüllt war – sein Heer wird aufhören zu sein; es wird wüst und zerstört sein.« 6. All' dies sind die mächtigen Taten des Herrn, der mächtig ist in der Welt. Er tötet und spricht, um lebendig zu machen; er führt hinab zu den Toten und ist ebenso in der Lage, heraufzuführen ins ewige Leben. 7. Der Herr macht arm und macht reich; er erniedrigt und erhöht. 8. Er hebt auf den Armen aus dem Staub und erhöht den Elenden aus der Asche, um sie mit dem Gerechten wohnen zu lassen, den Fürsten der Welt; und er bestimmt für sie Throne der Ehre, denn vor dem Herrn sind die Taten der Menschenkinder offenbar. Er hat Gehinnom unten eingerichtet für die Frevler. Und die Gerechten – die tun, was ihm wohlgefällt, für sie hat er die Welt eingerichtet. 9. Er wird behüten vor Gehinnom die Leiber seiner Diener, der Gerechten. Und die Gottlosen sollen umhergehen in Gehinnom in Finsternis, um bekannt zu machen, daß keiner da ist, der Kraft hat, dem Tag des Gerichts standzuhalten. 10. Der Herr wird die Feinde zerschmettern, die sich erheben, um seinem Volk Übles anzutun. Der Herr fährt auf sie drein vom Himmel mit lauter Stimme. Er wird Vergeltung üben an Gog und dem Heer der gewalttätigen Völker, die mit ihm von den Enden der Erde kommen. Er wird Macht geben seinem Könige und groß machen das Reich seines Gesalbten.

Die Überlieferung des Hannaliedes im Targum zeigt, wie die Prophetin Hanna über Jahrhunderte die Stimme der Befreiung des Volkes verkörpert hat. Die Wirkungsgeschichte des Hannaliedes als Befreiungsprophetie wird erneut im Magnificat der Maria sichtbar.

Luise Schottroff: Marias Leben und Marias Prophetien – Menschwerdung der Gerechtigkeit Gottes

Jungfrauengeburt

Das Lob der Jungfräulichkeit und die Verehrung der jungfräulichen Gottesgebärerin haben eine frauenfeindliche kirchliche Tradition. Sie verbanden sich mit der Vorstellung von der besonderen Sündigkeit »der Frau« bzw. Evas. Eva ist dabei die primär vom Satan Verführte, die Adam in die Sünde hineinzieht. Eva hat sich von der Schlange, das heißt Satan, sexuell verführen lassen. »Die Frau« ist ein Wesen, das über ihre Sexualität definiert ist. Sie repräsentiert Sünde und Sinnlichkeit, »der Mann« aber den männlichen Geist, der über die Sünde und Sinnlichkeit – und über die Frauen herrscht. Dieses Frauen- und Männerbild spielt seit dem 3. Jahrhundert im Christentum eine beherrschende Rolle[1]. Wenn auch der damit verbundene Gegensatz von Eva und Maria im Protestantismus keine wesentliche Bedeutung hat, so ist doch das Frauenbild des Protestantismus nicht grundsätzlich von dieser Tradition zu lösen. Zwar wird die jungfräuliche Gottesgebärerin nicht verehrt, aber die sündige Eva bleibt Symbol »der Frau«, die durch Kindergebären Heil erwirbt. Das protestantische Pfarrhaus mit ei-

1 S. dazu L. Schottroff, in: Christine Schaumberger – Luise Schottroff, Schuld und Macht. Studien zu einer feministischen Befreiungstheologie, München 1988, 37–55. Im Neuen Testament begegnet dieses Frauenbild in 1. Timotheus 2,9–15 bereits ansatzweise, seine beherrschende Macht bekommt es in späteren Jahrhunderten.

nem idealistischen Bild der Familie zeichnet den Weg der idealen Frau als Mutter und dienende Hausfrau vor, auf dem die sündige Weiblichkeit der Frau in eine gute Richtung gelenkt wird. Als Kind in einem protestantischen Pfarrhaus habe ich die Weihnachtskrippe als Darstellung familiärer Geborgenheit (»Vater, Mutter, Kind«) verstanden, die jungfräuliche Gottesgebärerin war ein fremdes – katholisches – Thema. Sowohl die katholische als auch die protestantische Version der Marienrezeption bzw. der Darstellung »der Frau« haben jedoch denselben strukturellen Untergrund: das Patriarchat mit seiner Vorstellung der patriarchalen Ehe als Keimzelle eines geordneten Staatswesens. Die Unterordnung der Frau unter den Mann wird dabei mit dem Wesen der Frau und der Notwendigkeit von Ordnung(en) in der Gesellschaft begründet.

Die aufklärerische Religionswissenschaft hat dann seit dem Ende des 19. Jahrhunderts mit unüberhörbarem Antikatholizismus bzw. Antifundamentalismus die Jungfrauengeburt der Maria als Bestandteil antiker Mythologie demaskiert[2]. Die entsprechenden biblischen Texte im Lukas- und Matthäusevangelium wurden nun als mythologische Texte im Rahmen antiker Vorstellungen von Gotteszeugungen usw. verstanden, aber eben als mythologische Texte, die die Vorstellung eines übernatürlichen, die menschliche Biologie sprengenden Geschehens enthalten: Die jungfräuliche – sexuell unberührte – Maria bringt wunderbarerweise ein Kind zur Welt. Das implizite Gegenbild *bleibt* das biologisch-natürliche Geburtsgeschehen, das auf der sündigen Sexualität vor allem »der Frau« beruht. Die aufklärerische Religionswissenschaft demaskierte das kirchliche Dogmengebäude nur formal als Mythologie, die nicht einmal original christlich sei. Sie analysierte aber die Inhalte des Mythos oder Dogmas nicht inhaltlich: auf ihr Bild von Frauen, Sexualität und Männern. So blieb trotz der religionsgeschicht-

2 Die Arbeit von Martin Dibelius zum Thema gilt in der neutestamentlichen Wissenschaft auch heute noch als grundlegend: M. DIBELIUS, Jungfrauensohn und Krippenkind. Untersuchungen zur Geburtsgeschichte Jesu im Lukas-Evangelium (1932), in: derselbe, Botschaft und Geschichte I, 1953, 1–78.

lichen Kritik das Bild erhalten, das Neue Testament kenne die Vorstellung einer Jungfrauengeburt als eines biologischen Wunders, das *diese eine* Frau von der Schmutzigkeit der Sexualität fernhält, die sonst das Wesen »der Frau« ausmacht. Es wurde also nicht kritisch untersucht, ob das spätere kirchliche Bild von der jungfräulichen Gottesgebärerin tatsächlich das des Neuen Testaments ist.

In diesen religionsgeschichtlichen Analysen ist zudem ein innerer Widerspruch zu beobachten, der den Androzentrismus (im Sinne eines patriarchalen Männerbildes) der Exegeten in bezeichnender Weise zutage bringt. Man sagt zu Recht, die Vorstellung Gottes als eines zeugenden Mannes sei in der alttestamentlichen und jüdischen Tradition nicht zu Hause, ja sogar tabuisiert. Obwohl Theogamie als Erklärungsmuster für die Jungfrauengeburt in den Evangelien also abgelehnt wird, werden doch außerbiblische Texte über Theogamien zum Zwecke der religionsgeschichtlichen Erklärung und Demaskierung herangezogen[3]. Obwohl keine Theogamie vorliegen soll, wird dann doch von Gottes- oder Geist*zeugung* gesprochen. »Man« kann sich eben – auch im Zusammenhang antiker Mythologie – Jungfrauengeburt nur als Folge von Gottes*zeugung* nach Art des Mannes vorstellen, der sich unter anderem über seine Zeugungsfähigkeit definiert. Mit Hilfe der Gottes- bzw. Geistgestalt der neutestamentlichen Mariengeschichte wird auch noch in der religionsgeschichtlich-aufgeklärten Auslegungsgeschichte der Jungfrauengeburt ein Männerbild in den Himmel projiziert, bei dem der Mann zeugt und bestimmt und die Frau demütig empfängt und sagt: »Mir geschehe nach deinem Wort« (Lukas 1,38).

Die Vorstellung von der Jungfrauengeburt im Neuen Testament (Lukas 1,26–38; Matthäus 1,18–25) erzählt in der Tat keine Theogamiegeschichte – auch nicht in sublimer Form –, sondern berichtet von einer Schwangerschaft *ohne Zeugung*. Zu Unrecht hat man immer wieder hinter ἐπέρχεσθαι (»der heilige Geist wird auf dich kommen«, Lukas 1,35) bzw. ἐπισκιά-

3 Für Einzelheiten s. L. Schottroff, in: Göttinger Predigtmeditationen Jg. 41, 1986/7, (24–30) 27.

ζειν (»er wird dich überschatten«, Lukas 1,35) einen sexuellen Hintersinn gefunden. Der Geist / τὸ πνεῦμα ist gerade nicht der Geist / ὁ νοῦς, der als männlich vorgestellt wird. Vielmehr ist die Geistvorstellung in dieser Geschichte die der (grammatisch weiblichen) *ruach;* es ist die hebräische Vorstellung vom Geist. Auch das griechische Wort τὸ πνεῦμα bringt in diese alttestamentlich-jüdische Vorstellung keinen auf Männer bezogenen Aspekt ein. Der Geist im Sinne der lukanischen und matthäischen Mariengeschichte ist Schöpfungs- und göttliche Lebenskraft. Vorstellungen, die mit ihm verbunden sind, sind Wind, Atem, Vogelschwingen u. ä.[4]. Das Kind der Maria ist nicht vom Geist gezeugt, sondern vom Geist *erschaffen,* zum Leben erweckt. Die Schwangerschaft ist wunderbar, weil sie ohne Vater, ohne Zeugung zustande gekommen ist. Eine negative Sicht von Sexualität spielt dabei jedoch keine Rolle. Schwangerschaft und Geburt der Maria werden ganz selbstverständlich als »natürliches« Geschehen wie bei jeder anderen Schwangerschaft und Geburt begriffen, wobei die Vorstellungen von der Natürlichkeit andere als die einer modernen Biologie sind: Jede Schwangerschaft und jede Geburt sind von Gottes Handeln verursacht und geleitet. Marias Jungfräulichkeit bedeutet nicht die Erhebung sexueller Reinheit über die normale Frauensexualität, denn Maria lebt nach diesen Texten nach der Geburt des wunderbaren Kindes als Ehefrau mit Josef und bringt weitere Kinder zur Welt, ohne dadurch an »Wert« zu verlieren.

Die wunderbare geistgewirkte Schwangerschaft ohne Mitwirken eines irdischen oder himmlischen Mannes ist nach den Evangelien ein göttliches Wunder, das das ganze Gottesvolk und die ganze Gottesschöpfung betrifft. Gott wird Mensch. Maria ist dabei nicht die heilige entkörperlichte Frau, sondern eine Frau wie jede andere. Das geistgeschaffene wunderbare Kind, der ersehnte Messias Israels – wie diese Geschichte sagen will –, ist ein gewöhnliches Menschenbaby, geboren von einer normalen jüdischen Mutter unter den Lebensbedingungen der

4 S. dazu besonders MARTIN BUBER, Zwei Glaubensweisen, Zürich 1950, 126 u. ö.

armen Bevölkerung Judäas und Galiläas. Gott ist Gott – heilig und mächtig und ganz »oben« im Himmel –, und er ist ein Mensch geworden – verletzlich, ein neugeborenes Kind, später dann ein wandernder Prophet in seinem Volk, ein von den Römern hingerichteter Märtyrer. Die Leiblichkeit Gottes ist die von Geburt wie von Kreuzigung. Gott teilt das Schicksal der Menschen, seines Volkes unter den Bedingungen der Realität. Die Schwangerschaft der Maria bringt Gott auf die Erde mitten in sein Volk, er ist einer von uns.

Mit der Geburt fängt Neues an wie mit jeder anderen Geburt aus dem Geist Gottes. Daß Menschen, die schon auf der Welt sind, aus dem Gottesgeist neugeboren werden können, daß sie am Gottesgeist teilhaben können, gehört zu den Wundern, die den Glauben der ersten Christinnen und Christen beflügeln. Die Geburt aus dem Geist, die der johanneische Jesus dem Nikodemus predigt (Johannes 3,1 ff.), verändert Menschen zu Kindern Gottes, die göttliche Macht verkörpern und für das Gottesreich arbeiten. Mit der Geburt aus dem Geist beginnt die neue Schöpfung, der neue Himmel und die neue Erde. Die geistgewirkte Geburt Jesu und die geistgewirkte Geburt der Glaubenden sind nicht zwei weit auseinanderzuhaltende Vorstellungen, sondern hängen eng miteinander zusammen. Das kollektive Geschehen des Geborenwerdens zu Kindern Gottes und das individuelle Geschehen der Menschwerdung Gottes als Messiaskind sind Ausdruck derselben lebenschaffenden und heilenden Gotteskraft, des Geistes. Gott will sein Volk retten und erneuern. Gottes Leben und Gerechtigkeit sollen Mensch werden.

Die kollektive Dimension des Geschehens der Jungfrauengeburt ist also für die Vorstellungswelt des Neuen Testaments an dem Zusammenhang mit der Geistgeburt der Glaubenden, aber ebenso auch an der Gestalt der Maria zu erkennen. Maria repräsentiert in dieser Geschichte das Volk Israel, das Gottesvolk[5]. In der Matthäusgeschichte zeigt sich das zum Beispiel an

5 Diese kollektive Dimension wird zu Recht auch für das Neue Testament in der befreiungstheologisch-feministischen Deutung Marias durch Irone Gebara und Maria Clara Lucchetti Bingemeer, Maria,

der Engelweissagung, daß das Kind »Emmanuel« heißen werde, »das heißt übersetzt: Gott mit uns« (Matthäus 1,23). In der lukanischen Version zeigt sich die kollektive Dimension des Geschehens am Magnificat. Maria singt ein Gotteslob: für die Rettung des Volkes, die ihren Anfang bei ihr nahm. Die Mutter des Messias redet als Prophetin des Volkes, wie Hanna damals als Prophetin des Volkes geredet hat.

Das Magnificat – prophetisches Kampflied

Maria lobt Gott für die Erhöhung der Niedrigen. Er hat eine arme Frau im Volk zur Messiasmutter verwandelt. Die Erhöhung ihrer Niedrigkeit ist Verkörperung (im wörtlichen Sinne) der Erhöhung des erniedrigten Volkes. Das Magnificat setzt das Mariengeschick in Bezug zur definitiven Rettung des Volkes: Alle Generationen werden Maria seligpreisen (Lukas 1,48). Jetzt ist die Annahme Israels geschehen (Lukas 1,54), jetzt sind die Väterverheißungen erfüllt (Lukas 1,55), jetzt ist die Erhöhung der Niedrigen geschehen (Lukas 1,52), von der das Volk gesungen hat, wenn es das Hannalied (1. Samuel 2,1–10) wiederholte. Jetzt sind die Mächtigen, die das Volk in der Hybris ihrer Gewalt unterdrücken, von den Thronen gestürzt. Für die Ohren jüdischer oder dem Judentum nahestehender Menschen (also das frühe Christentum) heißt das in der Zeit des 1. und 2. Jahrhunderts: Rom ist entmachtet. Die Statthalter in Caesarea und der Kaiser in Rom mit aller militärischen Präsenz sind vom Thron gestürzt. Die Hungrigen sind mit Gütern angefüllt (Lukas 1,53). Auch das muß in dieser Zeit ebenso konkret gehört werden. Das jüdische Volk hat endlich satt zu essen. Wie hungrig muß ein Volk sein, das sich Sattsein als Erfüllung aller göttlichen Verheißungen vorstellt!

Mutter Gottes und Mutter der Armen, Düsseldorf 1988, herausgearbeitet. Es ist nur kritisch zu bemerken, daß die jüdische Befreiungstradition, an der wir Christen und Christinnen durch Maria partizipieren, hier unter dem Einfluß der herrschenden westlichen Bibelwissenschaft als christlich im Gegensatz zur unterdrückten Frau im jüdischen Patriarchat verstanden wird (64).

Einige exegetische Fragen sind zu klären[6]. Die Gattung des Magnificat ist am ehesten die des Dankliedes der einzelnen, doch der prophetische Inhalt, der sich auf das Geschick des Volkes bezieht, sprengt den Rahmen dieser Gattung. Man kann überlegen, ob die Bestimmung der Gattung adäquater die als Hymnus sei, aber diese Gattungsbestimmung paßt nicht zu den Aussagen über ein einmaliges Gotteshandeln, die im Vordergrund der Formulierungen steht. Denn immer wieder wird im Aorist anders als im Hannalied 1. Samuel 2,1–10 geredet: Gott *hat* auf die Niedrigkeit seiner Sklavin gesehen; Gott *hat* Großes an mir getan; Gott *hat* eine Krafttat getan mit seinem Arm, er *hat* zerstreut…, er *hat* gestürzt usw. Die Gleichförmigkeit dieser Beschreibung des Gotteshandelns an Maria und am erniedrigten und hungrigen Volk macht völlig klar, daß es hier nicht darum geht zu sagen, Gott *kann* und wird alles dieses tun. Er *hat* alles dieses getan, heißt es. Die Entmachtung Roms ist ebenso Wirklichkeit wie die Schwangerschaft der Maria und wie die Geburt des Messiaskindes. Die neue Gerechtigkeit, in der das Volk lebt, in der die Reichen nicht mehr allein über die Güter verfügen (Lukas 1,53) und die Hungrigen satt werden, sie ist da. Nun ist aber in der Geschichte des frühen Christentums und des Judentums im 1./2. Jahrhundert zu keinem Zeitpunkt die reale Verwirklichung einer solchen Hoffnung greifbar gewesen. Im Gegenteil: Israel hat unter der Arroganz der Mächtigen gelitten, das Volk war ein Volk von Hungrigen und Märtyrern und Märtyrerinnen. Die Menschen, die dieses Loblied der Maria wiederholt und überliefert haben, haben doch gewußt, daß dieses Messiaskind am Kreuz der Römer hingerichtet wurde. Sie hatten inzwischen nicht nur das Kreuz Jesu gesehen, sondern viele Kreuze, an denen jüdische Menschen durch römische Gewaltherrschaft gestorben waren. Die Menschen, die diesen gekreuzigten Jesus für den Messias hielten, haben mit Marias Lied Jesu Geburt für den Beginn der neuen Schöpfung, den Beginn des Reiches Gottes, die Verwirkli-

6 S. dazu auch ausführlicher L. SCHOTTROFF, Das Magnificat und die älteste Tradition über Jesus von Nazareth, in: Ev. Theologie Jg. 38, 1978, 298–313.

chung aller Hoffnungen gehalten, die Israel auf seinen Gott gesetzt hat. Die Eschatologie des frühen Christentums ist der Zusammenhang, ohne den das Loblied der Maria nicht verstanden werden kann. Da wurde nicht gehofft, daß Gott irgendwann eingreifen werde, sondern da wurde gejubelt, daß er eingegriffen hat. Dieser Jubel, dieses Gotteslob, hat seine Glaubwürdigkeit aus realen Erfahrungen bezogen: Die Hungrigen sind satt geworden – das wollen auf ihre Art manche Jesuswunder berichten. Auch nach Jesu Tod sind die Hungrigen satt geworden. Auch nach Jesu Tod wußte man, daß die Gewaltigen über Jesus nicht hatten siegen können. Sein Leben, seine Kraft, seine Gerechtigkeit waren präsent, er war auferstanden.

Ich habe das Magnificat als Text innerhalb der Geschichte des frühen Christentums interpretiert. Im Kontext des Lukasevangeliums hat es keinen anderen Sinn als den eben beschriebenen. Es ist nur wichtig, den Zusammenhang dieser Überlieferung (ob nun lukanisch oder vorlukanisch) mit der Geschichte der Praxis und des Glaubens der vielen Menschen zu sehen, die in dieser Zeit dem Messias Jesus nachgefolgt sind. Wörter wie »Vision« sind zu schwach, um nachzuvollziehen, wie hier in der Geschichte des frühen Christentums die Nähe des Gottes, der gehandelt *hat,* gelebt worden ist.

Es hat Versuche gegeben, das Loblied der Maria literarkritisch zu analysieren und beispielsweise alle Bezüge auf Maria (V. 48 und μοι/»mir« in V. 49) als sekundäre Zutat anzusehen. Solche literarkritischen Zerteilungen machen das Lied uninterpretierbar, es ist dann vieldeutig und unkonkret. Vor allem aber verkennen sie, wie von der Geschichte des jüdischen Volkes her die Erfahrung von Gottes rettendem Handeln mit der Frauenprophetie verknüpft ist. Daß die Erhöhung der niedrigen Maria die Erhöhung des erniedrigten Volkes verkörpert, das konnten Menschen, die in der Tradition der jüdischen Religion lebten, sofort nachvollziehen. Aus dieser Tradition war für sie auch klar, daß hier nicht unverbindliche Hoffnungen ausgedrückt werden, sondern ein Handeln Gottes besungen wird, das greifbare Realität unter Menschen war.

Das jüdische Volk hat immer wieder streitbare Heldinnen und Prophetinnen gehabt und verehrt, Judith wäre hier zu nennen. Jetzt soll aber der Blick nur auf Hanna und Maria gelenkt werden und auf ihren Zusammenhang.

Hannas Geschichte ist in der lukanischen Vorgeschichte schon im Geschick Elisabeths präsent, der unfruchtbaren Frau, die nun auch schon alt geworden ist (Lukas 1,7). Die Prophetin Hanna, von der Lukas in 2,36–38 erzählt[7], zeigt, daß es religiöse Frauentradition gibt, die an Hanna anknüpft: Eine Frau lebt als Prophetin im Tempel, sie trägt den Namen Hanna, sie erkennt die Bedeutung des Messias Jesus und redet zu denen, die auf die Erlösung Israels warten. Wörtliche Rede wird von ihr nicht berichtet, aber wir können auf Grund der jüdischen Tradition sagen, daß sie im Prinzip nichts anderes gesagt haben wird als Maria im Magnificat. Denn auch Maria wiederholt als Prophetin in einer geschichtlichen Stunde die Prophetie Hannas. Die Targumübersetzung des Hannaliedes (s. o. 33f.) zeigt, wie in der Zeit, in der das Christentum entstand, das Hannalied verstanden worden ist. Wir haben hier dieselbe Hermeneutik des Hannaliedes vor uns wie im Lukasevangelium (oder einer möglichen vorlukanischen Tradition des Magnificat). Hanna ist Prophetin des Volkes. Ihre Unfruchtbarkeit repräsentiert das Elend des erniedrigten Volkes, das um den Verlust der verschleppten Menschen trauert: »Jerusalem, die wie eine Unfruchtbare war, wird mit ihrem Weggeführten angefüllt werden« (Targum 1. Samuel 2,5). Hanna nennt als Prophetin die Unterdrücker beim Namen. Sie ist von der Gewißheit erfüllt, daß den gegenwärtigen Unterdrückern ebenso von Gott eine Grenze gesetzt wird wie den Unterdrückern der Vergangenheit: »Und Rom, das mit großer Menge Volks erfüllt war –

7 Ruth Albrecht, Anna, in: Karin Walter (Hg.), Zwischen Ohnmacht und Befreiung. Biblische Frauengestalten, Freiburg/Basel/Wien 1988, 132–138, zeigt, daß diese Prophetin Hanna in der Alten Kirche noch lange Zeit Leitbild der Frauen war, das erst durch die spätere Verehrung Marias als der jungfräulichen Gottesgebärerin verdrängt wurde.

sein Heer wird aufhören zu sein; es wird wüst und zerstört sein« (Targum 1. Samuel 2,5).

Hanna ist die streitbare Prophetin der Rettung des Volkes und des Untergangs der Unterdrücker. Daß sie »Prophetin« genannt wird, macht das schon klar, denn damit spricht sie als Stimme eines ganz bestimmten Gottes, eines Gottes, der will, daß das Volk lebt, und der die zerstörte Schöpfung heilen will. Die Unfruchtbare wird schwanger: Gott ist nahe; die Jungfrau bekommt ein geistgeschaffenes Kind: Es ist der Messias. Frauen reden geisterfüllt wie Elisabeth, Maria und Hanna in der lukanischen Vorgeschichte. In den christlichen Gemeinden reden »die Söhne und die Töchter« (Apostelgeschichte 2,17) geisterfüllt. Sie prophezeien, was Jesus als Bergprediger oder in der »Antrittsrede« in Nazareth sagte: Den Armen wird das Evangelium verkündet: die Unterdrückung ist zu Ende. Sie prophezeien, was Paulus den Korinthern schrieb: Das Törichte der Welt hat Gott erwählt; er macht das Weise und Starke zunichte. Sie haben das prophezeit, was von alters her die Prophetie der Hanna war und von Maria neu verkörpert wurde: Gott hat sich seines Volkes angenommen.

Das Frauenbild dieser Frauenprophetinnendarstellung hat nichts zu tun mit dem Bild der demütigen, reinen Jungfrau und dem ihm impliziten Gegenbild der sündigen Frau, die durch Demut und Kindergebären Heil erwirbt. Das Frauenbild dieser Prophetinnentradition zeigt sie als streitbare, geisterfüllte Kämpferinnen, als Stimme eines Volkes, das nach Befreiung hungert und nicht mehr wartet, sondern sich erhebt. Die Streitbarkeit dieser prophetischen Stimme hat in der christlichen Tradition oft störend gewirkt. Wie kann man im Namen Gottes den Reichen die Güter absprechen und den politischen Unterdrückern den Untergang ansagen? Ist diese Streitbarkeit nicht gewalttätig? Der Untergang der frevlerischen Machthaber, die Völker unterdrücken, wird in diesen Liedern geweissagt, weil die Frauen und Männer Israels diese geschichtliche Erfahrung hatten, daß der Gewaltherrschaft ein Ende gesetzt wird. Die Gewalttätigkeit dieser Untergänge war nicht die Gottes oder der Unterdrückten, es war die der Unterdrücker selbst: Die Heere Roms gehen an ihrer eigenen Brutalität zugrunde. Die Reichen gehen leer aus, nicht weil die Armen ihnen ihre Güter wegnehmen konnten, sondern weil der Reichtum der Güter sich unter ihren Händen in gefährlichen Schrott verwandelt hat. Die Streitbarkeit der Prophetinnen Hanna und Maria verkündet nicht Gewalt, sondern das Ende der Gewalt.

Maria von Magdala

Walter Jens

In der Legende vom leeren Grab wird eine Geschichte erzählt, eine bunte und feierliche Moritat, ein dramatisches, ins Spirituelle übergehendes Ereignis, eine von Hauptpersonen, Chargen und vielerlei Requisiten strotzende Legende, die den Leser nicht zuletzt deshalb fasziniert, weil er erkennt, wie die vier Erzähler, Matthäus und Markus, Lukas und Johannes, höchst unterschiedliche Beschreibungs-Techniken wählen, um, in Übereinstimmung und Abkehr, in bescheidener Wiederholung und entschiedener Variation, Verbindendes und Trennendes sichtbar zu machen.

Da geht man aufeinander ein, übernimmt oder verwirft Traditionen, bezieht sich eine Zeitlang auf die gemeinsame Quelle, um danach um so entschiedener gegen den Strom zu schwimmen: C folgt B, D widerspricht A. Konkurrenz-Verhältnisse gewinnen Anschaulichkeit, Redakteure und Überarbeiter schalten sich ein. Viele Hände sind bei der Arbeit. Risse werden sichtbar, Widersprüche zwischen Satz und Satz, die dann ein aufs Glätten erpichter E oder F notdürftig übermalt. Welch ein atemberaubender Vorgang, dieses Um-und-um-Wenden immer der gleichen Geschichte, ein Alternieren von Haupt- und Neben-Figuren, eine Akzentverteilung und Perspektiven-Wahl, die das längst Bekannte in eine erregend neue, ja unendliche Geschichte verwandelt.

So simpel der Vorgang – ein Grab steht leer, Zeugen machen sich ihre Gedanken darüber, und Erzähler ziehen ein Fazit –, so facettenreich die Nuancierung in den Nacherzählungen.

Da tritt, als erster, Matthäus auf, nennt – ein exakter Berichterstatter –, im Stil des nüchternen Chronographen, Wochentag und Tagesstunde, um dann plötzlich, ins Visionäre und Zeichensetzende ausbrechend, das Große Wunder zu beschreiben: das Beben der Erde, den vom Himmel zur Erde stürzenden Engel, das Aufleuchten seiner weißen Gestalt, das tödliche Erschrecken der Wächter und den Befehl des Boten an die beiden Marien, die sich in der Morgenfrühe aufgemacht hatten, um das Grab anzuschauen: »Seht diese Stätte, wo der Gekreuzigte gelegen hat! Er ist nicht hier, sondern auferstanden, wie er's gesagt hat. Auf! Meldet, was Ihr saht, seinen Jüngern und schaut Ihn an, der Euch in Galiläa erscheint: den Christus.« Furcht und übergroße Freude; Erscheinung des Herrn; Fußfall der beiden Marien, denen, ein zweites Mal, nunmehr von Jesus selbst, befohlen wird, die Jünger nach Galiläa zu laden: »Daselbst werden sie mich sehen.« Und die Frauen machen sich auf den Weg; die Jünger ziehen nach Galiläa und hören, die einen glaubend, die anderen zweifelnd, die Rede des Herrn, mit der das Evangelium schließt: »Mir ist gegeben alle Gewalt im Himmel und auf Erden.« Zweimal die gleiche Botschaft, zuerst von den Engeln, dann von Jesus den beiden Marien anvertraut: Frauen, die sich auf die Rolle von Mittlerinnen beschränken und am Ende vergessen werden. »Da sie aber hingingen« – mehr nicht. Kein Wort über ihr Gespräch mit den Jüngern, kein Wort darüber, ob sie auch in Galiläa waren, als Jesus seinen Schülern den Tauf- und Lehr-Befehl gab.

Und dann, zum zweiten, der Auftritt des Schreibers Markus: Wieder sind die beiden Marien dabei, wieder geht es darum, Tag und Stunde genau – *noch* genauer sogar! – zu benennen, wieder sitzt ein Engel in der Nähe des Grabes, wieder wird ein Befehl erteilt, wieder erscheint Jesus – *den* Frauen? Nein, eben nicht! Nur *einer* von den dreien, die eingangs genannt werden; nur *einer* aus jener Trias, die, in Aktion und Reaktion, viel genauer beschrieben wird als bei Matthäus: Maria Magdalena, die Erwählte unter den Frauen, deren der Evangelist in einer Art Prolog gedenkt. Wie sie gekommen waren, die Frauen, um den Leichnam zu salben, wie sie sich über den fortgewälzten Stein unterhielten, wie sie in die Gruft stiegen, wie sie, nach dem Gespräch mit dem Engel, Zittern und Zagen befiel, wie sie flohen und sich fürchteten und wie dann, auf einmal, alles Licht auf die Eine, Ausgezeichnete unter den Frauen fiel, Maria Magdalena, von der Jesus die sieben Dämonen weggejagt hatte: »Und sie ging hin und verkündete es denen, die mit ihm gewesen waren, die da Leid trugen und weinten.«

Welch ein Wechsel der Sichtweise beim zweiten Erzähler, vergleicht man ihn mit dem ersten: Aus betroffenen Objekten werden bei ihm handelnde und regierende, in ihrer Seelenlage behutsam beschriebene Subjekte; an die Stelle der zwei und der drei tritt die Eine, die einst von den Teufeln Bedrohte – also ein Geschwisterkind des Herrn. Maria aus Magdala, die erste Zeugin, Apostola Apostolorum, der Aufstehung ihres Herrn.

Und dann – auch er die Akzente in eigener Manier setzend – der Erzähler Lukas: Ein drittes Mal die Tages- und Stundenangabe, der Auftritt zweier Engel, der Bericht über die Auferstehung, dazu jetzt, in sorgfältiger Rekapitulation, die Wiederholung des jesuanischen Diktums: »Des Menschen Sohn muß überantwortet werden in die Hände der Sünder und gekreuzigt werden und am dritten Tage auferstehen.« Und dann: Kein Erscheinen des lebendigen Herrn vor den Frauen. Und dann: Aufzählung nicht von einer oder von zweien, sondern von vielen Frauen. Und dann: die Übermittlung der Engelsbotschaft an die elf Jünger »und die anderen alle« – formuliert von »Maria Magdalena und Johanna und Maria, des Jakobs Mutter, und anderen mit ihnen«. Und dann: das Verlachen der Botinnen durch die Männer. (»Und es deuchten sie ihre Worte eben, als wären's Märlein, und sie glaubten ihnen nicht.«) Und schließlich, zuletzt, das Hervorheben des Einen, Ausgezeichneten, Begnadeten: des Simon Petrus, der, als einzelne hell beleuchtete Gestalt, bei Lukas jene Rolle übernimmt, die Markus seiner Maria Magdalena zudachte: »Petrus aber stand auf und lief zum Grabe und bückte sich hinein und sah die leinenen Tücher allein liegen, und es nahm ihn wunder, wie es zuginge.«

Wie da ein Schreiber mit dem anderen streitet! Wie gemeinsame Vorlagen, je nach Interessen des Interpreten, umgeformt werden! Wie einer Kollektive und der andere Einzelgestalten, der erste Maria Magdalena und der zweite Petrus zur Hauptfigur macht; wie winzige Nuancen die Konstellation zwischen den Handelnden, den Himmlischen und Irdischen, blitzartig verwandeln ... in welchem Ausmaß, das zeigt, exemplarisch, die vierte und kühnste Variation der Auferstehungsgeschichte, der Bericht des Evangelisten Johannes.

»An dem ersten Tage der Woche kommt Maria Magdalena früh, da es noch finster war, zum Grabe und sieht, daß der Stein vom Grabe hinweg war. Da läuft sie und kommt zu Simon Petrus und zu dem anderen Jünger, welchen Jesus liebhatte, und spricht zu ihnen: Sie haben den Herrn weggenommen aus dem Grabe, und wir wissen nicht, wo sie ihn hingelegt haben. Da gingen Petrus und der andere Jünger hinaus und kamen zum Grabe. Es liefen aber die zwei miteinander, und der andere Jünger lief zuvor, schneller denn Petrus, und kam als erster zum Grabe, guckt hinein und sieht die Leinen gelegt; er ging aber nicht hinein. Da kam Simon Petrus ihm nach und ging hinein in das Grab und sieht die Leinen gelegt, und das Schweißtuch, das Jesus um das Haupt gebunden war, nicht zu den Leinen gelegt, sondern beiseits, zusammengewickelt an einem besonderen Ort. Da ging auch der andere Jünger hinein, der als erster zum Grabe kam, und sah und glaubte es. Denn sie wußten die Schrift noch nicht, daß er von den Toten auferstehen müßte. Da gingen die Jünger wieder heim. Maria (Magdalena) aber stand vor dem Grabe und weinte draußen. Als sie nun weinte, guckte sie in das Grab und sieht zwei Engel in weißen Kleidern sitzen, einen zu Häupten, den anderen zu den Füßen, da sie den Leichnam Jesu hingelegt hatten. Und diese sprachen zu ihr: Weib, was weinest du? Sie spricht zu ihnen: Sie haben meinen Herrn weggenommen, und ich weiß nicht, wo sie ihn hingelegt haben. Und als sie das sagte, wandte sie sich zurück und sieht Jesum stehen und weiß nicht, daß es Jesus ist. Da spricht Jesus zu ihr: Weib, was weinest du? Wen suchst du? Sie meint, es sei der Gärtner, und spricht zu ihm: Herr, hast du ihn weggetragen, so sage mir, wo hast du ihn hingelegt, so will ich ihn holen. (Da) spricht Jesus zu ihr: Rühre mich nicht an! Denn ich bin noch nicht aufgefahren zu meinem Vater. Gehe aber hin zu meinen Brüdern und sage ihnen: Ich fahre auf zu meinem Vater und zu eurem Vater, zu meinem Gott und zu eurem Gott. Maria Magdalena kommt und verkündigt den Jüngern: Ich habe den Herrn gesehen, und solches hat er zu mir gesagt.«

In der Tat, das hört sich an, als ob mit dem vierten Evangelisten nach den schlichten Chronik-Erzählern ein Artist in die Arena stiege, ein Poet, der mit Hilfe von kunstreich durchgeführten Gegensatz-Spielen (der Lieblingsjünger hier und Petrus dort) sowie mit einer detaillierten Ausmalung des bei den Synoptikern nur grob Skizzierten eine Legende in ein sorgfältig ausgemaltes Genre-Stück verwandelt: plastisch, dramatisch, pointenreich und – parteiisch.

Zum ersten Mal wird, in der Grab- und Auferstehungsgeschichte, eine Frau gleichberechtigt an die Seite zweier Männer und dazu noch der beiden ersten Apostel gestellt. Die Chronik verwandelt sich in ein Psychogramm, eine ebenso couragierte wie überzeugende Umorientierung traditioneller Berichte. An die Stelle der »raunenden Beschwörung des Imperfekts« tritt, bevorzugt angewendet, das Präsens; die Geschichte gewinnt den Charakter einer Situationsbeschreibung: Da wird gelaufen und gestürmt, da gibt es Verwechslungsspiele am Rande der Komik, und da schließt das Drama mit einer gewaltigen Apotheose – der Verherrlichung einer Frau, die nicht nur, wie bei Markus, erste Kronzeugin der Auferstehung ist, sondern eine Erwählte, der die authentische Übermittlung der jesuanischen Zentralbotschaft anvertraut wird: »Ich fahre auf zu meinem Vater und zu eurem Vater, zu meinem Gott und zu eurem Gott.«

Maria Magdalena, wie Johannes sie im 20. Kapitel beschreibt, ist die nächste Vertraute des Herrn, eine Schwester jener Samariterin, der Jesus – wie der Maria von Magdala – die geheime Summe seiner den Vater betreffenden Meditationen ans Herz legt: »Gott ist Geist, und die ihn anbeten, die müssen ihn im Geist und in der Wahrheit anbeten.«

Die schwierigsten Sätze, Überlegungen am Rande des Apokryphen und deshalb bis heute theologisch hier so und dort so ausgelegt, werden, bei Johannes, von Jesus in der Begegnung mit Frauen formuliert. *Wenn* jemand das berühmte Diktum Galater 3,28: »Hier ist kein Jude noch Grieche, hier ist kein Knecht noch Freier, hier ist kein Mann noch Weib; denn ihr seid allzumal *einer* in Christo Jesu« – wenn jemand die paulinische These in dramatischen Szenen von exemplarischem Rang verwirklicht hat, dann ist es, wie die Gespräche Jesu mit der

Samariterin und mit Maria Magdalena beweisen, der Evangelist Johannes gewesen.

»Und über dem kamen seine Jünger, und es nahm sie wunder, daß er mit dem Weibe redete«: Was für den Dialog mit der Frau aus Samaria gilt, trifft in gleicher Weise auch für die Unterweisung der magdalenischen Maria zu – jener grandiosesten Frauenfigur, die das Neue Testament kennt.

Bedroht und sanft, intelligent und mutig, gewinnt sie, zumindest ansatzweise, die humane Plenipotenz einer Gestalt aus der griechischen Tragödie: in wenigen Sätzen, knappen, von der Phantasie des Lesers auszuspinnenden Verweisen – welche Figur von Anmut und Geist! Kein Wunder, daß es den Auslegern einer scheinbar rechtmäßig von virilen Grundmustern bestimmten Geschichte unheimlich wurde bei der Begegnung mit dieser durch Demut und Spiritualität gekrönten Gestalt; kein Wunder, daß man ihrer mittels einer Verbindung mit der lukanischen Großen Sünderin habhaft zu werden versuchte: Maria, die große Frau des vierten Evangelisten und die Führ-Figur der frühen Kirche, wird ihrer Gefährlichkeit entkleidet und mit Hilfe der Zutaten »Ausschweifung« und »Sexualität« vermeintlich domestiziert. Die Partnerin Jesu – eine Eva des Neuen Bundes.

Wie anders da die Frau, die sich im 20. Kapitel des Johannesevangeliums präsentiert! Zur frühesten Morgenstunde (es ist noch dunkel, von einsetzender Helligkeit keine Rede; die Sonne, die Markus scheinen läßt, bleibt bei Johannes in der Finsternis verborgen; es herrscht Toten- und Grabes-Stille), zur frühesten Morgenstunde kommt eine, läuft eine, weckt eine die Männer auf, wendet sich eine ohne Umschweife an die apostolischen Führer, den Ersten und den Geliebtesten des Herrn, Petrus und Johannes. *Eine,* eine *Frau,* gibt Nachricht – und zwar, anders als bei den Synoptikern, von niemandem geschickt, vielmehr aus eigenem Entschluß: »Sie haben den Herrn weggenommen aus dem Grabe, und wir wissen nicht, wo sie ihn hingelegt haben.«

Wir: wohlgemerkt. Die einzelne kann es sich leisten, im Namen eines imaginären Kollektivs aufzutreten; die einzelne bewegt – wiederum der Unterschied zu den Synoptikern – durch ihre genau beschriebene und als erfolgreich etikettierte Aktion die Männer zum Handeln – und wie sie dann plötzlich laufen! Einer schneller als der andere! Petrus (im Neuen Testament, wie man weiß, ohnehin nicht als der schnellste genannt: Raschheit ist seine Sache so wenig wie herausgehobene Intelligenz), Petrus hinterher und der Lieblingsjünger voran, getrieben von der Botin des Herrn – getrieben in einer Szene, die, ungeachtet allen tristen Ernstes, mit Detail-Beschreibungen endet, die den Charakter von Kabinett-Stücken haben. Johannes ist als erster am Grab, schaut hinein, sieht das Leinen – und verhält. Der kurze Blick genügt dem Lieblingsjünger; sein Glauben bedarf der gehäuften Indizien nicht: an die mag Petrus sich halten, dem »der andere« den Vortritt läßt.

Courtoisie unter düsteren Zeichen. Die Schriftsteller des Neuen Testaments, für die das Kleinste gewichtiger Erzählungen und das Majestätische, andererseits, schlichter Beschreibung bedarf, scheuen sich nicht, mitten im tragischen Ernst minuziöse Detailmalerei zu betreiben und, in der Art »gegenläufiger« Darstellung, die Zunahme an frommer Gewißheit durch eine Abnahme der beschriebenen Gegenstände zu konterkarieren: Maria Magdalena sieht den – vom Grab entfernten – gewaltigen Stein; der Lieblingsjünger, der nur kurz hinschaut, sieht die ausgebreiteten Leinentücher, während Petrus das gesondert liegende, zusammengeknüllte Schweißtuch erkennt: Das leere Grab enthält Indizien, die den ersten Apostel eine räuberische Aktion ausschließen lassen, während »der andere« keine Inspektionen am Tatort benötigt: Er glaubt, auch wenn er sowenig wie Petrus die Schrift kennt, »daß Jesus von den Toten auferstehen müßte«. Ein schwieriger Satz: vielleicht von der Hand eines Bearbeiters stammend, der die johanneischen Sonderheiten, den Synoptikern gegenüber, zu egalisieren versuchte. Ein Bearbeiter – warum auch nicht? Ein Redaktor, eine zweite Hand, ein anderer Autor – wir sollten uns daran gewöhnen, philologische Aufdröseleien nicht als Nivellieren geglaubter Texte, sondern, im Gegenteil, als Bemühen um Schrift-Zeugnisse zu verstehen, die im frommen Wetteifer, in persönlicher Beleuchtung des Überkommenen, in individueller Aneignung und liebenswerter Parteilichkeit entstanden – formuliert im Bestreben, das Quellen-Material so exakt, aber auch so überzeugend wie möglich zu arrangieren: *Deshalb* das Eingehen aufs Genreartig-Bescheidene – aber in seiner Schlichtheit höchst Signifikante –, deshalb der Versuch, den beschriebenen Vorgängen, mit rhetorischer Kunst, ein Maximum an Sinnlichkeit und realistischer Zeichen-Kraft zu verleihen: Der Wettlauf zwischen den Jüngern! Das Höflichkeits-Zeremoniell an der Tür!

Freilich kann es, bei soviel stilistischem Ehrgeiz, auch einmal geschehen, daß der Schreiber, aufs Detail und nicht den logischen Duktus des Gesamt-Berichts achtend, sich in den ihm zur Verfügung stehenden Materialien verheddert: daß er vergißt, was vorher stand; daß er Figuren, die eben noch weit entfernt waren, mit einem tollkühnen Schwung wieder auf die Szene befördert und mit seinen Gestalten spielt, wie es der Augenblick verlangt.

Der Augenblick oder eine ausgelassene Quelle, die dann doch wieder berücksichtigt sein möchte. Und so geschieht es dann in unserem Text, daß die eben noch aus der Höhle weit weggelaufene Maria Magdalena plötzlich wieder da ist und weinend vor der Grabestür sitzt, um's dann, ein wenig spät, den Jüngern nachzutun und, wie wenn es das erste Mal wäre, sich ins Innere des Grabes zu beugen und dabei der beiden Engel innezuwerden, die ein Kenner der Tradition in den johanneischen Text eingefügt haben mag, ohne zu bedenken, daß die Engel dort keine Funktion haben, wo die Bedeutung des leeren Grabes bereits durch Petrus' Sich-Umschaun gezeigt worden ist.

Philologische Beckmesserei, abermals? Eben nicht, sondern ein Bezeichnen der redlichen Mühe, des Versuchs, immer neue Nuancen zu entdecken, aber auch des Sichverhedderns von Redakteuren, die nicht bemerkten, daß *einmal* mehr als *zweimal* ist und die Motiv-Wiederholung – erst schaut der geliebte Jünger, dann schaut Maria von fernher hinein; erst reden die Engel, dann spricht der Herr – daß Motiv-Wiederholung die wundersame Wucht der Grabesszene vermindert: Johannes, soviel scheint sicher zu sein, hatte die Szene, bei Weglassung der Engels-Erscheinung, ganz auf den Höhepunkt, die Begegnung zwischen Maria Magdalena und dem Auferstandenen, hin strukturiert – und dabei (soviel mag mit dem Freimut Martin Luthers, der seine Bibel souverän, ergriffen *und* subjektiv-kritisch studierte, gesagt sein) – und dabei – vielleicht, nein wahrscheinlich! – eine Szene geschaffen, ein vorbereitungslos eingeführtes Zentral-Gespräch, das jetzt, in abgeschwächt-retuschierter Gestalt, aus anderem Grunde beispiellos ist, ohne Vergleich in der Dialektik von Fast-Burleske und bezwingender Prophetie! Maria schaut sich um, die Engel treten so rasch wieder ab, wie sie die Bühne betraten, ein bißchen hopplahopp, nach Redaktoren-Art, und sichtbar wird Jesus selbst – sichtbar für uns, die Leser, sichtbar für den Evangelisten Johannes, aber sichtbar, im Sinne von erkennbar, nicht für Maria.

In einer Wiedererkennungs-Szene, die sich an die Seite der berühmten Anagnoriseis der griechischen Tragödie stellen läßt – Elektra und Orest! Orest und Iphigenie! –, gewahrt Maria Magdalena in ihrem Rücken, also dem Licht zu und entfernt vom Dunkel des Grabs, den auferstandenen Herrn. »Frau, warum weinst du? Wen suchst du?«

Ein Ruf wie vom Himmel herab; der Sohn des Höchsten nähert sich der Frau, die um ihn weint, doch sie erkennt ihn nicht; aber die – sekundenlang aufleuchtende – Tragik, daß Maria (als wäre sie aus Oedipus' Haus) im Augenblick der höchsten Epiphanie blind und unwissend bleibt, verkehrt sich in Komik, Heiterkeit und Scherz: »Herr«, der vermeintlich von jäher Erkenntnis zeugende, weil Jesus angemessen bezeichnende Gruß erweist sich als Ausdruck äußerster Verkennung. Mit Rabbi ist nicht Jesus, sondern der Gärtner gemeint, ein als »Herr« bezeichneter Friedhofswärter, der den Toten irgendwohin geschafft haben könnte.

Und dann sofort wieder Ernst und ergreifendes Pathos! »Ich will ihn holen«: Da ist sie abermals, die couragierte Rede der Frauen in den Evangelien, die Sprache derjenigen, die standhaft bleiben unterm Kreuz, während die Männer sich davongemacht haben.

»Ich will ihn holen«: Vier Worte, die das Umkehr-Verhältnis von Männern und Frauen bezeichnen. Die Frauen handeln, während die Männer, die Jünger von Gethsemane, den von

Todesangst Heimgesuchten allein lassen in seiner Einsamkeit und Not.

Wie anders die Frauen! Wie anders, genuin und grandios, die Erkenntnis der Wahrheit in der Sekunde, da Jesus Maria bei ihrem Namen ruft.

»Maria!« »Rabbi!« Der vollkommene Einklang des Doppelrufs täuscht: Während Maria, im Augenblick des Erkennens, sie selbst ist: gläubig, vertrauensvoll, mutig, hat, ihr gegenüber, der Auferstandene jene Doppeltheit aufgegeben, die ihn ganz und gar Gott sein ließ *und,* zu gleicher Zeit, ganz und gar Mensch in der Welt.

So wie Maria Magdalena Jesus im heiteren Vorspiel verfehlte, wo sie ihn als Gärtner ansprach, verfehlt sie ihn ein zweites Mal dort, wo sie ihn als den anspricht und fußfällig verehrt, der er *war,* doch nun nicht mehr *ist.* »Rühr mich nicht an!« Das ist nicht Abweisung und herrisches Sich-Versagen, sondern Demonstration der endgültigen Wahrheit, in deren Horizont die Gläubige und der Auferstandene einander als nahfern begegnen: Er, der in die Herrlichkeit einziehende Meister; sie, die durch den Glauben an den Erhöhten für immer Erlöste.

Der Schein-Übereinstimmung zwischen Maria und Rabbi folgt der die Wahrheit ins Blickfeld rückende Aufweis der Diskrepanz; aber auch er wird, auf einer dritten Ebene, »aufgehoben«, will, mit Hegel, heißen: bewahrt und überwunden.

»Ich fahre auf zu meinem Vater und zu eurem Vater, zu meinem Gott und zu eurem Gott«: Die Trennung zwischen dem *Einen* Rabbi und den Geschwistern der Maria Magdalena, den vielen, die sagen: »Ich will ihn holen« – diese Trennung wird, sub specie aeternitatis, dort nicht mehr sein, wo der Vater des Einen auch der Vater der Vielen und der Gott des Gekreuzigten der Gott der Gläubigen ist.

Die Schluß-Vision der weitgehend im historischen Präsens geschriebenen johanneischen Auferstehungs-Beschreibung weist über Vergangenheit und Gegenwart hinaus in die Zukunft – dorthin, wo der Zustand *zwischen* Tod und Erlösung, *zwischen* Erde und Himmel, *zwischen* der kleinen Welt hinieden und dem besiegelten, den erlösten Menschen sinnfällig gewordenen und hernach angenommenen Neuen Äon überwunden ist: »Ich habe den Herrn gesehen«, verkündet – *verkündet* – von Maria Magdalena in der Vollmacht, die der ersten Zeugin *und* Predigerin gebührt, »und solches hat er zu mir gesagt.«

Jesus und seine Gesandte: Maria Magdalena, die ihm vertraut war, ihm in seinem Alleinsein beistand und von ihm – weit über alle am letzten Abendmahl teilnehmenden Jünger hinaus – ausgezeichnet wurde wegen ihrer Verläßlichkeit; der Erhöhte und seine erste Dienerin, die über ihn, an der Grenze von Nacht und Tag, Tod und Ewigkeit, berichtete und seine Worte weitergab: Das ist ein bewegendes, wenn auch allzu selten ins Blickfeld gerücktes Muster-Bild der Humanität, des Aufeinander-Eingehens und Einander-Findens – ein Musterbild, das, wären die ersten achtzehn Verse des 20. Johannes-Kapitels richtig gelesen worden, eine andere, sanftere Tradition hätte begründen können, als es die petrinische Überlieferung tat.

Wieviel ist abgebrochen, schon im ersten Jahrhundert nach Christus, was hätte fortgeführt werden sollen; in wie verhängnisvoller Weise hat der Apostel Paulus über den Evangelisten Johannes triumphiert: »... daß Christus auferstanden sei nach der Schrift«, heißt es 1. Korinther 15, Vers 5 bis 8, »und daß er gesehen worden ist von Kephas, danach von den Zwölfen, danach ist er gesehen worden von mehr als fünfhundert Brüdern ... am letzten nach allem ... ist er auch von mir gesehen worden.« Und die Frauen? fragt der Leser. Unerwähnt!

Und die Erste, die Kronzeugin, von Jesus auserwählt, um die Überlieferung, die ohne sie nicht hätte beginnen können, zu eröffnen? Vergessen, verschollen. Der Ruf der Maria Magdalena: »Ich habe den Herrn gesehen« – ins Konto der reuigen Sünderin eingetragen und auf diese Weise relativiert.

Maria Magdalena, deren Geschichte bis heute nicht geschrieben ist (von der Wissenschaft, wohlgemerkt, für die Poesie steht zeichensetzend der Roman »Mirjam« von Luise Rinser): ein Fall für den Beichtstuhl, den Psychiater und die Dichter mit ihrer Freude an Exzentrizität. Wie falsch, wie niederträchtig! In Wahrheit verdeutlicht die Frau, die vom erhöhten Herrn die Rolle einer »Ersten Weitersagerin« erhielt, in ihrer Trauer *und* ihrer Hoffnung, ihrem Entsetzen am Grab *und* ihrer Gewißheit in der Welt danach, wie ein Mensch, ein Christenmensch, aussieht, der beides zugleich ist, im stillen Kämmerlein so gut wie auf dem Marktplatz: sanftmütig und solidarisch, klug und voll Nachsicht.

In die Reihe der *anderen* gehört sie, diese Magdalena – in die Schar der trauernden Mütter von Bethlehem, aber nicht an die Seite des Petrus, der fernbleibt unter dem Kreuz und, mitsamt seiner Indizien-Aufspürerei (weniger – das macht ihn eher menschlich – wegen seiner Langsamkeit im Laufen und Schwimmen), ein wenig kurios wirkt, an Maria Magdalena gemessen, die in der Urkirche zu Recht als die vernünftige, von Jesus inthronisierte, predigende Apostolin galt. Eine Frau, die ihren Meister liebgehabt hat, doch sich in solcher Liebe nicht verlor, weil sie sich, wie die mit Johannes beginnenden »Rettungs«-Berichte über die vermeintliche Sünderin zeigen, auf die Kunst des verständigen Predigens verstand: auferweckt aus Schmerz und Klage um den toten Mann, Jesus von Nazareth, so wie auch ihr Bruder Lazarus auferweckt worden ist.

Maria Magdalena, die Vergessene und Verkannte, die in neuem Licht zu sehen und wieder zu Ehren zu bringen Christendienst ist – Christendienst in jenem Sinn, der in dem nach ihr benannten gnostischen Evangelium, vier Zeilen lang, aufleuchtet: »Da stand Maria Magdalena auf, begrüßte alle und sprach: ›Weint nicht, seid nicht traurig, und auch nicht ohne Mut. Seine Gnade wird mit euch allen sein und euch beschützen. Laßt uns seine Größe preisen, denn er hat uns ... zu Menschen gemacht.‹«

Besser stünde es um uns, wenn das Wort »Mensch« – und »Christenmensch« ohnehin! – auch ein Femininum sein könnte: gebildet im Hinblick auf eine Frau, die nicht durch Verherrlichung, wohl aber durch sorgsam erwogene und entschiedene Nachfolge geehrt werden sollte, nicht zuletzt im Kreise derer, die, nach dem apokryphen Evangelium der Maria, den Erhöhten mit einem ebenso schlichten wie *in toto* noch nie beherzigten Halbsatz (friedlicher sähe es sonst in der Welt aus) verehren, dem Halbsatz aus Maria Magdalenas höchst fiktivem, sehr realen Glaubensbuch: »... denn er, Jesus Christus, hat uns zu Menschen gemacht.«

Hildegard von Bingen

Marie Veit

Eine Frau des Hochmittelalters heute darzustellen ist nicht ganz einfach. Vieles in ihrem Wesen und Denken wird uns fremdartig erscheinen, so daß wir Mühe haben, uns einzufühlen. Das zeigt sich übrigens auch an den höchst unterschiedlichen Interpretationen, die ihr Leben, besonders ihre Visionen, gefunden haben.

Befremdend für uns ist schon ihre Kindheit. Als zehntes Kind eines »Edelfreien« wird sie, wie sie selbst sagt, von ihren Eltern »mit Seufzern Gott geweiht«, als eine Art Zehntopfer. Praktisch heißt das, daß die Achtjährige »Inklusin« wird. Eingeschlossene: Sie wird, zusammen mit einem gleichaltrigen Mädchen, der Nonne Jutta von Sponheim zugeführt, mit der sie fortan in einer »Klause« auf dem Disibodenberg oberhalb der Nahe lebt. Die Klause, ein kleines Wohnhaus mit mehreren Räumen, angebaut an die Kirche eines Benediktinerklosters, wird nach feierlichem Gottesdienst, bei dem die Kirche wie zu einer Totenfeier geschmückt ist, vor den Augen der Mönche, der Angehörigen und der Gemeinde zugemauert. Eine Tür zur Außenwelt gibt es nicht mehr, nur Fenster zum Inneren der Kirche, zum Klosterhof und einen Zugang zu dem kleinen, von außen nicht zugänglichen Garten, der zur Klause gehört. Kein Hinauslaufen mehr, kein Herumtoben, kein Spiel im Freien mit der großen Geschwisterschar auf dem heimatlichen Gut. Müssen wir nicht meinen, daß dies, zusammen mit der Trennung von den Eltern, schwere Schäden für die Entwicklung und die seelische Gesundheit zur Folge haben müsse?

Hildegard hat später selbst geäußert, daß es nicht gut sei, Kinder in ein Kloster zu geben, bevor sie zu eigener Entscheidung fähig seien. Sie warnte vor den inneren Schwierigkeiten, in die ein Mensch dadurch gebracht werden könne – erstaunlich modern in einer Zeit, in der adlige Familien ihre Söhne und Töchter ja auch bereits als Kinder verlobten. Andererseits war Hildegard freilich der Meinung, daß der Mensch, über den einmal so bestimmt worden sei, dies als den Willen Gottes für das eigene Leben bejahen lernen sollte. Jedenfalls nahm sie selbst 1114 als Sechzehnjährige den Schleier der Benediktinerin. Noch mehr als dreißig Jahre, bis zur Gründung eines neuen Klosters auf dem Rupertsberg, blieb sie in ihrer Klause, in die mehr und mehr adelige Mädchen eintraten; sie wurde 1136 nach dem Tode der Jutta von Sponheim »magistra«, Äbtissin des kleinen Konvents, blieb aber im übrigen noch ungekannt.

Was hat sie in ihrer Klause lernen können? Offensichtlich mehr, als man erwarten sollte, denkt man an das reiche Wissen, das in ihren späteren Büchern zum Ausdruck kommt. Zwar hat sie selbst sich immer wieder als »indocta«, ungelehrt, bezeichnet, besonders wenn sie betonen wollte, daß ihre Visionen und das aus ihnen hervorgegangene schriftstellerische Werk nicht aus gelehrten Studien abzuleiten seien. Bedenkt man die sorgfältige klassische Bildung, die jungen Männern in den Mönchsklöstern zuteil wurde, mit Einübung in die lateinische Grammatik und Stilistik und mit Lektüre der gesamten antiken Literatur, die damals greifbar war, dann hat sie wohl recht, sich »indocta« zu nennen. Das Latein, das sie schreibt, ist schlichterer Art. Ihre Bildungsquellen sind, wie der Hildegardforscher Heinrich Schipperges mehrfach betont[1], noch nicht genügend erforscht; doch hatte Jutta von Sponheim sie in die Chorgebete eingeführt[2], an denen die Klausnerinnen durch ihr Kirchenfenster teilnahmen, hatte sie das Psalmensingen und das dazu nötige Latein gelehrt, dazu die Regula Benedicti und das Lesen und Meditieren der Heiligen Schrift. Schreiben, zuerst auf Wachstafeln, kam dazu, Kräuterkunde mit Hilfe des Gärtchens, Klostermedizin, für die die Anleitung zu gesunder Lebensführung in der Regula die Grundlage bot. Anschaulich schildert Eduard

---

1 Z. B. in: HILDEGARD VON BINGEN. Ein Zeichen für unsere Zeit, Frankfurt/Main 1981.

2 So die zeitgenössische Vita der Mönche Gottfried und Theoderich, übersetzt und erläutert von ADELGUNDIS FÜHRKÖTTER, Düsseldorf 1968.

Gronau in seiner Biographie[3], welche weiteren Anregungen sich den Klausnerinnen boten: theologische durch die täglich mehrmalige Teilnahme an der Liturgie mit ihren wechselnden Texten und durch die Lesungen zur Tischzeit, für die die Klosterbibliothek die Bücher zur Verfügung stellte, Heiligenleben, Kirchenväter, die zugleich philosophisches und historisches Wissen an sie herantrugen. Die festgelegten Schweigezeiten boten die Muße, darüber nachzudenken und sich das Gehörte meditativ anzueignen. Am Durchreichefenster zum Klosterhof kamen mit den gebrachten Lebensmitteln auch die Nachrichten aus der Welt zu den Frauen: Doppelkaisertum und Doppelpapsttum, bewegende Einzelschicksale der darin verwickelten Bischöfe und Fürsten, die Kunde vom wenig frommen Leben am Hofe so manches geistlichen Herrn und die Ausbreitung der Gegenkirche von unten, der Katharer.

Das Leben einer Gutsherrin war vermutlich ärmer an Anregungen und an Möglichkeiten zu lernen.

Was Hildegard berühmt gemacht hat, sind ihre *Visionen*. Schon als Dreijährige, schreibt sie, habe sie ein überwältigendes Licht gesehen, ohne noch darüber sprechen zu können; seit ihrem fünften Lebensjahr erlebte sie bildhafte Erscheinungen, hatte das »zweite Gesicht«, vermochte die abnorme Fellfärbung eines Kälbchens zu sehen und zu beschreiben, ehe es geboren war. Früh wurde ihr bewußt, daß andere diese Fähigkeiten nicht besaßen; der Versuch, mit ihrer Amme darüber zu reden, brachte nur Befremden hervor. Da sie oft kränkelte, sind mehrfach Versuche einer Pathographie unternommen worden; diese sollen uns hier nicht beschäftigen, da wir uns ihr selbst nähern wollen. Ihre Sehergabe ist konstitutiv für ihre Identität; wie spricht sie selbst darüber?

Zunächst ist wichtig, daß sie lange Zeit geschwiegen hat, obwohl Visionserfahrungen ihr Leben begleiteten. Als Fünfzehnjährige weinte sie, weil sie in ihrer Klause über »Geschautes« geplaudert hatte; es schien ihr überheblich, und sie schämte sich. (Sie war nach eigenem Bekunden während ihrer Visionen immer zugleich bei vollem Tagesbewußtsein, nicht in Ekstase.)

---

3 Hildegard von Bingen, Christiana-Verlag, Stein am Rhein 1985, 33ff.

Erst jenseits des vierzigsten Lebensjahres wurde ihr klar, daß sie weitergeben *müsse,* was ihr offenbart wurde; Erleuchtungs- und Berufungsvisionen zwangen sie, ihr Schweigen zu brechen. In diesem Zusammenhang berichten die Quellen mehrfach von ihrer Angst, als *Frau* nicht ernst genommen zu werden; in ihrem ersten Buch, Scivias (= Wisse die Wege), das 1141 bis 1151 niedergeschrieben wurde, heißt es: »Und ich, ein Mensch, der ich nicht glühe nach der Art der starken Löwen, noch auch durch ihren Unterricht belehrt wurde, sondern in der Zartheit der gebrechlichen Rippe verblieb, sah, durchweht von geheimnisvollem Hauch, ein hell-leuchtendes Feuer, ein Feuer, das unbegreiflich, unauslöschlich, ganz lebendig, ganz Leben war. Und ich hörte aus dem vorerwähnten lebendigen Feuer eine Stimme, zu mir sprechend: O du, die du bist armselige Erde und unter dem Namen Weib ungelehrt in jeglicher Lehre fleischlicher Magister, ungelehrt zu lesen Schriften vermittels des Verstandes der Philosophen, sondern nur angerührt von meinem Licht, das dich zuinnerst berührt mit einem Feuer wie glühende Sonne, schreibe und erzähle erschöpfend und schreibe diese meine Mysterien, die du siehst und hörst in mystischer Schau. Wolle also nicht furchtsam sein, sondern sage das, was du erkennst im Geist, auf die Weise, wie ich es durch dich rede, damit diejenigen Schamgefühl erleben, die meinem Volk den richtigen Weg zu zeigen schuldig wären, aber sich um der Leichtfertigkeit ihrer Lebensführung willen weigern, die Gerechtigkeit offen auszusprechen, die sie doch kennen, nicht willens, von ihren schlechten Begierden zu lassen. Die hängen ihnen so an, daß sie Lehrmeister darin sind, vor dem Angesicht Gottes zu fliehen, so daß sie davor erröten, die Wahrheit zu reden. Daher, o Puselchen (pusilla = Kleine) im Geist, die du im Innersten gelehrt bist durch mystische Anhauchung, obwohl du von der Spezies Mann niedergehalten wirst wegen der Pflichtverletzung Evas, dennoch sage aus das feurige Werk, das dir in allergewissester Voraugenstellung demonstriert wird.«[4]

»Obwohl du von der Spezies Mann niedergehalten wirst«: In der Vita wird berichtet, daß sie von Krankheiten heimgesucht

---

4 Übersetzungsnachweis s. Gronau, a.a.O., 425, Ziff. 79; Text ebd., 56.

wurde, die sie zeitweise unfähig machten zu gehen oder zu sprechen: »An dieser Krankheit litt sie ... immer, wenn sie aus weiblicher Furcht zögerte oder zweifelte, den Auftrag des göttlichen Willens auszuführen.«[5] *Das* also ist der Zusammenhang zwischen Vision und Krankheit in ihrer Sicht und der ihrer Ordensgenossen: Nicht die Krankheit ist die Ursache der Vision, sondern umgekehrt, tiefe Irritation des unterdrückten weiblichen Menschen, die ihre Aufgabe »sieht«, aber nicht anzufassen wagt, ist Ursache der Krankheit. (Wie *nahe* bei unserer heutigen Erfahrung als Frauen!) Um so wichtiger, daß sie in der großen Berufungsvision von 1151 schlicht als »Mensch« angeredet wird[6]. Um zur Niederschrift zu kommen, braucht sie zu Anfang die seelische Stütze durch einen Mann, dem sie vertraut; es heißt in der Vita: »Aus weiblicher Scheu, aus Furcht vor dem Gerede der Leute und dem verwegenen Urteil der Menschen unterließ sie es. Da sollte ein heftiger Stachel sie zwingen, nicht länger mit der Enthüllung des Geoffenbarten zu zögern. Denn als sie von einer langwierigen Krankheit daniederlag, eröffnete sie zuerst einem Mönch, den sie sich als Lehrer erwählt hatte (Volmar), in Furcht und Demut den Grund ihres Leidens. In Hildegards eigenen Aufzeichnungen lesen wir darüber: »Ich vertraute dies einem Mönch an, meinem Lehrer, der sich durch einen guten klösterlichen Wandel und sein eifriges Streben auszeichnete, und dem neugieriges Ausfragen, das vielen Menschen anhaftet, fernlag. Daher hörte er auch diese wunderbaren Erscheinungen gerne an, war voller Staunen und trug mir auf, sie insgeheim aufzuschreiben, bis er sähe, welcher Art sie seien und woher sie kämen. Als er jedoch erkannte, daß sie von Gott waren, vertraute er sie seinem Abt (Kuno) an und arbeitete von nun an mit großem Eifer mit daran.«

»Sobald sie mit dem Schreiben begann, das sie doch nicht gelernt hatte, kehrten die früheren Körperkräfte zurück, und sie erhob sich wieder von ihrem Lager.«[7] Aber erst als eine päpstliche Kommission ihre Niederschrift geprüft und der

5 Nach Gronau, 185.
6 Ebd., 51.
7 Ebd., 53/54.

Papst selbst sie auf der Trierer Synode (1147) als dem Glauben der Kirche entsprechend bestätigt hatte, konnte sie sicher sein, daß man nicht versuchen würde, ihr den Mund zu verbieten.

Wohl gab es Widerstände, als ihr in einer Vision geboten wurde, ein eigenes Kloster zu bauen. Der Abt des Disibodenberges weigerte sich, die inzwischen berühmt gewordene Frau ziehen zu lassen; einige ihrer Jungfrauen traten aus, weil der in der Vision geschaute Ort des Neubaus wasserarm und menschenleer war. Wieder wurde sie von ihrer Lähmung befallen, die erst wich, als sie sich entschloß zu gehen. Eine von ihr besonders geliebte Nonne, Richardis, ließ ihre Beziehungen spielen und gewann mächtige Gönner und Geldgeber. Übrigens scheint der Neubau auf dem Rupertsberg, dessen Entwurf Hildegard fertig »geschaut« hatte, ein für damalige Zeit erstaunliches Bauwerk gewesen zu sein: Sie ließ Wasser von einer entfernten Quelle heranleiten und in alle Räume führen, wo es gebraucht wurde. Fließendes Wasser in einem Klosterbau des Hochmittelalters! Später gründete sie noch ein weiteres Kloster in Eibingen, wo die Abtei bis heute besteht; die jungen Frauen scheinen ihr zugeströmt zu sein[8].

Zum Inhalt ihrer Visionen: Daß sie auf eine Reform der Kirche abzielen, zeigt schon die Berufungsvision. Das heißt aber keineswegs, daß es um einige rasch machbare »Reparaturen« gegangen wäre; das ganze Fundament mußte neu gefestigt werden. »Scivias« enthält einen grandiosen theologischen Entwurf, in dem Kosmologie, Anthropologie und Theologie miteinander verwoben sind; so ist es auch in ihren nachfolgenden großen Werken, dem »Liber vitae meritorum« (1158–1163) und »De operatione Dei« (1163–1173), das als ihre größte schöpferische Leistung gilt, in ihrer Heilkunde »Causae et curae«, in ihren Briefen und Liedern. Miniaturen des 12. und 13. Jahrhunderts, die »Scivias« illustrieren, zeigen den Menschen, vom Kosmos umschlossen, den wiederum die Arme der

---

8 Richardis verließ das Kloster später gegen den Willen Hildegards, um selbst Äbtissin eines vornehmen Konvents zu werden. Der menschliche Schmerz und die Sorge, Richardis könne durch den Aufstieg als Mensch ihr Bestes verlieren, kommt in Briefen Hildegards ergreifend zum Ausdruck.

göttlichen Liebe umgreifen: »Er überragt die fest umrissene Kontur der Erde und stellt sich erhobenen Hauptes mit weit in Kreuzesform ausgespannten Armen in das Weltenrad. Er hält die Weltelemente in seiner Hand, wie ein Mann, der ein Netz in der Hand hält und dieses bewegt.«[9] Der Mensch als Schicksal der Erde – hier kommt uns die mittelalterliche Frau sehr nahe. Andererseits: der Mensch als das Größte und Wichtigste im Kosmos, ohne den dieser seinen Sinn verlöre – kann der menschenverachtende Denkansatz moderner Technokratie damit noch irgend etwas anfangen? Hildegard regt an, diesem Denkansatz unnachgiebig zu widersprechen.

In ihren natur- und heilkundlichen Schriften findet sich natürlich vieles, was fremd und vergangen ist, von magisch anmutenden Vorschriften bis zu für uns unverständlichen Ursachenerklärungen für Krankheiten; schließlich wurden Bakterien erst 700 Jahre, Viren 800 Jahre nach Hildegards Zeit entdeckt. Was aber gerade für Christen wiederzuentdecken wäre, ist ihre Hochschätzung des leiblichen Lebens (auch des sexuellen, das sie erstaunlich unbefangen beschreibt), der enge Zusammenhang von Leib und Seele, vor allem aber: *Gott* als der Leben schaffende, Freude, Heilung, »Wonne« bringende, der, der Befreiung will. Es ist nicht der Gott einer starren Ordnung, nicht der einer gefühllosen Herrschaft, nicht der kleinliche Überwacher oder das humorlose »Schicksal« unserer bejammernswerten Tradition. Ich zitiere eines von Hildegards Liedern:

»O Feuer des Geistes, du Leben des Lebens
aller Kreatur,
heilig bist du
weil du die Wesen lebendig machst
heilig bist du,
heilig bist du,
der du die gefährlich Zerbrochenen errettest,
heilig bist du,
der du die Wunden heilest.

9 HEINRICH SCHIPPERGES, a.a.O., 91.

O gewaltigster Gott,
der alles durchdrungen
in den Höhen und auf Erden
und in allen Abgründen,
du sammelst und vereinigest alle.
Schirme, die eingekerkert sind,
und löse die Gebundenen
welche die göttliche Macht bewahren will.
Durch dich strömen die Wolken,
weht der Äther
atmen die Steine Feuchtigkeit,
senden die Gewässer die Bächlein aus
und treibt die Erde ihr Grün.
Immer erhebst du die Unterwiesenen,
die durch den Anhauch von Weisheit
froh gemacht sein wollen.
Darum sollst du gepriesen sein,
der du der Klang des Lobes
und die Wonne des Lebens bist,
du mächtigste Hoffnung und Ehre,
die spendet die Gaben des Lichts.«[10]

Das Herz der Didaktikerin erfreut es vor allem, daß laut Hildegard die »Unterwiesenen« *froh* gemacht sein wollen: Lernen als Selbstzweck, nichts von »Pflicht«, nichts von Verwertungszusammenhängen, Lernen als Menschseinwollen, in Freiheit. Gibt es das noch? In Nicaragua zum Beispiel, ja.

Nur auf dem Hintergrund dieses Gottes- und Lebensverständnisses wird klar, warum Hildegard als schon alternde Frau streitbar zu Felde zog gegen die Katharer, die sich als eine Art Gegenkirche von unten von Frankreich aus auszubreiten begannen, besonders am Rhein entlang. Von den vier großen Predigtreisen, die die »prophetissa teutonica« in den Jahren 1160 bis 1170 unternahm, um gegen die Gleichgültigkeit und Bequemlichkeit der Christen, vor allem des Klerus, anzugehen,

10 In der Übersetzung, die der modernen Vertonung durch H. LEMACHER zugrunde liegt.

galt die dritte zentral der Ketzerbekämpfung. Sie führte zu Schiff, zu Fuß und zu Pferde über Boppard, Andernach und Siegburg nach Köln und nach Werden an der Ruhr. In Köln hielt sie auf Bitten des Erzbischofs eine berühmt gewordene große Rede gegen die »Manichäer«: Was sie den Katharern vorwarf, war deren Leibfeindlichkeit und Antisexualismus (Ablehnung der Ehe)! Allerdings brauchen wir wohl kaum zu befürchten, daß sie die entsetzlichen Albigenserkriege, die im 13. Jahrhundert das Ende der Katharer (und der südfranzösischen Kultur) brachten, gutgeheißen haben würde; sie trat dafür ein, die katharischen Wanderprediger auszuweisen, nicht sie zu töten. Im übrigen beginnt sie ihre antikatharischen Predigten mit leidenschaftlichen Anklagen gegen die offizielle Kirche: Wären deren Vertreter nicht der »Lüsternheit eines kindischen Zeitalters« verfallen, dann fände der Rigorismus der Katharer beim Volk kein Gehör.

Daß sie selbst der offiziellen Kirche zu trotzen vermochte, bewies sie am Ende ihres Lebens. Es ging um die kirchliche Bestattung eines jungen Adligen, der wegen eines Vergehens exkommuniziert gewesen war, dann aber nach Beichte und Empfang der Sterbesakramente durch einen Binger Priester auf den Wunsch seiner Familie hin auf dem Rupertsberg beigesetzt worden war – bevor die Kirchenbehörde in Mainz ihr Placet gegeben hatte. Der Erzbischof, diplomatisch sehr aktiv, hielt sich in Rom auf; die Mainzer Prälaten befahlen der Äbtissin Hildegard, den Toten auszugraben und an nicht geweihtem Ort zu beerdigen, bei Strafe des Interdikts. Hildegard widersetzte sich. Sie segnete die Grabstelle durch Kreuzschlagen mit ihrem Äbtissinnenstab, nahm einen Reiserbesen und machte die Stelle unkenntlich, so daß die Ruhe des Toten nicht gestört werden konnte. Das Interdikt trat in Kraft; es besagte, daß öffentliche Gottesdienste und der schöne benediktinische Chorgesang auf dem Rupertsberg nicht mehr stattfinden und die Klostergemeinschaft nicht mehr kommunizieren durfte. Die über achtzigjährige Äbtissin machte sich selbst mit einem ausführlichen Schreiben, in dem sie die Gründe für ihr Handeln darlegte, auf den mühsamen Weg nach Mainz; aber die klerikalen Bürokraten hoben das Interdikt nicht auf. »Da aber ihre

Augen so verfinstert waren, daß sie auch nicht einen Blick des Erbarmens für mich hatten, ging ich unter vielen Tränen wieder von ihnen weg. Doch waren gar viele Menschen von Mitleid zu uns bewegt. Sie wollten, aber sie konnten uns nicht helfen«, schrieb Hildegard in einem Brief. Erst zwei Briefe an den Erzbischof in Rom führten zur endgültigen Aufhebung des Interdikts.

Hildegard starb am 17. September 1179. Es werden wunderbare Himmelserscheinungen von ihrem Todestag berichtet; Geschichte aber ist, daß Mainzer Prälaten es verstanden, ihre Heiligsprechung zu verhindern, die von ihrem Kloster beantragt worden war. Sie verschleppten die Beibringung der nötigen Unterlagen so lange, bis (vermutlich im Zusammenhang mit dem Exil der Päpste von Avignon) die Sache in Vergessenheit geriet. Desinteresse männlicher Kleriker an der Erhebung einer großen, eigenwilligen Gotteslehrerin zur »Ehre der Altäre«? Im 16. Jahrhundert wurde sie gleichwohl, ohne daß eine offizielle Heiligsprechung stattgefunden hatte, ins römische Heiligenverzeichnis (Martyrologium Romanum) aufgenommen. Im 20. Jahrhundert wurden ihre Schriften neu entdeckt und wissenschaftlich einwandfrei herausgegeben, woran Nonnen des Eibinger Klosters maßgeblich beteiligt waren. Ihre Stimme ist nicht verstummt.

Mechthild von Magdeburg

JOHANNES THIELE

Die Geburtsstunde der alteuropäischen Mystik des Mittelalters ist mit der weiblichen Spiritualität untrennbar verknüpft. Ohne die religiöse Frauenbewegung des 13. und 14. Jahrhunderts hätte die Mystik nicht eine solche Anziehungskraft und nicht solch ein farbiges Spektrum gewinnen können, um zur religiösen Signatur einer ganzen Epoche zu werden. Nur weibliches Denken und Fühlen konnte den Intellektualismus, wie er im spekulativ waghalsigen scholastischen System zum Ausdruck kam, mit der Kraft der Intuition verwandeln. Überall sind es die Nonnen in Klöstern und Konventen, aber auch die Beginen in den religiösen Frauengenossenschaften, die eine neue Praxis des Glaubens suchen.

Die Beginenbewegung entsteht zunächst auf flämischem Boden, sie erwächst aus religiösen Aufbruchstimmungen, bald aber tritt ihr sozialer Charakter hervor. Sie verbreitet sich in dem Land besonders stark, das am frühesten industrialisiert und am stärksten bevölkert ist. Von dort zieht sie in das benachbarte Rheinland und prägt einen großen Teil des alten Europa. Es gibt relativ kleine Beginenhäuser, aber auch große Höfe, die mit Mauern umgeben sind und zahlreiche Wohn- und Wirtschaftsgebäude umfassen. Die Zahl der Beginen ist in einzelnen Städten nach unserem Empfinden geradezu enorm: am Niederrhein, in Frankfurt bilden sie einen bedeutenden Prozentsatz der Bevölkerung. Diese Höfe entstehen zunächst aus Stiftungen und gewinnen daraus ihre Existenzgrundlage. Dazu kommen dann Arbeit und Verdienst der Beginen, denn diese ledigen Mädchen, kinderlosen Frauen, Witwen, Töchter kinderreicher Bürger, Dienstbotinnen können und wollen arbeiten; vor allem weibliche Handarbeiten, Stricken, Nähen, Weben, Spinnen, aber auch Armenfürsorge und Krankenpflege. Die Statuten lassen etliche Freiräume, die in bürgerlichen Familien und Frauenkonventen nicht möglich sind; außerdem bieten sie immer die Möglichkeit, die Beginengemeinschaft wieder zu verlassen und zu heiraten.

Die Beginenbewegung ist keineswegs unumstritten gewesen, im Gegenteil: Besonders gegen Ende des Mittelalters regt sich Kritik gegen diese weiblich-eigenständige Existenzform. Sebastian Brant schildert in seinem »Narrenschiff« die Straßburger Beginen als Schmarotzervolk und wünscht sie dorthin, »wo der Pfeffer gewachsen hat«.

Eine besondere Bedeutung für das religiöse Leben gewinnt die Spiritualität dieser Frauen. Sie leben wohl spirituell nach bestimmten Exerzitien, schließen sich mehr oder weniger eng an bestehende kirchliche Institutionen an, aber ihr geistliches Leben ist kein Zwang und keine Bindung auf Lebenszeit wie in den Klöstern. Die Beginen haben Freiheit und Verantwortung sowohl spirituell wie diakonisch miteinander verbunden. Auch kennen sie die Standesunterschiede nicht, die in den Nonnenkonventen eine gewisse Rolle spielen. Das Beginenhaus ist eine Lebensgemeinschaft, in der Frauen Schutz, weibliche Solidarität und eine religiös aufgeschlossene Stimmung finden. Die ungewöhnliche religiöse Erregbarkeit, die das 13. und 14. Jahrhundert gesamtkulturell prägt, hat ihren Grund unter anderem in der Beginenbewegung, die der lebhaften spirituellen Phantasie einen unvergleichlichen Resonanzboden gegeben hat.

Das fließende Licht der Gottheit

In einem solchen Beginenhaus in Magdeburg lebt Mechthild. Sie ist ca. 1207 geboren und stammt aus einer begüterten und, wie angenommen werden kann, adligen Familie. Schon im Alter von zwölf Jahren erlebt das Mädchen Erleuchtungen, deren Kraft und Bedeutung so in ihr wachsen, daß sie mit ungefähr 25 Jahren, also etwa um 1230, ihre Eltern und Verwandten, »denen sie stets die Liebste war«, verläßt und in die Beginengemeinschaft in der ihr unbekannten Stadt Magdeburg eintritt. Weitere zwanzig Jahre vergehen, bevor sie die ersten Aufzeichnungen über ihre Visionen zu Papier bringt. Ungefähr ab 1250 beginnt sie mit der Niederschrift des »Fließenden Lichts der Gottheit«. Die Herkunft und das Leben der Verfasserin liegen weitgehend im dunkeln. Wir können aus ihren spärlichen Angaben über ihren Lebensweg keine biographische Skizze rekonstruieren. Die wenigen dürren Daten sind zudem noch unsicher. Mehr als Vermutungen bleiben uns nicht.

Mechthild lebt als streitbare Begine, sie erregt Anstoß wegen ihrer freimütigen Äußerungen, Aufsehen wegen ihrer unbequemen Kritik, die sie an die Adresse der Kirche richtet. Möglicherweise tragen die zunehmenden Verleumdungen und Anschuldigungen dazu bei, daß sie in Helfta Schutz sucht, einem Zisterzienserinnenkloster bei Eisleben. Helfta ist im Mittelalter zu einem Mittelpunkt religiöser Frauenbildung geworden. Hocherfreut wird sie von den gebildeten Zisterzienserinnen aufgenommen, die sich von ihr Unterweisung und Rat erhoffen. Doch sie wehrt diese Bitten demütig ab; sie selbst ist es, die Hilfe braucht: Das letzte Kapitel des Buches muß sie den Mitschwestern diktieren.

In Helfta wirkt die Äbtissin Gertrud von Hackeborn; auch die Nonne Mechthild von Hackeborn trägt entscheidend dazu bei, daß gerade dieses Kloster ein spirituelles Zentrum des Hochmittelalters wird. Mechthild von Magdeburg beeindruckt besonders die Klosterschülerin Gertrud, die später »die Große« genannt wird. Hier findet die Begine, vermutlich krank und körperlich hilflos, für zwölf Jahre eine Heimat. Ungefähr um 1282 ist Mechthild gestorben.

Mit Mechthild haben wir eine typische mittelalterliche Begine vor uns, die selbst- und gottesbewußt ist, dienend, fürsorgend und tröstend, aber auch geistig unabhängig und wagemutig. Mechthild ist sich der Bedeutung ihrer Offenbarung für ihre Mitmenschen wohl bewußt. Sie ist kritisch und phantasievoll, und beides wird für den herrschenden Klerus schwer verdaulich gewesen sein. Und sie müssen einiges schlucken, die wohlgelehrten Herren und Priester. In ihrer gelegentlichen Drastik bezeichnet Mechthild die Domherren als »stinkende Böcke«. Man(n) dreht ihr das Wort im Munde rum, und Mechthild lernt die Mißgünstigen, die Pharisäer, die Scheinheiligen fürchten. Sie ängstigt sich »vor den Augen verlogener

Aufmerksamkeit, geboren aus geistlichem Hochmut und genährt im Haß«. Sie exponiert sich gleichwohl, mit allen ihren Ängsten und Träumen, Sehnsüchten und Hoffnungen. Sie weiß: Gott selbst schreibt das Buch in ihr. Gott selbst ist der junge verliebte Mann aus dem Hohenlied (dessen jahrhundertelange Auslegungsgeschichte sie kennt), der nach ihr sucht und sich mit ihr in den Weinbergen verabredet.

Ihr Buch, »Das fließende Licht der Gottheit«, können wir als eine Art spirituelle Autobiographie bezeichnen, in der Mechthild unerschrocken ihre psychisch-religiöse Entwicklung beschreibt. Das Urteil Margot Schmidts ist keineswegs übertrieben: Hier haben wir ein »poetisch-theologisches Werk ohne jedes Vorbild« vor uns, das sich durch elementare Sprachgewalt auszeichnet, »das älteste und niveauvollste Visionsbuch deutscher Sprache«, das in seinen »stärksten poetischen Aussagen gleichsam einen Urlaut des göttlichen Eros verkörpert«. In der Tat ist dieses Buch eine einzige Manifestation der Erotik Gottes: inspirierend, mit intuitiver Sicherheit in der Wahl der sprachlichen Bilder, lyrisch gestimmt und doch erfüllt von leidenschaftlicher Kraft, mit leisen Tönen ebenso wie mit aufbrechendem Jubel.

Hin- und hergerissen zwischen dionysischer Ekstase und hartem Aufschlag der irdischen Wirklichkeit, erlebt Mechthild beides: die unfaßliche Gotteserfahrung *und* die Unsicherheit, den bedrohlichen Schrecken. Im Magdeburger Beginenhaus erlebt sie eine Zeit tiefster Katharsis, erkauft durch harte Bußübungen und Selbstpeinigung. Es geht aus vielen ihrer Visionen hervor, wie schwer ihr Wille gegen ihren Körper kämpft. So bereitet sie sich mit einiger Gewalt zum Gefäß der Offenbarung.

Die Erotik Gottes

Vierzehn Jahre lang schreibt Mechthild ihre Visionen und Offenbarungen auf. Sie versteht die lateinische Sprache nicht und schreibt daher niederdeutsch mit mitteldeutschen Anklängen. Die einzelnen Blätter dieser Aufzeichnungen werden von einem geistlichen Freund Mechthilds, dem Dominikaner Heinrich von Halle, einem Schüler des Albertus Magnus, gesammelt. Dieser Text ist verlorengegangen. Ungefähr ein halbes Jahrhundert später wird er von Heinrich von Nördlingen ins Alemannische übertragen. Und diese Übertragung ist uns in einem Kodex des Klosters Einsiedeln in der Schweiz erhalten. Leider hat schon Heinrich von Halle in seiner ersten Redaktion Verschiebungen vorgenommen: Die Anordnung der einzelnen Kapitel wurde verändert. Darum ist es uns heute nicht mehr möglich, die innere Entwicklung der Träume und Visionen Mechthilds in ihrer zeitlichen Reihenfolge zu rekonstruieren. Aber jedes Kapitel ist schon für sich ein mystisches Kleinod.

Mechthilds Texte sind fromm, spirituell durchdrungen, würde man heute sagen, aber sie haben nichts von falscher Demut und überzogener Frömmigkeit an sich. Bei Mechthild gibt es keine dualistischen Trennungen von Gott und Welt, Gott und Mensch, Hell und Dunkel. Alles umspielt einander in einer nicht endenden Phantasie. Alles greift ineinander, kommuniziert, tauscht sich aus:

»Und da leuchtet Aug in Auge,
Und da fließet Geist in Geist,
Und da greifet Hand in Hand,
Und da redet Mund zu Mund,
Und da grüßet Herz zu Herz.«

Vielleicht ist in dieser Kommunikation, ja Kommunion das eigentlich Faszinierende der Mystik Mechthilds zu suchen. Der Mensch hat durchaus die Möglichkeit, Gott nicht nur ruhig zu verehren, sondern ihn zu erinnern, zu beeindrucken, ja zu beeinflussen: »Ich berühre ohne Unterlaß die grundlose Gottheit. Damit mahne Ich den himmlischen Vater an die endlose Liebe, die er für die Menschenseele hat.« Die Mystikerin selbst fordert Gott zum Erbarmen heraus, zur Gerechtigkeit und zum Frieden. Gott ist nicht bei sich selbst geblieben, er ist berührbar geworden. Mechthild vergleicht Gott gern mit einer Kugel, deren unterer Teil »eine grundlose Festung, tiefer als alle Abgründe«, deren oberer Teil »eine Höhe, über die nichts geht« ist: »Der Umkreis der Kugel ist ein unbegreiflicher Zirkel.«

Gott der Schöpfer aber schließt die Kugel für seine Schöpfung auf. Alle Kreaturen erfahren ihre ureigene Offenbarung: der Mensch, um Gott zu erkennen und zu lieben, die Tiere, um ihre Natur zu erkennen, die unbelebte Natur, »um in ihrem Wesen zu stehen«.

Mechthild ist eine mittelalterliche Gotteslehrerin. Was lehrt sie von Gott? Wie erfährt sie Gott? Wie sieht sie Gott? Wie entwirft sie das Bild Gottes, das ihre Seele so entzündet und verwundet? Sie fühlt sehr genau, daß sie, um solche Erfahrungen der tatsächlichen Erwiderung ihres Liebesverlangens zu machen, selber aus der Natur Gottes stammen muß. Sie verringert den unendlichen Abstand zwischen ihr und dem *deus absconditus*. Sie denkt und fühlt ihre Beziehung zu Gott als naturhaft: in der Natur Gottes liegend. Und so kommt sie auf die geniale Idee, einen Begriff aus der höfischen Tradition des Minnesangs auf diese Beziehung anzuwenden: Der Gott der Liebe ist selber eine »spilende minnevlůt«, ein unendlicher, unergründlicher Fluß, in dem alles ineinanderlebt und -fließt, sich gegenseitig durchdringt und evolutiv nach vorne drängt. Die irdische Minne liefert den Bildervorrat für die spirituelle Beziehung. Die »Flut« wird zu einem der starken Bilder für die göttliche Kraft, die nie aufhört, sich mit dem Menschen vereinigen zu wollen. Glück, Glanz und Lust erfährt Mechthild aus diesem Liebesverlangen Gottes, und sie antwortet mit allen Sinnen, bis ihr buchstäblich Hören und Sehen vergeht. Sie bringt Musik, Tanz und Rausch »ins Spiel«. Alles schmeckt ihr unvergleichlich »süß«. Wie eine Saite gespannt liegt die Seele, und Gott bringt sie zum Erklingen, zaubert aus dem Menschen die schönste Musik hervor.

Das dionysische Gottesbild der erotischen Mystik

Der berührbar gewordene Gott bildet die Seele aus Schmerz und Lust. Er erschafft sie als eine Gespielin der Liebe, die seine Einsamkeit aufhebt. Jede Schöpfung spiegelt diesen Anfang ex amore wider: »Am Anfang war die Beziehung.« Die Seele ist Gottes Geliebte, zu ihr kommt er »wie der Tau auf die Blume«. Unendlich sensibel ist diese Beziehung, feinsinnig und ungestüm. Gott läßt sich auf sie ganz ein wie ein Liebender, ja nicht nur »wie«, sondern *als* ein Liebender, und in Mechthilds Visionen verhält er sich wie ein ganz *menschlich* Liebender. Er stürzt sich in die Liebessprache der Menschen, türmt Bild auf Bild, reiht Vergleiche aneinander wie ein jeder Verliebter, der fassungslos vor seinen aufgewühlten Gefühlen steht:

»Du schmeckst wie eine Weintraube,
Du duftest wie ein Balsam,
Du leuchtest wie eine Sonne,
Du bist ein Wachstum meiner höchsten Minne.«

Rose, Taube, Sonne, Mond, unglaublich viele Vergleiche fallen »Gott« ein in den Texten der Mechthild: »Ich kann mich nicht von dir wenden.« Die Äußerungen der Liebe, die Gefühle der Minne werden von ihr sogar mit den sieben Gebetszeiten (von der Mette bis zur Complet) in Verbindung gebracht: Verzükkung, Verlangen, Lust, Fühlen, Fließen, Ruhen. Und am eindrucksvollsten sind die Texte, in denen sich die Seele und Gott in ganz parallel gebauten Liedern gegenseitig verliebt anreden. Gott sagt es so:

»Du bist mein Lagerkissen,
Mein Minnebett,
Meine heimlichste Ruhe,
Meine tiefste Sehnsucht,
Meine höchste Herrlichkeit.
Du bist eine Lust meiner Gottheit,
Ein Trost meiner Menschheit,
Ein Bach meiner Hitze.«

Und die Seele antwortet:

»Du bist mein Spiegelberg,
Meine Augenweide,
Ein Verlust meiner Selbst,
Ein Sturm meines Herzens,
Ein Fall und Untergang meiner Kraft,
Meine höchste Sicherheit.«

Gott ist in den Visionen Mechthilds nicht die jenseitig ferne Größe, die unempfindlich für die menschlichen Nöte, Ängste und Begierden bleibt. Gott ist das unendlich Berührbare, und diese Berührbarkeit nimmt »ihm« nichts von »seiner« Gottheit, im Gegenteil: Der Vielgeliebte kann gar nicht genug bekommen von der Liebe. Mechthild sagt von sich:

»Ich kann auch das nicht ertragen,
Daß ein einziger Trost mich berühre,
Außer von meinem Viellieben.
Meine irdischen Freunde liebe ich
Wie Gefährten der Ewigkeit
Und meine Feinde liebe ich
In heiligem Schmerz nach ihrer Seligkeit.
Gott hat an allen Dingen genug,
Nur allein die Berührung der Seele wird ihm nie genug.«

Die Welt der Bilder Mechthilds ist vielgestaltig und bunt. Sie umkreist die eine Erfahrung der Liebe in größtmöglicher Ausdruckskraft. Immer wieder tauchen diese Bilder vor unserem Auge auf: Sonne, Licht, Feuer, Brand, Glut. Gott als das Urlebendige und Unfaßliche kommt in ihrer Seele zur Erfahrung. Mechthild schreckt vor dem Mysterium, das ihr begegnet, nicht zurück; sie antwortet enthusiastisch, ja oft euphorisch. Aber sie kennt auch die Zeiten der Gottesfinsternis, in denen sie an Gottes Fremdheit und Ferne fast stirbt. Wie in jeder Liebe fühlt auch Mechthild die Spannung zwischen dem Verlangen der Sinne und der Seele und einer letzten Scheu, die auch in der größten Lust noch den kleinen Abstand erfährt, der zwischen ihr und Gott bleibt. Diese Spannung können wir noch heute bei der Lektüre ihrer Texte nachempfinden. Aber sprach-, ja fassungslos stehen wir vor diesem Spektrum eines dionysischen Gottesbildes, einer Vorstellung von Gott, der die Entrückung und Ekstase teilt. Mechthild lehrt uns einen Gott sehen, den wir *so* noch nicht wahrgenommen haben in all unseren anämischen Gottesbildern und kläglichen Sprechversuchen: einen Gott, der sich berühren, umarmen, lieben läßt mit allen Fasern des Leibes, aller Kraft der Phantasie und der Intellektualität. Doch Mechthild spekuliert nicht, sie denkt sich Gott nicht aus, sie schleust ihn nicht in Bahnen ein, in denen wir gewöhnlich gehen. Was sie von sich preisgibt, ist viel, aber es bleibt ein unzugängliches Gelände. Ihre emotional gefärbte, von Gefühlen aufgewühlte Gottesrede übersteigt die erschöpften Kategorien und moralisch trockenen Einwände, die uns in den Sinn kommen mögen.

Überquellend von Leben, von Liebe und Leiden ist ihre Sprache, die mehr tut, als das Leben nur abzubilden, die Leben hervorbringt, so wie die Gottesliebe »nur ein Anfang ist, die hier ganz zart entflammt und dort nie an ein Ende gelangt«. Täuschen wir uns nicht: Diese Erfahrung des Verbranntwerdens ist neben allem Glück und aller Lust, die sie mit sich bringt, mit Schmerzen erkauft. Mechthild wird nicht müde, die Schrecken ihrer Höllenvisionen zur Sprache zu bringen, die ganz typische Angst und eschatologische Unruhe des mittelalterlichen Menschen, dessen Erfahrung des Ausgeliefertseins und der inneren wie äußeren Not sie gerade zu den heftigsten Träumen und den rauschendsten Sehnsüchten treibt. Im Versinken in die Nacht Gottes akzeptiert Mechthild, ja bittet sie geradezu um den »niedrigsten Ort«, wenn es sein muß, »bis unter Luzifers Schwanz«. Sie erleidet physische Schmerzen weit über jede Erträglichkeit hinaus, sie windet sich in Krämpfen, sie durchleidet die tiefste Gottesentfremdung. Diese Frau erlebt die Höhen und Tiefen auf die intensivste Weise, weil sie weiß und im Innersten begriffen hat: Nur wer bis zum Äußersten geht, kommt in den geheimsten Raum der Gottheit. Mechthild ist so *die* Liebende des Mittelalters, vertraut mit den Seligkeiten und Verheißungen der Liebe, aber auch mit ihren Schrecken und ihrem Grauen.

Unio mystica: Die Hochzeit Gottes mit dem Menschen

Ungewöhnliche innere Welten werden in Mechthild lebendig, Welten des Lichtes und der Liebe, die in immer neuen Bildern und Gleichnissen das Wunder der Erleuchtung und Menschwerdung durch diese Frau schildern. Wie unter Zwang horcht sie auf die innere Stimme, die sie auffordert, ihre Visionen niederzuschreiben. Es ist auch die innere Stimme, die ihrer Schrift den Titel »Das fließende Licht der Gottheit« gibt. Mit diesem Wort wird der unablässige Gestaltwandel Gottes bezeichnet, die Farbigkeit, in der die Welt auf stets neue Weise Gott verkündet. Die alles erhellende Farbe ist die Liebe, und wenn von dieser *unio mystica,* der spirituellen Hochzeit mit Gott geredet werden soll, so hat der mittelalterliche Mensch kein anderes Gleichnis als seine eigene menschliche Liebe. Mit ihr vergleicht er das Werben um die Einheit mit Gott. Hier wird die Seele Braut und Christus Bräutigam. Hier finden sich im Hochzeitsbett Gott und Mensch vereint. Hier überwindet die Liebe den Tod.

Nicht nur die christliche Mystik, jede Mystik schildert die *unio mystica* mit den Bildern der irdischen Liebe. Das Hohelied Salomos in der Hebräischen Bibel ist das bekannteste Beispiel. Es wird oft Verruchtheit, Moral oder erotischer Kitzel in diesen Bildern gesucht. Die moderne Psychologie macht es sich leicht mit ihren plausiblen Urteilen, es hier weitgehend mit »verdrängter Sexualität«, mit Sublimierung des Erotischen und mit Abtrennung von unausgelebten Lebenswünschen zu tun zu haben. Sie berücksichtigt dabei weder die Mentalitäten des Mittelalters noch die spezifischen Sehnsüchte der Religion. Freilich gehen nicht wenige Schilderungen aus der Frauenmystik, der »Gottesminne« aus erotischen Zwangsvorstellungen hervor, und es ist mit Sicherheit anzunehmen, daß in dieser Hinsicht in den Klöstern wie den freien spirituellen Gemeinschaften manches – sagen wir: Verwunderliche – geschah. Aus einigen Überlieferungen lassen sich deutliche Krankheitsbilder herauslesen, deren Ursachen sowohl in fehlender oder ungenügender spiritueller Begleitung wie auch in einer gewissen Tendenz zur erotischen Ausschweifung in manchen Klöstern zu suchen sind. Doch die meisten Zeugnisse der Erlebnismystik haben ihren Ursprung nicht in der wilden Welt ungebändigter Triebe und Leidenschaften, nicht in einem Inferno, das in der Maske himmlischer Bilder sein Unwesen getrieben hat. Hier wie überall läßt sich an den Früchten alles erkennen.

Das »Fließende Licht der Gottheit« ist eine Frucht unverdrängter Liebe, gerade weil es sich nicht genug tun kann in den

Bildern irdischen Liebesspiels. Mechthild ist ganz erfüllt von ihrem dionysischen Gottesbild. Sie erfährt die *unio mystica,* die Hochzeit zwischen Gott und Mensch, in sich selbst, sie beschwört, besingt, feiert diese erotische Gottesbegegnung – ein Glück, das durch alle kosmischen Sphären dringt. Und dieses Glück genügt nie sich selbst, es führt zur »wachen Aufmerksamkeit des ganzen Herzens«. Es geht Mechthild an keiner Stelle ihres Buches nur um den Genuß der intimen Innerlichkeit, um das Wohlbefinden in privater Abgeschiedenheit, um die Befriedigung sinnlicher Leidenschaften. Sie drängt auch, wie jede authentische Mystik, wieder nach außen, in das erbarmende, Frieden und Gerechtigkeit schaffende Handeln.

Auf diese Weise greift das großartige Bild von der Hochzeit Gottes mit den Menschen in universale Zusammenhänge aus: »Ein jeder aber sollte in sich ein Christus sein, so daß der Mensch Gott lebte und nicht sich selbst.« Die universale Liebe wird in höchst irdischen Bildern abgebildet: Der Herr ist »mein Geliebter, meine Sehnsucht, mein fließender Brunnen, meine Sonne, und ich bin dein Spiegel«. Und dann erzählt Mechthild von dieser Hochzeit in der höfischen Sprache des erotischen Minnesangs, und wir sehen ein keusches und erotisches Bild zugleich:

»Wenn die arme Seele zum Hof kommt, ist sie weise und wohlerzogen; da sieht sie ihren Gott fröhlich an. O wie freudenreich wird sie da empfangen. Da wird sie still und begehrt unermeßlich sein Lob. Da zeigt er ihr mit großer Begierde sein göttliches Herz. Das ist gleich dem roten Gold, das in einem großen Kohlenfeuer brennt. Da nimmt er sie auf in sein glühendes Herz, daß sich der hohe Fürst und das kleine Mädchen umarmen und vereint sind wie Wasser und Wein. Da fühlt sie sich leer und kommt außer sich, soweit sie nur vermag. Da ist er krank vor Liebe zu ihr, wie er von je war, denn ihm geht weder etwas zu noch ab.

Und die Seele preist Gott:
O du genießender Gott in deiner Gabe! O du fließender Gott in deiner Liebe! O du brennender Gott in deiner Begierde! O du schmelzender Gott in der Vereinigung mit deiner Geliebten! O

du ruhender Gott an meinen Brüsten, ohne den ich nicht sein kann.

Und Gott sagt der Seele:
Du bist mein Lagerkissen, mein liebliches Bett, meine heimlichste Ruhe, meine höchste Ehre. Du bist eine Lust meinem Gottsein, ein Trost meinem Menschsein, ein Bach meinem Durst.

Die Seele antwortet:
O Herr, liebe (minne) mich gewaltig und liebe mich oft und lang; je öfter du mich liebst, um so reiner werde ich; je gewaltiger du mich liebst, um so schöner werde ich; je länger du mich liebst, um so heiliger werde ich hier auf Erden.

Gott antwortet:
Daß ich dich oft liebe, das kommt aus meiner Natur, denn ich selber bin die Liebe. Daß ich heftig liebe, das kommt aus meinem Begehren, denn auch ich begehre, daß man mich heftig liebt. Daß ich dich lange liebe, das kommt von meiner Ewigkeit, denn ich bin ohne Ende.

So geht denn die Allerliebste zu dem Allerschönsten in die heimliche Kammer der unschuldigen Gottheit; da findet sie das Bett der Liebe und der Liebe Gelaß und Gott und Mensch bereit. Da spricht nun unser Herr: ›Bleib stehn, Frau Seele!‹ – ›Was gebietest du, Herr?‹ – ›Ihr sollt Euch ausziehen.‹ – ›Herr, wie soll das sein können?‹ – ›Frau Seele, Ihr seid so in meiner Natur, daß zwischen Euch und mir nichts sein darf. Es war nie ein Engel so rein, dem das für eine Stunde verliehen gewesen wäre, was Euch für immer gegeben ist. Darum sollt Ihr Furcht und Scham ablegen und alle äußeren Tugenden. Die Tugend allein, die Ihr in Eurem Innern von Natur tragt, die sollt Ihr in Ewigkeit finden wollen. Es sind Euer edles Verlangen und Eure grundlose Begierde. Die will ich immer füllen, mit meinem endlosen Reichtum.‹ – ›Herr, nun bin ich eine nackte Seele, und du in mir ein herrlicher Gott. Unser beider Gemeinschaft ist ewige Lust (Wonne) ohne Tod.‹«

Phantasievolle Rede von Gott

So demütig sich Mechthild bisweilen gibt, so nichtig sie sich selbst manchmal beschreibt, so erfüllt ist sie von einem ungewöhnlichen Selbstbewußtsein und einer unerschrockenen Selbstsicherheit. Ihre Verdemütigungen (»kleines Würmlein«, »geschlagener Hund«) sollten nicht darüber hinwegtäuschen, daß wir es hier mit einer kraftvollen Frau zu tun haben, die spirituell etwas riskiert. Aufs Spiel setzt sie ihre Reputation mit jeder Zeile, die das Ineinander von Irdischem und Göttlichem zur Sprache bringt. Sie nimmt Mißverständnisse ebenso in Kauf wie üble Nachrede, Anfeindungen, Unterstellungen, die sich bis zur gewaltsamen Verfolgung ausweiten. Schon die Beschreibung ihrer ekstatischen Visionen, der Erfahrung göttlicher Nähe als ein einfallendes Licht, als eine flutende Überwältigung, die sie überschwemmt, so daß »der Leib seine Macht verliert«, die Seele sich selbst erkennt und göttlichen Glanz empfängt – schon diese erotisch konnotierten Beschreibungen sind unkonventionell auch in der mystischen Tradition des Mittelalters. Mechthild geht einen entscheidenden Schritt über die übliche Rede von Gott in erotischen Bildern hinaus, die wir etwa in den Hohelied-Auslegungen des Bernhard von Clairvaux finden. Mechthild läßt sich nicht disziplinieren, akzeptiert keine Schere im Kopf, keine Bilder- und Denkverbote. Sie erweitert ihre Sprachräume konsequent und mutig, oft mit einem verblüffend realistischen Sinn für Drastik und Komik. Sie greift zu ungewohnten Bildern, scharfsinnigen Vergleichen, eindringlichen Metaphern und treffenden Aphorismen. Sie revolutioniert die Rede von Gott, macht sie phantasievoll ohne jede falsche Scham, sprengt die verfestigten Sprachmuster auf. Die Erfahrung schärft ihre Sinne und ihren Verstand. Sie läßt sich verwundern und verwunden. Sie bleibt nirgends unbeteiligt, distanziert, gleichgültig. Sie begreift das Leiden als letztmöglichen Ausdruck des Gotteslebens, in dem der Mensch seine Identität findet.

Mechthild ist ungemein erfinderisch, wenn sie die innere Bewegung, die sie ergriffen hat, beschreiben will. Nicht selten greift sie zum Bild des Tanzes und eröffnet damit einen Raum schwingender Rhythmik: »Ich tanze, wenn du mich führst«, sagt sie zu ihrem Bräutigam. Das Tanzen im Symbol der Spirale, das sie immer weiter in die Dynamik hineinträgt und -treibt, die Gott selber ist, führt sie zu einer Erleuchtung, in der sie beides zugleich wird: »ganz schnell und in sich ganz still« – ein schönes Zeugnis für die letztlich mystische *coincidentia oppositorum,* den Zusammenfall der Gegensätze in Gott. Liebe ist für Mechthild eine Erfahrung von atemberaubender Intensität. Sie stürmt zu immer neuen Bildern, um sie auch nur annähernd beschreiben zu können. Sie bietet ihre ganze Redekraft auf, um schließlich in der Einsicht abzubrechen, daß das, was sie erfährt, nie erschöpfend ausgesagt werden kann:

»Herr, die innige Liebe, die ich zu dir habe, die ist in sich selber so reich und vor deinen göttlichen Augen so groß ... Alles, was lebt, vermag dir nicht halb zu offenbaren die Art meiner Sehnsucht und die Not meiner Qualen und das Jagen meines Herzens und das Empordrängen meiner Seele nach dem Dufte deiner Salben und nach dem ungeschiedenen Anhangen ohne Unterlaß.«

Das Feuer, das Mechthild immer wieder entzündet, um mit den Bildern der Flammen und der Glut das Brennende, Verzehrende, nicht zu Löschende ihrer Liebe zu beschreiben, führt wie der atemlose und immer höher und weiter kreisende Tanz in die totale Erschöpfung. Sie zerstört selber die Bilder, die sie heraufbeschworen hat, sie wird selber bilderlos, wenn sie auf dem Höhepunkt ekstatischer Erfahrung die Gottheit »nakent« und »blos« sieht.

Trunkenheit und Tanz der Seele

Trotz dieses schlußendlichen Verstummens und Erlöschens sprachlicher Ausdruckskräfte ist das Buch Mechthilds voll von Bildern. Nur zwei möchte ich hier aus der Fülle der Möglichkeiten herausgreifen. Da ist einmal das bei Mechthild öfter auftauchende Bild von der Trunkenheit der Seele, das Bild des Weines. Es bezieht sich auf das biblische Gleichnis vom Weinstock und den Reben, das hier aufgegriffen und transformiert wird, aber unbezweifelbar ist das Gefühl der Seele ganz treffend wiedergegeben und sprengt die biblische Vorstellung. »Voll des süßen Weines« meint nicht nur eine spirituell überhöhte geistige Sphäre, es meint den Rausch der Sinne, die Erweiterung des Bewußtseins, eine Art Verklärung, die zur letzten Klarheit führt. So ist auch das Bild des Tanzes zu verstehen, das wir bei Mechthild wie bei anderen Mystikerinnen oft finden können. Der Tanz ist erotisches Erregungsmittel und zugleich mystische Übung, die das Bewußtsein reinigt und es einstimmt für die Wahrnehmung der großen kosmischen Schwingungen. Schon Dionysos Areopagita sah die göttlichen Kräfte die Gottheit umkreisen. Im Reigen der Gestirne erscheinen diese Kräfte über und in uns. Der Tanz ist die erotische Bewegung der Seele, die ihre eigene Mitte umkreist und so, in der Spirale die Bewußtseinssphären kreuzend, bis zur Mitte der göttlichen Offenbarung emporsteigt. Das ist der Tanz der Mystikerin Mechthild von Magdeburg. Dieser Tanz führt in die »selige Stille«, in der alles Leben ruht, aus der alles Leben strömt und in die es heimkehrt wie die Kinder in den Schoß der Mutter, um zu schlafen, bis der neue Tag beginnt.

Ausgewählte Bibliographie

Caroline Walker Bynum, Jesus as Mother. Studies in the Spirituality of the High Middle Ages, Berkeley / Los Angeles / London 1981.

Alois M. Haas, Mechthild von Magdeburg – Dichtung und Mystik, in: Amsterdamer Beiträge zur Älteren Germanistik 2 (1972) 105–156.

Grete Lüers, Die Sprache der deutschen Mystik des Mittelalters im Werke der Mechthild von Magdeburg, München 1926 (Nachdruck Darmstadt 1966).

Mechthild von Magdeburg, Das fließende Licht der Gottheit. Herausgegeben von P. Gall Morel, Regensburg 1869 (Nachdruck Darmstadt [2]1969).

Mechthild von Magdeburg, Das fließende Licht der Gottheit. Übersetzt und eingeführt von Margot Schmidt, mit einer Studie von Hans Urs von Balthasar, Einsiedeln 1955.

Mechthild von Magdeburg, »Ich tanze, wenn du mich führst«. Ein Höhepunkt deutscher Mystik. Ausgewählt, übersetzt und eingeleitet von Margot Schmidt, Freiburg 1988.

Hans Neumann, Beiträge zur Textgeschichte des »Fließenden Lichts der Gottheit« und zur Lebensgeschichte Mechthilds von Magdeburg, in:

Nachrichten der Akademie der Wissenschaften in Göttingen, I, 3. Philologisch-historische Klasse (1954), 27–80.

Hans Neumann, Mechthild von Magdeburg und die niederländische Frauenmystik, in: Mediaeval German Studies, London 1965, 231–246.

Hans Neumann, Mechthild von Magdeburg, in: Kurt Ruh u. a. (Hrsg.), Die deutsche Literatur des Mittelalters. Verfasserlexikon. Band VI, ^{2}1985, 260–270.

F. Rotter / R. Weier, Nähe Gottes und »Gottesfremde«. Mystische Erfahrungen der hl. Mechthild von Magdeburg, Aschaffenburg 1980.

Kurt Ruh, Beginenmystik. Hadewijch, Mechthild von Magdeburg, Marguerite Porete, in: ZfdA 106 (1977) 265–272.

Margot Schmidt, Mechthild von Magdeburg, in: Dictionnaire de Spiritualité, t. 10, Paris 1978, 877–885.

Margot Schmidt, Elemente der Schau bei Mechthild von Magdeburg und Mechthild von Hackeborn, in: Peter Dinzelbacher / Dieter R. Bauer (Hrsg.), Frauenmystik im Mittelalter, Ostfildern 1985, 123–151.

Margot Schmidt, »die spilende minnevlůt«. Der Eros als Sein und Wirkkraft in der Trinität bei Mechthild von Magdeburg, in: Margot Schmidt / Dieter R. Bauer (Hrsg.), »Eine Höhe, über die nichts geht«. Spezielle Glaubenserfahrung in der Frauenmystik? Stuttgart-Bad Cannstatt 1986, 71–133.

Margot Schmidt, Mechthild von Magdeburg, in: Johannes Thiele (Hrsg.), Mein Herz schmilzt wie Eis am Feuer. Die religiöse Frauenbewegung des Mittelalters in Porträts, Stuttgart 1988.

P. W. Tax, Die große Himmelsschau Mechthilds von Magdeburg und ihre Höllenvision. Aspekte des Erfahrungshorizontes, der Gegenbildlichkeit und der Parodierung, in: ZfdA 108 (1979).

Johannes Thiele, Die Erotik Gottes. Menschen werden wir nur als Liebende, Stuttgart 1988 (mit einem Kapitel zur erotischen Mystik des Mittelalters, 125–156).

Johannes Thiele, Die religiöse Frauenbewegung des Mittelalters. Eine historische Orientierung, in: ders. (Hrsg.), Mein Herz schmilzt wie Eis am Feuer. Die religiöse Frauenbewegung des Mittelalters in Porträts, Stuttgart 1988.

Caterina von Siena

CATHARINA J. M. HALKES

Ihr Leben

Die Zeit, in der Caterina Benincasa geboren wurde, war eine Periode großer politischer und kirchlicher Unruhe, und ihr Lebensweg stand ganz im Zeichen dieser Zeit. Ein Jahr nach ihrer Geburt, sie kam am Palmsonntag, dem 25. März 1347, zur Welt, brach der »Schwarze Tod«, die Pest, aus und schlug in furchtbarer Weise zu. Angst und Verzweiflung bemächtigten sich der Menschen; niemand war sich seines Lebens mehr sicher, man sah die eigenen Nachbarn auf der Straße sterben. Wir brauchen lediglich in Boccaccios Einleitung zum »Decamerone« nachzulesen, um einen lebendigen Eindruck von den Schrecken zu bekommen, in denen die Menschen lebten.

Aber nicht nur die Pest war es, die das Leben zerrüttete; es schien, als seien alle bestehenden Strukturen des damaligen Italien im Verfall begriffen. Im 14. Jahrhundert zerbrach die bis dahin relativ starke Einheit von Papst und Kaiser. Die deutschen Kaiser und die Päpste von Rom rivalisierten um die weltliche Vorherrschaft. Die norditalienischen Städte versuchten zunehmend, sich dem Einfluß des Kaisers zu entziehen und die eigene sozial-ökonomische Macht auszubauen. Dadurch wurden jedoch auch sie zu Rivalen und begannen, sich gegenseitig zu bekämpfen: Florenz, Pisa, Siena, um nur einige zu nennen. Handel und Kapital wuchsen, und eine jede Stadt versuchte, eigenen Einfluß und Macht auszudehnen.

Dazu kommt, daß sie sich entscheiden mußten, ob sie die Partei des Papstes oder die des Kaisers unterstützen wollten. Aber aufgrund der wachsenden Steuerlast, verursacht durch das finanzielle Defizit als Folge des kostspieligen und luxuriösen Lebens des päpstlichen Hofes in Avignon, begannen die Städte mehr und mehr, sich im anti-päpstlichen Widerstand zu vereinigen.

Schließlich muß noch das Exil der Päpste in Avignon erwähnt werden. Dies hatte begonnen unter der Regierung Philipps des Schönen, der den ersten französischen Papst, Clemens V., gezwungen hatte, seine Residenz nach Avignon zu verlegen. Siebzig Jahre sollte der Aufenthalt dort dauern, und sieben Päpste sollten sich dem Willen der französischen Krone beugen. Es ist nicht verwunderlich, daß die fürstlichen Allüren des Lebens in Avignon, die wenig spirituelle Lebensweise und die lockeren Sitten zum allgemeinen Ärgernis wurden und die herrschende Unruhe und das Chaos noch verstärkten.

Man kann ohne weiteres sagen, daß diese Epoche apokalyptische Züge trug. Eine tiefe Angst vor dem nahenden Ende der Welt, verbunden mit der Erwartung einer neuen christlichen Endzeit, hielt die Menschen im Bann. Man gab sich einem freizügigen Leben hin; es war ohnehin alles sinnlos geworden. Daneben fällt ein starker Hang zu Buße, Enthaltsamkeit, Selbstkasteiung und Askese auf, der die Menschen dazu bewegte, zu Hause wie auch in der Öffentlichkeit Buße zu tun.

In dieser historischen Periode voll Verwirrung, Verzweiflung und Kampf wurde Caterina Benincasa geboren. Als sie zur Welt kam, zählte die Familie bereits 22 Kinder! Sie ist die Tochter des Wollfärbermeisters Jacopo Benincasa und seiner Frau Lapa Piagenti. Benincasa gehörte zu den führenden Personen der Volkspartei, den Popolani, die im ständigen Streit mit dem Adel lagen. Denn in dieser Zeit des Strebens nach Emanzipation und Demokratisierung war das Ziel der Volkspartei, die Macht des Adels über ihre Stadt nach und nach zu verringern. Vater Benincasa und seine Söhne waren in den verschiedenen Konflikten stark politisch engagiert.

Caterina war also ein Kind des Volkes; sie gehörte der Schicht des gewerbetreibenden Bürgertums an, und es erscheint nicht unglaubwürdig, daß Bürgerstolz und Kampfgeist ihr schon mit der Muttermilch mitgegeben wurden, so daß sie auf ihre natürliche Art hohen Machthabern freimütig gegenübertreten konnte und nie vor ihnen auf die Knie gegangen ist.

Sie hat aber auch den Ernst und die Unsicherheit dieser Zeit erfahren müssen, was nicht spurlos an ihr vorübergegangen ist.

Es bedarf keiner großen Phantasie, um sich vorzustellen, daß sie in einem lebhaften und geschäftigen Haushalt, umgeben von lautstarken Diskussionen über politischen Kampf und kirchliche Mißstände, aufgewachsen ist. Das Kommen und Gehen der vielen schon verheirateten Schwestern und Brüder belebte das elterliche Haus, und dies alles wird sicher dazu beigetragen haben, daß die kleine Caterina, die einen klaren Verstand hatte und begierig war zu lernen, sich schnell entwickelte.

Aber noch etwas anderes geschah: Kurz vor ihrem sechsten Geburtstag war Papst Clemens VI. in Avignon gestorben. Hierüber wurde im Hause Benincasa sicher lebhaft diskutiert, denn gerade durch den Tod des Papstes wurde die Aufmerksamkeit für die Problematik um Avignon wieder wachgerufen. Offensichtlich auch bei Caterina, war sie auch noch so jung. Als sie einmal, so erzählt ihr Bruder Raymondo, auf dem Rückweg von einem Besuch bei ihrer verheirateten Schwester Bonaventura mit ihm durch Siena ging, sah sie plötzlich in einer Vision die Gestalt Christi hoch am Himmel, noch dazu im päpstlichen Gewand, den Stab in der Hand. Christus lächelte sie an und segnete sie.

In diesem Kontext kommt der Vision eine außergewöhnliche Bedeutung zu: Die Kirche hat zwar zu diesem Zeitpunkt keinen Papst, aber sie hat Christus! Diese Vision hat Caterina tief beeindruckt, und man kann annehmen, daß in diesem Moment in dem frühreifen Kind das Interesse für den Papst und die Kirche erwachte und schnell zu wachsen begann. Außerdem festigte sich in ihr das Bild der Einheit von Papst und Christus, wovon ihr weiteres Leben noch reichlich Zeugnis geben wird.

Der Prozeß ihres geistigen Lebens wurde hier in Gang gesetzt, und ein Jahr später, als sie sieben Jahre alt war, legte sie, ohne daß irgend jemand davon wußte, das Gelübde der Keuschheit ab.

Es folgten nun Jahre der Konflikte mit den Eltern, vor allem mit ihrer Mutter geriet sie immer heftiger aneinander. Wäre es nach ihrer Mutter gegangen, so hätte sie das junge, hübsche

Mädchen mit »in die Welt« genommen, damit sie sich der Öffentlichkeit zeige und gesehen werde. Mutter Lapa wollte nämlich nach einem geeigneten jungen Mann Ausschau halten, um Caterina – wie ihre anderen Töchter auch – rechtzeitig zu verheiraten, was zu heftigen Diskussionen zwischen Mutter und Tochter führte. Um ihren Entschluß zu bekräftigen, schnitt sie eines Tages, auf Anraten einer dominikanischen Novizin, ihre Haare ab und band sich ein Kopftuch um. Es dauerte einige Zeit, bis sich der Sturm, den diese Tat zu Hause und vor allem bei ihrer Mutter ausgelöst hatte, wieder legte. Schließlich begriffen die Familienmitglieder dieses symbolische Zeichen: Das Abschneiden der Haare war ein Symbol der Hingabe an Christus und Bestandteil der Weihe der Jungfrauen. In dem Sinne hatte es auch einige Rechtskraft.

Caterina richtete sich ein kleines Zimmer ein, eine Art Zelle, in der sie sich ungestört dem Gebet und der Meditation hingeben konnte. Ihre praktische Mutter entließ ihr Dienstmädchen und war der Meinung, daß Caterina, wenn sie schon unbedingt zu Hause bleiben mußte, gut die dort anfallende Hausarbeit verrichten konnte. Das tat sie denn auch, solange es sein mußte, denn sie wollte sich ihrer Mutter in dieser Hinsicht nicht widersetzen. Aber es war eine tiefere Kraft in ihr, der sie schließlich doch gehorchen mußte.

Caterina hatte also nicht vor, in den Stand der Ehe zu treten. Der andere Weg, der Frauen in der katholischen Kirche blieb, war der Eintritt in ein Kloster. Aber auch das lehnte sie ab, denn dies war nicht ihr Weg.

Obschon sie sich dem Orden der Dominikaner und der dominikanischen Spiritualität von Buße und Gebet verbunden fühlte, entschied sie sich für einen dritten Weg: Sie schloß sich einer Laiengemeinschaft an, die zum größten Teil aus Witwen bestand und die wie ein »Dritter Orden« mit einer eigenen Regel, aber ohne Gelübde, in Siena lebte. Es war nicht einfach für sie, dort so ohne weiteres aufgenommen zu werden: Man fand sie zu jung und zu schön. Doch schließlich gaben auch sie Caterinas Entschlossenheit nach. Dies findet seine Bestätigung im Jahr 1364.

Die Frauen, die nach der Regel des »Dritten Ordens« des

Dominikus lebten, wurden ihrer Kleidung wegen »mantellati« genannt: Sie trugen ein weißes wollenes Unterkleid und darüber einen schwarzen Mantel. Caterina gehörte von dieser Zeit bis zu ihrem Tod zu den »mantellati«. Sie war also keine »Ordensfrau« im strengen Sinn und hatte daher große Bewegungsfreiheit, die ihr auf den vielen Reisen in späteren Jahren zugute kam.

Aber die Einkleidung im Jahr 1364 hatte für Caterina auch harte Konsequenzen. Sie blieb zwar in ihrem kleinen Zimmer im Haus der Eltern wohnen, aber getrennt von ihrer Familie und unter strengem Fasten und Büßen. Sie verließ ihre Zelle nur, um in die nahegelegene Dominikanerkirche zu gehen. Inzwischen wuchs ihre Verbundenheit mit Christus zu mystischen Höhen und Tiefen. Sie erlebte die Einswerdung mit ihm als eine mystische Hochzeit und hörte Christus sagen: »Ich vermähle dich mit mir, dem Schöpfer.« Diese Einswerdung führte selbst so weit, daß sie im Sommer 1370 eine überwältigende Vision empfing, in der sie einen Strom von Blut und Feuer über sich hinwegfließen sah. Inmitten davon erschien Christus, der ihr mit liebevoller Geste das Herz aus der Brust nahm und durch das seine ersetzte.

Wer versuchen will, ihren Lebensweg und ihr Verlangen, sich Christus ganz hinzugeben, zu verstehen, kann in diesem visionären Ereignis den Ausdruck einer biblischen Symbolik entdecken: »Und ich werde euch ein neues Herz geben und einen neuen Geist in euer Inneres legen« (Ezechiel 36,26).

In demselben Jahr geriet Caterina in eine Ekstase, die sie so schwer mitnahm, daß die Umstehenden glaubten, sie wäre gestorben. Erst nach vier Stunden, in denen sie kein Lebenszeichen von sich gegeben hatte, kam sie langsam wieder zu Bewußtsein, auch selbst in dem Glauben, daß sie eine Zeitlang aus dem Leben getreten war und Gott hatte schauen dürfen. Hier sollte sie jedoch nicht verbleiben: Caterina hatte einen neuen Sendungsauftrag bekommen.

Raymundus von Capua, ihr erster Biograph, umschreibt dies mit den folgenden Worten: »Das Heil vieler verlangt deine Rückkehr. Du wirst nicht mehr das Leben führen, das du bisher geführt hast, und du wirst dich nicht mehr in eine Zelle einsperren. Du mußt sogar um des Heiles der Welt willen deine Geburtsstadt verlassen und von Stadt zu Stadt ziehen... Ich werde überall mit dir sein und werde dich führen vor die Kleinen und Großen, vor Päpste und Kirchenfürsten und das Volk der Christen. Denn ich will meiner Gewohnheit gemäß mit dem Schwachen das Starke besiegen...«

Ob sie es wollte oder nicht, Caterina war nun eine Gesandte, sie mußte ihre Zelle und ihr Haus verlassen. Durch diese entscheidende Wendung begann sie zunächst, sich für die Pflege und Versorgung der Kranken und Pestopfer in Siena einzusetzen. Sie fällt auf durch die Absolutheit, mit der sie sich der Arbeit widmet, so daß ihr die Führung einer stets wachsenden Gruppe Menschen zukommt, worunter sich auch junge Leute aus dem Adel befinden, die von ihr tief beeindruckt sind und ein anderes Leben beginnen wollen.

Sie werden zu ihrer »famiglia«, die in ihr die Inspiration, die *Madre,* erfahren. Caterina besaß offensichtlich ein Charisma, das sie nicht allein befähigte, ihrem eigenen Leben Gestalt zu geben, sondern auch Menschen um sich zu versammeln, mit denen sie sich gemeinsam auf den Weg machte, ihre Ziele zu realisieren. Zu dieser geistigen Familie gehören Priester und Laien, Frauen und Männer, Adelige und einfache Bürger. Sie kommt mit ihnen in der Kirche zusammen, um zu beten oder aus der Schrift zu lesen; sie inspiriert sie aber auch, die Kranken zu pflegen und für die Armen zu sorgen. Unterdessen war zum zweiten Mal eine Pestepidemie ausgebrochen, zwar weniger heftig als die erste, doch die Not war groß. Diese Nächstenliebe bedeutete für Caterina mehr als reine Wohltätigkeit. Sie gründete in der tiefen Überzeugung, daß Nächstenliebe ein Ausdruck der Liebe zu Gott ist. Sie »brannte vor Liebe«, sie fühlte sich von dem »Feuer der göttlichen Liebe« entzündet, so hat sie es selbst einmal beschrieben.

Aus der Kraft dieser Liebe entwickelte sie eine eindrucksvolle Seelsorge. Sie besaß eine tiefe Kenntnis der menschlichen Psyche, gewonnen in der langen Zeit der Kontemplation, und sie wußte, worauf es einem Menschen ankommt. Stundenlang verweilte sie in Gefängnissen und bei Sterbenden, und sie half ihnen, sich zu öffnen und zu wachsen auf das Unendliche hin.

Daß dieses ungewöhnliche Auftreten und Handeln einer jungen Frau auch Argwohn, Ablehnung, Ungläubigkeit und Verspottung hervorrief, bedarf wohl kaum einer Erwähnung. Aber Caterina ließ sich nicht entmutigen; sie war überzeugt von ihrer Berufung und Sendung.

Schwieriger wurde die Situation jedoch, als auch innerhalb des dominikanischen »Dritten Ordens« die Ablehnung wuchs und verschiedenartige Beschuldigungen gegen sie vorgebracht wurden. Sie sei eine schwärmerische, widerwillige Nonne und überdies eine Betrügerin, deren Visionen vom Teufel eingegeben seien. Daraufhin wurde sie vom Generalkapitel nach Florenz berufen und mußte dort ein inquisitionsartiges Verhör über sich ergehen lassen. Aber Caterina konnte auf alle Fragen so überzeugend, entwaffnend und klar antworten, daß die dominikanischen Oberen nichts Verdächtiges bei ihr entdecken konnten. Als geistlicher Führer wurde ihr der Dominikaner Raimund von Capua zugewiesen. Er stand ihr treu zur Seite, wurde ihr treuester Freund und eine große Stütze auf ihrem weiteren Weg.

Die Bestätigung ihrer Rechtgläubigkeit und ihres Auftrages durch die Dominikaner im Jahre 1374 bildet einen zweiten »Wendepunkt« in Caterinas Lebenslauf. Von nun an wird sie sich mit noch mehr Nachdruck im öffentlichen, sozialen, politischen und vor allem kirchlichen Leben engagieren, das durch Chaos und Verwirrung, Fehden, Kampf, Krieg und das andauernde Exil des Papstes gezeichnet war. Es folgen die Jahre ihrer zahllosen Briefe und vieler Reisen, Gespräche und Interventionen. Sie wird nur noch sechs Jahre zu leben haben, aber diese werden von ihren unermüdlichen Anstrengungen für die umfassenden und schwierigen Probleme, für die sie sich einsetzt, vollständig ausgefüllt sein. Ihr Aufruf zu einem neuen Kreuzzug, ihr Einsatz für die Rückkehr des Papstes Gregorius XI. von Avignon nach Rom und somit für die sittliche und religiöse Reform der Kirche an Haupt und Gliedern; und schließlich ihr leidenschaftlicher Kampf um Frieden zwischen den hoffnungslos verfeindeten Stadtstaaten und zwischen Adel und Bürgertum.

Aus unserer heutigen Sicht ist der Aufruf Caterinas zu einem neuen Kreuzzug nicht nachvollziehbar, ja selbst inakzeptabel. Wie konnte diese Frau, deren Leben von einem tiefen Verlangen nach Frieden beseelt war – »Frieden, Frieden, Frieden«, so oft schrieb sie dies – eine derartige Initiative ergreifen? Um dies zumindest ansatzweise verstehen zu können, müssen wir zurückgehen in ihre Zeit, eine Zeit der Ratlosigkeit und Richtungslosigkeit, voll Zerrissenheit und Verzweiflung.

Für Caterina ist das Kreuzzugsunternehmen nicht primär eine politische Angelegenheit, sondern ein Ausdruck ihrer religiösen Überzeugung: die heiligen Stätten für die Christen zu befreien und den Ungläubigen das »Blut« zu bringen, die Erlösung Christi. Gerade für Caterina, belebt von einer wahrhaftigen Kreuzesmystik, war es ein unerträglicher Gedanke, Golgota und das Heilige Land in den Händen der Ungläubigen zu wissen.

Schließlich gab es auch noch einen konkreten politischen Anlaß: Im Sommer 1375 traf sie in Pisa mit dem Gesandten der Königin von Zypern zusammen. Das kleine christliche Königreich stand vor dem Untergang und ersuchte bei den westlichen Fürsten und beim Papst um Hilfe. Der alte Funke des Feuers, das die ersten Kreuzzüge entflammt hatte, leuchtete in Caterina wieder auf: »Gott will es, und ich will es!« Sie schreibt auch an viele Frauen, innerhalb und außerhalb der Klöster, um sie zu gewinnen, ihr auf diesem heiligen Zug zu folgen.

Es beginnt eine Periode umfangreicher Briefwechsel, denn Caterina beschränkt sich nicht darauf, Frauen und einfache Leute hierfür zu begeistern. Sie schreibt zahllose Briefe an Fürsten, Regierungen, Kardinäle und Bischöfe. Und durch diese Werbekampagne kommt sie schließlich mit Papst Gregorius XI. in Kontakt. Denn ohne seine Rückkehr nach Rom wäre keine Befreiung und auch kein Kreuzzug möglich. Caterina sieht nun, wie die verschiedenen Fäden der eigentlichen Sendung ihres Lebens zusammenlaufen. Die Zeit ist da, um an ihrer umfangreichen kirchlichen Sendung zu arbeiten, zu der Gott sie berufen hat: zurückrufen des Papstes aus dem Exil, sittlich-religiöse Reform der Kirche und Kampf gegen das zuletzt ausbrechende große Schisma.

Währenddessen blieben ihr Enttäuschungen und Desillusionierungen nicht erspart. Im Sommer 1375 verbanden sich Florenz und Mailand in einer Liga gegen den Papst. Die großen Städte des Kirchenstaates und ganz Mittelitalien schlossen sich ihnen unter der Parole »Tod dem Hirten der Kirche, im Namen Gottes und der Heiligen!« an. Aber der Papst schlug hart zurück. Er erließ ein Interdikt über Florenz und erklärte alle Einwohnerinnen und Einwohner mitsamt ihrem Besitz für vogelfrei, was natürlich dem Handel dieser Stadt einen beträchtlichen Schaden zufügte. Der Papst schickte sogar Truppen, unter Leitung von Kardinal Robert aus Genf, in die aufständischen Städte.

Trotz dieser bitteren Erfahrung trat Caterina dennoch zwischen die kämpfenden Parteien, um sie zu Einsicht und Versöhnung zu bringen. Sie sprach in Avignon mit dem Papst und mit Kardinälen, verhandelte mit Florenz und erkannte nicht, daß sie durch diplomatische Tricks manipuliert und mißbraucht wurde. All ihre Bemühungen waren denn auch vergeblich und scheiterten.

Eine tiefe Befriedigung und Freude überkam sie schließlich, als 1377 Papst Gregorius XI. Avignon endlich verließ, um sich wieder in Rom niederzulassen. Aber die Freude war nur von kurzer Dauer. Denn ein Jahr später, 1378, war es um die kirchliche Einheit schon wieder geschehen. Gregorius starb, und Urbanus VI. trat seine Nachfolge an. Dieser Papst war zwar ein großer Befürworter der so dringend notwendigen Reform der Kirche, er schloß selbst Frieden mit Florenz, aber geriet derartig in Konflikt mit den Kardinälen, daß diese Rom mit den päpstlichen Würdenzeichen verließen und einen Gegenpapst wählten: Clemens VII. (dies war derselbe Robert aus Genf, der die Strafexpedition gegen die italienischen Städte geführt hatte). Zwischen den beiden Päpsten entbrannte ein heftiger Streit, in dem Caterina bedingungslos für Urbanus Partei ergriff.

Ihre Briefe aus dieser Zeit haben einen kämpferischen Ton. Sie sieht in Clemens VII. den Antichrist, der von Urbanus besiegt werden muß. Aber daneben klingen auch immer stärker Enttäuschung und Entmutigung durch, ja sogar Verbitterung und Resignation. Die Epoche der *drei* Päpste hat sie glücklicherweise nicht mehr erlebt. Ihre Kräfte gingen zur Neige, und sie zog sich zurück, um ihr bekanntes, einziges Buch, den »Dialog über die göttliche Vorsehung«, ungefähr zwischen 1377 und 1378, zu diktieren.

Caterina hat tiefe Erfahrungen des Scheiterns erlebt und, was noch schlimmer ist, gab sich selbst die Schuld daran. Sie hätte noch härter für die Kirche arbeiten, noch überzeugender sprechen, noch drängender beten müssen. Kurz vor ihrem Tod hatte sie noch eine Vision: Das Schiff der Kirche sinkt, mit seiner ganzen Last auf ihren Schultern.

Die letzten Jahre lebte sie in Rom. Papst Urbanus hatte sie dorthin berufen, und umringt von ihrer »famiglia«, worunter auch ihre Mutter war, kam sie dort an. Von dort aus unternahm sie noch einzelne Reisen, aber ihr Gesundheitszustand ließ immer mehr nach. In den letzten Monaten lag sie schwer krank im Bett, mal außer Bewußtsein, mal in Ekstase. »Ich sterbe und kann nicht sterben«, seufzte sie oft.

Caterina ist, umringt von vielen ihrer Getreuen und Schülerinnen, am 29. April 1380 in Rom gestorben. Sie hat ihr Leben gelebt für die Kirche, die sie liebte wie eine Mutter ihr »Schmerzenskind«. Dieser Kirche hat sie sich geopfert, bis ihr Körper erschöpft war und alle Kräfte geschwunden. »Sei ohne Sorge, wenn ich sterbe, ist die einzige Todesursache meine Liebe zur Kirche, die mich verbrennt und verzehrt ...« Mit den Worten »Sangue, sangue« auf den Lippen starb Caterina, noch keine 33 Jahre alt.

Kaum ein Jahrhundert später, 1461, wurde sie von dem sienischen Papst Pius II. heiliggesprochen, und 1940 wurde Caterina, zusammen mit Franziskus von Assisi, zur Patronin Italiens erhoben.

Ein glücklicher Zufall brachte mich 1967 nach Rom, um am internationalen Laienkongreß teilzunehmen. Während der Eucharistiefeier war ich Zeugin der Ankündigung des Papstes, daß sowohl Caterina von Siena als auch Teresa von Avila zu Kirchenlehrerinnen erhoben würden. Am 4. Oktober 1970 wurde Caterina tatsächlich offiziell zum *doctor ecclesiae* ernannt.

Reflexionen

Wer in der heutigen Zeit die Bedeutung der Caterina umschreiben will, steht vor keiner leichten Aufgabe. Zweifellos ist Caterina zu ihrer Zeit eine außergewöhnliche Frau gewesen, die in der Geschichte von Kirche und Politik eine wichtige Rolle gespielt hat. Meine Frage aber geht tiefer: Ist Caterina nur eine respektable, sogar heilige Gestalt gewesen, respektlos gesagt: ein kurioses Phänomen, sicher wert, dargestellt und historisch festgehalten zu werden, aber ohne Inspirationen und Konsequenzen für unsere Zeit, die so vollkommen anders ist? Oder gibt es doch mehr über Caterina zu sagen? Gibt es in ihrer Lebenshaltung und Glaubenserfahrung einen Kern, dem auch heute noch eine Bedeutung zukommt und der auch für Frauen inspirierend sein kann? Ich will auf die Suche gehen nach einer Antwort auf diese Fragen, um vielleicht mehr Klarheit zu finden. Einfach erscheint mir dies nicht, allein schon wegen der Komplexität des Zeitraumes, in dem sie lebt, und wegen der Radikalität ihrer Glaubenshaltung, aus der heraus sie handelt.

Das auffallendste Merkmal an Caterinas Leben ist sicherlich, daß es ein Leben aus einem Guß gewesen ist. Für einen Menschen, die sich zwar berufen fühlt zu einem heiligen Leben, aber erst nach Jahren eine deutliche Antwort findet, ist ihr Lebenslauf ungewöhnlich. Teresa von Avila, Franziskus von Assisi und viele andere sind hierfür Beispiele. Im Alter von 33 Jahren, als Caterina starb, rang Teresa noch mit der Gestaltung ihres Lebens und suchte nach ihrer eigentlichen Bestimmung. Nicht so Caterina: Als Mädchen von sechs Jahren zog sie sogleich ihre Schlüsse aus der Vision, die sie hatte, und konzentrierte sich, als Antwort darauf, vollständig auf den Ruf Gottes in ihrem Leben. Ihre Zeit war turbulent, die Welt war sündig und lebte sich aus in Machtkampf und Krieg; die Katastrophen, die die Menschen ereilten, sah man infolgedessen als Strafe Gottes an.

So einfach war das, und die kleine Caterina schloß sich unmittelbar diesem Gedankengang an, wandte sich Gott zu, tat Buße und gelangte zu einer vollkommenen Hingabe an ihren Bräutigam. Psychisch war sie mit einem starken Willen ausgerüstet, einem klaren Verstand (der eher intuitiv »sah« als argumentierte) und dem Vermögen, recht und unrecht zu unterscheiden. Schon früh hatte sie sich die *discretio spirituum,* die Unterscheidung der Geister, zu eigen gemacht, die sie von den Wüstenvätern kannte, aber auf ihre eigene Art begreifen lernte. Sie strebte immer danach, zwischen dem Willen Gottes und dem eigenen Willen zu unterscheiden. Sie formulierte dies später in einem Gebet: »Ich bin die, die nicht ist, und Du bist der, der ist...«

Sie fügte sich nicht dem Willen der Menschen, aber stand Gott ganz und gar zur Verfügung. Die Quelle ihrer Radikalität war ihr Gehorsam gegenüber Christus und Gott. Trotz aller Gewalt und allem Chaos um sie herum fand sie die Zeit und die Ruhe zur Besinnung. In ihrem tiefsten Selbst erfuhr sie die Verbundenheit mit der Quelle ihres Lebens und Glaubens. Dies wurde zu ihrer größten Kraft, und hieraus schöpfte sie ihre Entschlossenheit und ihre unendliche Energie. Hierdurch konnte sie authentische und originäre Entscheidungen treffen: keine Ehe, kein Kloster, sondern eine Kombination von tiefster Kontemplation und unermüdlichem Einsatz für die Menschen und für die Kirche.

Je mehr sie sich von Gott angezogen und zu ihm hingezogen fühlte, um so deutlicher sah Caterina den Schaden und den Schatten der Sünde, die wie eine Lähmung auf den Menschen lag. Ihre Aufgabe bestand darin, das Böse zu bekämpfen, die Sünde anzuklagen, den sündigen Menschen jedoch in ihre Liebe aufzunehmen und Gott zuzuwenden. In ihren Augen war die Sünde der Widerwillen des Menschen gegen den Ruf des Heiligen Geistes, und sie spornte dazu an, diesen Widerwillen abzulegen und den Ruf zu hören und ihm zu folgen.

Die Art, wie sie Menschen beistand, zeugte von einem großen Einfühlungsvermögen: Sie blieb bei ihnen, war verständnisvoll und gut zu ihnen, aber wußte genau, wohin sie sie führen wollte. Sie übte großen Einfluß auf Menschen aus: Sie hatte ein Charisma, das zuhören ließ, und sie lebte ihre Überzeugungen in authentischer Weise vor. Ihr radikaler Gehorsam gegenüber Gottes Willen wurde zu ihrer Passion, in der zweifachen Bedeutung dieses Wortes. Ihr leidenschaftlicher Charakter wurde vollständig geöffnet für die Absolutheit, mit der sie in Gott aufging und daraus lebte und arbeitete.

Aber auch die andere Passion, das Leiden, hat ihr Leben gezeichnet. Sie litt nicht nur am Scheitern ihres »politischen« Auftretens für den Frieden; sie litt nicht nur an der Enttäuschung, die auf den kurzen »Erfolg« der Rückkehr des Papstes nach Rom folgte, worauf sich schon die Vorzeichen des großen Schismas zeigten, das die Kirche zu zerreißen drohte. Sie litt vor allem an der Kirche, in der sie alle Mißstände, die die Kirche daran hinderten, ihrem Ruf zu folgen, klar erkannte.

Caterina wünschte zutiefst, ihren Zeitgenossen das wahre Gesicht der Kirche Christi zu zeigen, der Kirche, in der das unvergängliche, erlösende Blut Christi strömt. Die Idee des Blutes Christi in der Kirche steht in Caterinas Briefen zentral, und sie beginnt jeden Brief: »Im Namen Jesu Christi des Gekreuzigten und U. L. Frau!« Für sie gibt es ohne dieses Blut keine Erlösung, und Christus hat es seiner Kirche anvertraut. Durch die Kirche, und vor allem durch den Papst, den »Kellermeister« des Blutes, sind wir eingegliedert in Christi Leib. Aus diesem Grund sind die Kirche und der Papst von so großer Wichtigkeit, und deshalb dürfen die Menschen sich nicht existentiell widersetzen, denn das Erlösungswerk Christi muß weitergeführt werden.

Caterina ist sicher nicht einzigartig in der Art ihres mystischen Erlebens von Leiden und Kreuz, aber sie gibt ihm eine persönliche Interpretation und zieht ihre eigenen Konsequenzen daraus: Sie ereifert sich für einen neuen Kreuzzug, um alle an diesem Blut teilhaben zu lassen. Daher auch ihre schonungslose Kritik, wenn die Kirche ihrem Ruf nicht nachkommt.

An diesem Punkt angelangt, erheben sich bei vielen Menschen heute kritische Fragen und Kommentare: Caterina sah die Verbindung zwischen dem Reich Gottes und der Kirche hier auf Erden in einer ununterbrochenen Linie, ließ die historische Realität als komplizierenden Faktor außer acht und duldete keine Kompromisse und keine menschliche Schwäche. Das Leiden, das ein von ihr geforderter Kreuzzug unvermeidlich mit sich brächte, war von untergeordneter Bedeutung im Vergleich zu den Zielen: das Heilige Land für die Kirche wieder zugänglich zu machen und im Papst den von Gott gesandten streitenden Heilsfürsten zu sehen, der die ganze Welt wieder zu einer christlichen Einheit führt.

Was wir hier hören, sind die Nachklänge der Parolen und Überzeugungen, mit denen die früheren Kreuzzüge gepredigt wurden, und es ist der Ausdruck eines beinahe apokalyptischen, Kirche und Welt durchdringenden Lebensgefühls.

Hinter der Absolutheit von Caterinas Plädoyer für einen neuen Kreuzzug lauert die Gefahr totalitären und autoritären Handelns. Sie schreibt dem Papst: »Seien Sie ohne Furcht: Gott will es; gebrauchen Sie ihre Macht und reißen Sie die stinkenden Blumen heraus, die im Garten der heiligen Kirche stehen, die schlechten Hirten, die sie in den Untergang führen ... Kehren Sie zurück nach Rom ... Vergeben Sie mir meine Überheblichkeit. Gott will es, und ich will es. Mehr sage ich nicht.«

Darüber hinaus war Caterina zu gutgläubig in ihrem Umgang mit Politikern und Machthabern, die sie täuschten und in die Irre führten. Das praktische und strategische Element, notwendig für ein effektives politisches Auftreten, ließ sie aus, so beseelt war sie von ihrem eigenen Ideal: die Liebe Gottes, das Blut Christi und das Feuer des Heiligen Geistes zu verkünden. Ihre Kraft entsprang dem heiligen Verlangen, in dem sie lebte, ihrem Verlangen nach Gott und danach, Gottes Willen auf Erden zu erfüllen, durch sie selbst, die Menschen und die Kirche.

Ich möchte hier noch einige Bemerkungen über das Verhältnis Caterinas zur Kirche anschließen. Gerade weil sie an den einzigartigen Auftrag der Kirche glaubte, hat sie ihr Leben dafür eingesetzt, hat sie ihre Stimme erhoben, hat daran gelitten und ist daran gestorben. Bekümmert bemerkt sie: »Christi Braut ist bleich und farblos, weil man das Blut aus ihr herausgepumpt hat.« Sie ist bestürzt über die Verlogenheit der Kirche, die doch ein Haus des Gebetes sein soll. »Was Christus am Kreuz erwarb, wurde mit Huren verschleudert.«

Groß ist denn auch ihre Empörung über die Geistlichen, die sie für den Verfall verantwortlich macht. »Die Geistlichen sind Strohhalme und keine Stützpfeiler der Kirche; sie verbreiten keinen wohlriechenden Duft, sondern einen Gestank, mit dem sie die ganze Welt verpesten. Sie können nicht mit Gnade rechnen wegen ihrer roten Hüte und ihrer Prälatenwürde.« Die Kirche wird erst durch »unaufhörliches Gebet, Tränen von Trauer und leidenschaftliches Verlangen« ihre ursprüngliche Schönheit wiedererlangen.

Es ist deutlich, daß Caterina aus eigenem mystischen Wissen und Erfahrungen spricht. Sie ist eher eine Prophetin, die hinter die Dinge sieht und sie durchschaut, als eine Politikerin. Sie plädiert auch nicht für Veränderungen in der Lehre oder andere Strukturen in der Kirche, sondern will den Niedergang der Kirche mit einer leidenschaftlichen Haltung von Glauben und Liebe bannen. Sie ist nicht einmal antiklerikal, sondern äußerst besorgt darüber, ob die Kirche ihrem hohen Ruf gerecht wird.

Es ist ebenfalls auffallend, daß sie nicht allein in der Rolle der Anklägerin ist, sondern sich selbst für mitschuldig erklärt: »Wehe meiner Seele! Denn meine Sünden tragen die Schuld an allem Übel.« Gerade hierin scheint sie mir eine Heilige zu sein! Denn in ihrer Einswerdung mit dem göttlichen Leben erkennt sie die Vollkommenheit, das Heil selbst. Darum glaubte sie, daß ein stärkerer Feuersturm in ihrer Seele notwendig gewesen wäre, um die anderen anzustecken. Und sie ruft vor Gott aus: »Was kann ich tun, oh unvorstellbares Feuer?«

Erst wenn wir ihre vielen Briefe lesen und ihr Buch, den »Dialog«, lernen wir die Mystikerin Caterina tiefer kennen. Erst dadurch entdecken wir auch, daß sie keine »politische« Heilige war oder eine Revolutionärin, sondern eine Frau, die ganz erfüllt war von ihrer Liebe zu Gott, von dem göttlichen Geheimnis, das in ihr lebte und in dem sie lebte. Und erst von hier aus ist auch ihre Absolutheit zu begreifen.

In diesem Beitrag habe ich schon einiges aus ihren Schriften zitiert. Die Briefe schrieb sie in den letzten fünf Jahren ihres Lebens, und sie richtete sie fast ausschließlich an Personen, die Autorität und Einfluß besaßen und denen sie neue Aufträge gab. Ihre Sprache, vor allem auch in den Briefen an die beiden Päpste Gregorius und Urbanus, ist alles andere als beschönigend. Denn sosehr sie auch deren Position wertschätzte, sie war unabhängig in ihrer Empörung über die Mißstände in der Kirche und, was sehr charakteristisch ist, über deren mangelndes Durchsetzungsvermögen und ihre Lauheit. An Papst Gregorius schrieb sie: »Seien Sie kein ängstlicher Säugling, seien Sie doch ein Mann!« Und einer Gruppe Mönche, die nach Rom zu Urbanus gehen sollten, um ihn zu Reformen zu ermuntern, rief sie nach: »Verflucht ihr, die ihr von Herzen lau seid!«

Während sich in ihren Briefen Entrüstung und Barschheit einerseits und liebevolles, pastorales Verständnis und Ermunterung andererseits abwechseln, wird in ihrem Buch von der Vorsehung Gottes nur von der Liebe gesprochen, die sie erfüllt, und von der Einswerdung mit Gott, der die Liebe ist. Dieses Buch ist Niederschlag und Ausdruck ekstatischer Erfahrungen, die sie unmittelbar und in hohem Tempo zwei oder drei Sekretären gleichzeitig diktierte, die zusehen mußten, daß sie Inhalt und Tempo folgen konnten. Der Dialog ist in den Monaten vor ihrer letzten Reise nach Rom entstanden. Er ist das Hohelied der Liebe zwischen der Seele und Gott, zwischen Caterina und ihrem Geliebten. Sie ist eine leidenschaftliche Liebende, die sich ganz ihrem Geliebten hingibt, enthoben von Zeit und Raum, in großer Zuneigung. In ihrem Werk sind die drei bekannten Stadien des mystischen Weges deutlich zu erkennen: der Weg der Läuterung, der Erleuchtung und der Einswerdung. Sie gibt diesen Phasen selbst andere, konkrete Namen; sie nennt sie die drei Stufen, auf denen die Seele zu Gott emporsteigt: die Füße, die die Gefühle symbolisieren (denn so wie die Füße den Körper tragen, so tragen die Gefühle die Seele); das Herz, Symbol des geöffneten Herzens von Gottes Sohn und das Zentrum der Liebe; und schließlich der Mund, wo sie Frieden findet vom furchtbaren Kampf, den sie für ihre Sünden führen muß.

Mich selbst haben am tiefsten die folgenden Worte Caterinas berührt: »Wenn die Seele sich selbst kennt, dann wird sie auch Gott besser kennenlernen, denn sie erkennt, wie gut Gott zu ihr gewesen ist.« Aber vor allem dies: »Sie sieht ihre eigene Würde im freundlichen Spiegel Gottes.« Allein schon wegen dieser letzten Worte wird Caterina, meine Namenspatronin, mir lieb und teuer bleiben und mir in meinem weiteren Leben eine treue Gefährtin sein.

Das sind große Worte, und ich weiß sehr wohl, daß nicht jede Frau hier einstimmen wird, sicher nicht feministische, kritische Frauen. Denn zweifellos finden wir in Caterinas Charakter und in ihrem Leben Züge, die uns Frauen, die sechs Jahrhunderte später leben, mit Skepsis, ja selbst mit Mißtrauen erfüllen. Ich gebe hier nur ein Beispiel: die radikale Askese, die Caterina suchte, und das Leiden, das sie auf sich nahm und akzeptierte. Gerade Leiden, Kreuz, Blut, Opfer sind sicher nicht die Phänomene, die feministischen Theologinnen kostbar sind! Im Gegenteil, sie sehen darin einen Ausdruck des Masochismus, der charakteristisch für das Christentum in fast allen Jahrhunderten ist. Ich kann an dieser Stelle nicht ausführlich auf diese Problematik eingehen. Dennoch möchte ich zwei Dinge sagen:

– Wir müssen uns den historischen, kulturellen und religiösen Kontext der Zeit, in der Caterina lebte, deutlich vor Augen halten und nicht beginnen, sie a-historisch, unseren heutigen Kriterien gemäß zu beurteilen.

– Ferner schreibe ich diesen Essay nicht unter dem Titel »Imitatio Sanctae Caterinae«; ich habe nicht das Bedürfnis, ihr »nachzufolgen«, geschweige denn sie zu »imitieren«.

Es geht in diesem Band um die Profilierung von Frauen als »Gotteslehrerinnen«, und in dieser Hinsicht ist Caterina zweifellos für mich zu einer »Inspiration« geworden.

Persönliche Überlegungen

Denn – und nun möchte ich sehr persönlich werden, nicht zuletzt, da ich diesen Beitrag Dorothee Sölle widme, in Freundschaft und Respekt für sie und ihr Werk – wer ist Caterina, nach diesem ersten Studium, für mich geworden?

Mary Giles, die sowohl über Caterina als auch über Teresa von Avila geschrieben hat, führt in ihrem Buch den Begriff »feminist mystique« ein. Dies versehe ich mit einem großen Fragezeichen, denn es scheint mir ein voreiliger und unhistorischer Gebrauch des Begriffes »Feministin« zu sein, der in unserer Zeit ohnehin schon zu so vielen Mißverständnissen führt. Caterina war sicher keine Feministin, wenn wir darunter verstehen: eine Frau, die die Strukturen von Kirche und Gesellschaft verändern will, damit gerechtere Verhältnisse entstehen und jeder Mensch zu seinem/ihrem Recht kommen kann.

Aber was ist es dann, was mir Caterina so lieb und teuer werden ließ?

– Sie ist eine Frau, die unabhängig von externen Faktoren ihren eigenen authentischen und unveräußerlichen Weg ging. Und sie konnte ihn finden und beschreiten dank ihres radikalen Gehorsams, den sie der göttlichen Stimme leistete, die in ihr und zu ihr sprach. Damit erkannte sie die Immanenz und Transzendenz Gottes. Auf der Suche nach Gott fand sie auch sich selbst: Das ist der Weg einer Heiligen. Für mich, denke ich, gilt: Auf der Suche nach mir selbst hoffe ich auch Gott zu finden.

– Caterina ist für mich charakteristisch in ihrer Ursprünglichkeit. Sie war nicht nur authentisch in ihrem Frau-Sein, sondern sie wollte zu dem werden, wozu sie sich geschaffen und berufen glaubte. Diesen Ursprung ihres Lebens wollte sie ausgraben und freilegen, und alles, was sie davon verfremdete oder ablenkte, wies sie von sich. Auch dies scheint mir eine Aufgabe für heutige Frauen zu sein: auf die Suche zu gehen nach dem eigenen Ursprung und diesem Gestalt zu geben. Caterina besaß keine Modelle, denen sie nachfolgen oder nachleben konnte, aber das Feuer des Geistes brannte in ihr, und die Liebe zu Christus verzehrte sie.

– Caterinas Einsatz für die Kirche und die Liebe zu ihr sind ein dritter Zug an ihr, der mich fasziniert: der Glaubensgemeinschaft dienen, sie kritisch und konstruktiv als Gemeinschaft von Gleichberechtigten gestalten und den Gehorsam für die Stimme Gottes nicht verwechseln mit einem unkritischen Gehorsam gegenüber der kirchlichen Leitung. Es geht in unserem Glauben doch primär um die Gemeinde, um das Volk JHWHs, um die Gemeinde Christi. Allein durch diese Glaubens*gemeinschaft* können Grenzen gesprengt werden; die heiligen Frauen und Männer in unserer Mitte rufen uns fortwährend dazu auf.

– Ferner ist ihre Radikalität für mich von großem Wert. Im Prozeß meiner feministischen Bewußtwerdung ist dies zum Grundbegriff geworden: radikal nicht im Sinne eines Extrems, sondern als Verweis auf die Wurzeln meines Daseins.

– Schließlich hat Caterina große intuitive Gaben und ist ihre Affektivität stärker entwickelt als ihre Rationalität. Oder, vielleicht besser ausgedrückt: In ihr herrscht ein großes Gleichgewicht zwischen intuitivem und rationalem Vermögen. Sie argumentierte nicht, sie »schaute«, sie sah den Dingen auf den Grund und war in dieser Hinsicht prophetisch und kreativ.

Außerdem war sie stets in Eile. Hatte sie eine Situation erkannt, reagierte sie mit einer Direktheit, die sie nicht warten ließ: »Ich sage Ihnen: Kommen Sie, kommen Sie, kommen Sie! Und warten Sie die Zeit nicht ab, denn die Zeit wartet nicht auf Sie!« Dies ruft sie Papst Gregorius zu. Gerade heute müßte dieser Aufruf: »Warten Sie die Zeit nicht ab, denn die Zeit wartet nicht auf Sie!« jeden Tag erschallen, um dem konziliaren Prozeß Hände und Füße zu geben.

– Und zu guter Letzt: Caterina als Frau. Obwohl für sie, als Kind ihrer Zeit, das Weibliche schwach und das Männliche stark ist, fühlt sie sich hierdurch weder eingeengt noch behindert, die ihr auferlegten Grenzen wie selbstverständlich zu überschreiten. Sie war eine Frau, die in der Kirche nicht schwieg, eine Frau, die in aller Direktheit und Absolutheit alles, was feige und lau war, verabscheute.

Derartige Charakterzüge finden wir bei vielen großen Frauen, auch heiligen Frauen, wie zum Beispiel Hildegard von Bingen und Teresa von Avila. Die Benachteiligung der Frau wird von ihnen nicht so sehr problematisiert oder thematisiert, sondern eher überstiegen, indem sie sie ignorieren.

Eleanor McLaughlin folgert, daß Caterinas Beziehung zu ihrem traditionellen Frausein dadurch transformiert wurde, daß sie sich von ihrem auf sich selbst gerichteten und begrenzten Ich löste. Somit war die Bedingung geschaffen für die Ganzheit ihrer Person, die zur Heiligkeit wuchs. Dies ist eine riskante These, und um sie beurteilen zu können, müssen wir eigentlich erst das sehr tiefsinnige Kapitel dieser Autorin gelesen haben. Aber im wesentlichen stimme ich zutiefst mit ihr überein.

Anknüpfend bei Caterinas Gabe der Unterscheidung möchte ich enden mit einem Zitat aus dem Brief des Paulus an die Christen in Philippi: »Und um das bete ich, daß eure Liebe immer noch reicher werde an Erkenntnis und allem Verständnis, damit ihr zu prüfen vermögt, was recht und unrecht ist« (1,9–10).

Literatur:

N. G. M. van Doornik, Een vrouw die niet zweeg in de kerk. Caterina van Siena, Nijmegen, Brugge 1980.

Mary G. Giles (Hrsg.), The Feminist Mystic, New York 1982.

Johannes Jörgensen, De heilige Catharina van Siena, Hilversum ²1931.

Jörg Jungmayr, Caterina von Siena, in: Johannes Thiele (Hrsg.), Mein Herz schmilzt wie Eis am Feuer, Stuttgart 1988, 252–286.

Annette Kolb (Hrsg.), Die Briefe der heiligen Caterina von Siena, Berlin 1919.

Jacques Leclercq, Mystieke en Apostel – De heilige Caterina van Siena, Voorhout 1946.

Eleanor McLaughlin, Women, Power and the Pursuit of Holiness, in: Rosemary Ruether & Eleanor McLaughlin, Women of Spirit, New York 1979.

Walter Nigg, Katharina von Siena – Die Lehrerin der Kirche, Freiburg i. Br. 1980.

Ferdinand Strobel, Katharina von Siena. Engagiert aus dem Glauben – Briefe, Zürich / Einsiedeln / Köln 1979.

Rudolph M. Bell, Holy Anorexia, Chicago, London 1986. In diesem hochinteressanten Buch gibt es ein Kapitel über Caterina: I, Catherine, 22–53. Es konnte aber in meinem Essay nicht mehr verarbeitet werden.

Übersetzung aus dem Niederländischen: Andrea Blome

Antonia von Württemberg

ELISABETH MOLTMANN-WENDEL

Der Teinacher Altar

In einem schmalen Schwarzwaldtal zwischen der Kreisstadt Calw und Bad Wildbad liegt ein Frauenkunstwerk versteckt, das einmalig in der Kunst- und Kulturgeschichte ist. Es ist die Lehrtafel der württembergischen Prinzessin Antonia in Bad Teinach. Sie ist der jüdischen Mystik der Kabbala nachgestaltet, trägt hebräische Schriftzeichen und zeigt darüber hinaus ungewöhnliche Gottesbilder, so daß sie wohl nur in dieser abgeschiedenen Weltlage alle Ketzer- und Judenverfolgungen unversehrt überstand[1]. Für das Badestädtchen Teinach, das bis heute mit seinem gerade wiederhergestellten klassizistischen Charme Badegäste anzieht, hatte die Schwester des regierenden Fürsten Herzog Eberhard III. nach dem Dreißigjährigen Krieg ein Altarwerk, das »Lehrtafel« genannt wurde, gestiftet, ersonnen und mit einem Freundeskreis gestaltet. Es sollte die neugebaute Kirche schmücken und die damals vor allem fürstlichen Gäste vom Hofklatsch und den Vergnügungen der Badesaison ablenken und erbauen.

Das große Altarwerk, das keinen Altar ersetzen soll, steht bescheiden an der rechten Wand des Chorraums. Es wird »Turris Antoniä«, genannt in Anspielung auf den Turm des Herodes und als Erneuerung des Völker und Sprachen spaltenden Babylonischen Turmes, der in Teinach nun ein Religionen verbindender Turm sein soll. Er wird auch »Epitaph der Antonia« genannt, denn in der Mauer dahinter ließ sie ihr Herz einmauern, das für dieses Kunstwerk geschlagen hatte.

---

1 Literaturhinweis: ERNST HARNISCHFEGER, Mystik im Barock, Stuttgart 1980.

Abb. I: Kabbalistische Lehrtafel der Prinzessin Antonia in der evangelischen Dreifaltigkeitskirche, Bad Teinach, 1673, Hauptbild: Schau der zehn Abglänze Gottes.

Auf den Außentafeln ziehen spiralförmig 94 meist biblische Frauen um einen imaginären Turm, Stamm oder vielleicht Lebensbaum herum. Der Zug steigt aus einem Tal auf, hebt sich über die Berge, geht auf Wolken und erreicht schließlich das Ziel: den himmlischen Christus, der den Zug empfängt und der ersten Frau eine Krone aufsetzt. Es ist der sogenannte Brautzug der Sulamith, der Geliebten des Hohenliedes, die in der christlichen Deutung zur Braut Christi wurde. Als Sulamith hat sich die Prinzessin selbst dargestellt, im Brokatgewand und roten hermelingefütterten Mantel, der von einer Agraffe mit ihrem Monogramm zusammengehalten und von den nachfolgenden Frauen noch getragen wird. Hinter ihr knien ihre Schwestern, die erste mit einem Anker, dem Symbol der Hoffnung, die zweite mit einem Kreuz, dem Symbol des Glaubens, in den Händen. Eine dritte Frau mit zwei Kindern, eines auf ihrem Arm, eins neben ihr kniend, soll die Liebe (Caritas) darstellen. Mit Hoffnung, Glaube, Liebe will die Fürstin ihren Hofstaat anführen und zu Christus bringen. Dann folgen biblische Frauen, die bis auf wenige Symbolgestalten alle identifizierbar sind, bis hin zur letzten winzigen Gestalt, der Frau Lots, die stehenblieb und zur Salzsäule erstarrte. Aber auch wem die Bibel und ihre Frauen vertraut sind, geht bald der Atem aus. Eva mit kokett drapiertem schulterfreien Gewand, Apfel und Totenkopf mit Schlange in den Händen, Maria in traditionellem roten Kleid und blauem, himmelfarbenen Umhang, Rebekka mit einem barocken Krug auf der Schulter, Sara mit listigem Gesicht und der Tür, hinter der sie lauschte und lachte, sind schnell zu erkennen. Sich an »Tempeldienerinnen«, an Königinnen wie Abi, Hephziba, Abisag oder gar an »Priesterinnen« (besser Angehörige von Priestern) wie Elischeba, Jochebad, Zippora zu erinnern setzt schon fundierte Kenntnisse voraus. Die Tafel zwingt damals wie heute, sich mit biblischen Frauen neu zu befassen. Heldinnen und Berühmtheiten wie Judith, Debora oder die Königin von Saba waren der Prinzessin offensichtlich interessanter als die in dürftiges Schwarz gekleideten Frauen um Jesus wie Johanna und Susanna oder die kaum zu erkennenden Martha und Maria. Einer Journalistin, die gerade das feministische Kunstwerk der Dinnerparty der jüdischen Künstlerin Judy Chicago in Frankfurt gesehen hatte[2], fiel Paralleles auf: Die 999 kunstvollen Erinnerungen auf der dreieckigen Tafel der Dinnerparty, die vergessene Frauen- und Kulturgeschichte demonstrieren soll, und die 94 Frauen auf dem barocken Altar sind zwei rare Dokumente unbekannter Frauenkultur, die normalerweise von dominierender männlicher Kultur aufgesogen wird. Und viele biblische Frauen wie Esther, Debora, Judith, Sara, Zippora, Abigail und andere begegnen hier wie dort.

Die Kirche von Teinach und der Frauenzug sind allgemein zugänglich. Doch wer dem Sinn der Lehrtafel näher kommen will, muß im Pfarrhaus den Schlüssel holen und die äußeren Flügel sich aufschließen lassen. Und dann zeigt sich noch eine ganz andere Dimension: Ein farbenprächtiges, figurenreiches Panorama tut sich auf: ein bekrönter, goldener, säulengetragener Tempel, eine Himmelswelt mit Engeln und Heiligen und im Vordergrund ein mit Mauer und Hecke umgebener botanischer Garten, in dessen Mitte Christus auf einem Felsen steht. Aus dem Felsen fließt Wasser, das den Garten fruchtbar macht, dessen Pflanzen und Bäume so exakt zu bestimmen sind wie die Frauen auf der Außentafel.

Umgeben wird der Mittelpunkt Christus von den zwölf Söhnen Jakobs, den Begründern der zwölf Stämme Israels. An den Tempelsäulen im Hintergrund sitzen die vier großen Propheten, links an der Gartenmauer die kleinen Propheten und parallel dazu an der rechten Seite die zwölf Apostel, und überall biblische Szenen und Symbole im Hintergrund. Bis dahin eine sehr traditionelle Schau der jüdisch-christlichen Tradition (Abb. I).

Anders als der spiralförmige impressionistisch anmutende Zug der Außenseite ist der exakt angelegte Garten mit seinen Quadraten und Rundungen ein Muster strenger Denkkonstruktion, das die Betrachtenden zu Gleichem anmahnt. Doch

---

2 JUDITH CHICAGO, The Dinner Party. A Symbol of our Heritage, New York 1979. – Der Journalistin und Kunstgeschichtlerin Maria Schwelien verdanke ich wichtige Hinweise und Betrachtungsweisen für diesen Aufsatz.

bei genauem Hinsehen müssen sie sich zunächst einmal mit der kleinen, grünbekleideten Betrachterin am Eingang des Gartens identifizieren. Sie steht unter einem Bogen von Wein, hält den Anker der Hoffnung und das Kreuz des Glaubens in der einen Hand und ein flammendes Herz in der andern, neben sich ein kleines Lamm. Sie schaut über den Garten mit seinen männlichen Traditionsträgern hinauf in den Tempel über drei vertikal angeordnete zu drei horizontal angeordneten Frauengestalten, deren mittlere ebenfalls ein brennendes Herz hält. Die grüne Gestalt ist die Prinzessin Antonia. Es ist ihr Erkenntnisweg und ihre Heilsschau, und es sind Frauengestalten, die sie leiten. Über dem Tempel verschlingen sich die Buchstaben A O V: das Christusmonogramm A und O, Anfang und Ende, und ihr eigenes Monogramm Antonia Virgo. Überkrönt wird das Ganze von einer diamantenbesetzten Krone ähnlich der, wie sie der Christus auf den Außenflügeln seiner Sulamith aufsetzen will. Dem äußeren Frauenzug entspricht die geistliche Innenseite, dem heilsgeschichtlichen Weg der Vormütter der Erkenntnisweg der einzelnen. Die Tafel hat bisher zu anthroposophischen, zahlensymbolischen, kabbalistischen und biblizistischen Deutungen angeregt, die alle berechtigt sind. Doch daß der zentrale Standort der Frau ein Schlüssel zur Interpretation ist, ist meines Erachtens noch nie gesehen worden. Die grün gekleidete Frau ist keine Allegorie der Frau Weisheit, wie sie manche zeitgenössischen Darstellungen zeigen. Der Frauenzug der Außenseite mit seinen geschichtlichen Persönlichkeiten zwingt dazu, auch die Innentafel als Heilsschau einer geschichtlichen Persönlichkeit zu sehen.

Doch zunächst müssen wir fragen: Wer ist diese Antonia?

Prinzessin Antonia von Württemberg

In der heutigen Frauenforschung ist sie unbekannt, obwohl sie bereits 1706 zu den »Gelehrten Frauen-Zimmern« gezählt wurde[3]. Sie hat kein schriftliches Werk hinterlassen, und persönli-

3 Elisabeth Gössmann (Hg.), Eröffnetes Cabinet deß Gelehrten Frauenzimmers durch Johann Caspar Eberti, Frankfurt / Leipzig 1706. München 1986, Bd. 3, 24. Vgl. auch Bd. 2, 133. 164.

che Dokumente wie Briefe sind bisher nicht aufgetaucht. In der württembergischen Kirchengeschichte ist sie nur durch die Lehrtafel als Mäzenatin bekannt geworden. Das einzige Bild, das von ihr erhalten ist, ist das der Sulamith im Brautzug: eine kräftige Frau mit breiter schwäbischer Stirn und braunem, gelocktem Haar, keine besondere Schönheit, die Gesichter ihrer Schwestern sind viel feiner gezeichnet, aber würdig und selbstbewußt in ihrer Stabilität. Sie wurde 1613 als Tochter des Herzogs Johann Friedrich geboren und starb 1679. Als sie fünf Jahre alt war, brach der Dreißigjährige Krieg aus. Der Hof mußte eine Zeitlang nach Straßburg fliehen. Das Land wurde von den Kriegswirren schwer mitgenommen. Von 450000 Einwohnern überlebten 100000. Kriegserfahrungen, die Nöte der Frauen und Visionen von einer neuen Kultur und Gesellschaft scheinen sie geprägt zu haben. Einer ihrer Freunde und Berater ist der spätere Hofprediger Valentin Andreae, der 1619 in seinem Buch »Christianopolis« die Utopie einer neuen Gesellschaft von Gleichen entworfen hatte und als Dekan von Calw in den Kriegsjahren christliche Genossenschaften von Färbern und Textilarbeitern zu gründen versuchte, um dem Elend und der Verarmung abzuhelfen.

Mit ihren Schwestern Anna Johanna und Sybille treibt sie historische, mathematische, astronomische und musikalische Studien. Volkserziehung und Kunstpflege liegen ihr am Herzen, und aus ihrer schmalen Schatulle stiftet sie Kunstwerke, die die Menschen anregen und illuminieren sollen. Der Glaube soll wieder lebendig und der Protestantismus bildhaft werden. Ihr Hauptanliegen ist eine Zusammenschau von Wissenschaft, Religion, Natur und Mensch. Pansophie nennt sich dieses Ideal, das weitverbreitet ist und sich gegen die mechanistischen und atomistischen Weltbilder der Vergangenheit entwickelt. Die Welt soll nicht mehr als Maschine, sondern als lebendiger Organismus gesehen werden. Eine spezielle religiöse Orientierung für diese Weltschau findet sich in der jüdischen Mystik der Kabbala. Um deren Schriften zu lesen, lernt Antonia bei zwei schwäbischen Theologen Hebräisch: dem Pfarrer Strölin in Münster bei Canstatt und Schmidlin in Sindelfingen[4], und sie konnte es schließlich »wie ein Mann«. In diesem Arbeitskreis kam der Gedanke auf, eine Lehrtafel zu entwerfen. Sie liegt nicht »wie ein Findling auf dem Boden der Kirchengeschichte des 17. Jahrhunderts« (Häussermann). Sie gehört in den Gedankenkreis gewisser »pansophischer Utopien der mittleren und ausgehenden Renaissance«[5]. Die Welt als ganze sollte in einem System erfaßt werden, aber dazu gehörte es nun, die jüdische Kabbala christozentrisch zu verwandeln.

Wie geschah dies und welchen Beitrag leistete die Lehrtafel und Antonia dazu?

Die jüdische Mystik Kabbala

Die Wurzeln der jüdischen Mystik reichen bis in vorchristliche, ja vielleicht sogar in vorpatriarchale Zeiten zurück. Ihre eigentliche Entfaltung geschah im 13. Jahrhundert in Südfrankreich und Spanien, wo das kabbalistische Hauptwerk »Der Sohar« entstand und sich von da bis nach Osteuropa ausbreitete. Sie erfaßte nicht nur Juden, sondern auch Humanisten und Christen wie Pico della Mirandola und Reuchlin. Sie wurde vor allem von denen aufgegriffen, die die geistige und die materielle Welt, Religion und Wissenschaft, Gott und Mensch wieder in einer Einheit sehen wollten. Gerade auch Frauen wurden von ihrer Weltschau angezogen. Der französische Kabbalist Guillaume Postel (1510–1581) verfaßte 1553 »Les Très Merveilleuses Victoires des Femmes« und widmete es der französischen Herzogin Margarite de Berry[6].

Die englische Naturwissenschaftlerin und Philosophin Anne Conway (1631–1679), die großen Einfluß auf Leibniz hatte, fand Entsprechungen ihrer ganzheitlichen Naturschau in der »Kabbala Denudata« des Knorr von Rosenroth[7]. Im 18. Jahrhundert brachten Frauen in Frankfurt den schwäbischen Theo-

4 Dazu: Friedrich Häussermann, Pictura Docens, Blätter für Württembergische Kirchengeschichte, 1966/67, 65ff.

5 Ebd., 74.

6 Guillaume Postel, Les Très Merveilleuses Victoires des Femmes, Slatkin Reprints Genève 1970.

7 Carolyn Merchant, Der Tod der Natur, München 1987, 244ff.

logen Friedrich Oetinger mit Kabbalisten in Verbindung[8], der dann nach hundert Jahren des Vergessens die Lehrtafel wieder bekannt machte und Antonia als Urheberin hervorhob[9]. Was will die Kabbala? Im Gegensatz zu der streng kirchlich-theologischen Lehre, die die schlechthinnige Transzendenz Gottes und die schlechthinnige Diskontinuität des Verhältnisses von Gott und Mensch vertritt, will die Mystik wie die Kabbala die Gegensätze von Gott und Mensch nicht aufheben, aber in Beziehung setzen. Gott und Schöpfung werden im Zusammenspiel gesehen, ohne allerdings sich pantheistisch in der Natur aufzulösen. Unsere dualistischen Erfahrungen, die Aufspaltungen in Körper und Geist, in Erde und Himmel, in Gott und Mensch, sollen zusammengeschaut und geheilt werden. Eine zentrale Rolle spielt nun in der Kabbala auch die menschliche Urerfahrung der Geschlechterpolarität. »Ein Geistbild, in dem nicht männlich und weiblich vereinigt sind, ist nicht himmlischer Art«, heißt es im Buch Sohar. Und ferner: »An einem Orte, wo sich nicht Männliches und Weibliches vereinigt finden, schlägt der Allerheilige nicht seinen Wohnsitz auf.«[10]

Im Bild des Lebensbaumes, des Sephirotbaumes, dessen Äste das Ganze durchdringen, dessen Sephirot (Urpotenzen) aus Gott, dem En-sof, dem Urgrund, hervorgehen, wird die lebendige Einheit der Welt gesehen. Es gibt zehn Sephirot, die zum Teil einander polar zugeordnet sind. Kether, Hochma und Bina, das sind Wille, Weisheit und Verstand, die drei ersten Sephirot. Aus ihnen folgen die Gegensätze Chessed und Din oder Gedula / Gebura, Gnade und Gericht, die sich im Herzstück des Lebensbaumes, der Sephira Tif'eret oder Rachamin, der Liebe, Schönheit, Barmherzigkeit, die als aktiv und männlich gilt, wiedervereinen. Aus ihr gehen Nezach, Ewigkeit, und Hod, Lob, hervor, die sich in Jessod oder Zaddik, dem »Fundament« oder dem »Gerechten«, wiederbegegnen. Diese neunte Sephira ist als zeugende, phallusähnliche Potenz verstanden, die

8 Ernst Benz, Die christliche Kabbala, Zürich/Stuttgart 1958, 18. 30.

9 Friedrich Christoph Oetinger, Die Lehrtafel der Prinzessin Antonia, 2 Bde, Berlin 1977.

10 Der Sohar, Hg. Ernst Müller o. J., 120.

schließlich die letzte Sephira: die Malchut oder weibliche Schechina, die Seele, Gemeinde, das Weibliche überhaupt hervorbringt. Neben dieser Weiblichkeit ist noch die dritte Sephira Bina mit weiblichen, gebärenden Zügen gedacht. Alle Sephirot sind rezeptiv und aktiv miteinander verbunden. Doch die Kabbala ist letzten Endes als ein von zeugenden männlichen Kräften durchdrungenes Lebensgeflecht zu sehen. Die Wiedervereinigung Gottes und der Schechina ist zwar der Sinn der Erlösung, doch das Weibliche hat kaum eigene Funktion und Kraft. Die jüdische Mystik hat einen männlichen Charakter und »ist sowohl im Historischen wie auch Metaphysischen von Männern für Männer gemacht« (Gershom Scholem)[11]. Dem entspricht, daß das Weibliche in der dritten Sephira demiurgische Züge tragen und als Einfallstor des Bösen gesehen werden kann. Der Sephirotbaum ist auch das Bild des Urmenschen, des Urmannes Adam Kadmon, dessen geistiges, geistliches und physisches Kräftespiel der Baum mit seinem Stamm und den Verzweigungen wiedergibt.

Für Christen, die die Kabbala übernahmen, bezeugte sie »mit ihrer Lehre von der Selbstentfaltung Gottes und der Offenbarung seines heiligen Namens ihren christlichen Verehrern das tiefe Geheimnis der Trinität sowie der Präexistenz des Gottessohnes; sie enthüllte ihnen dessen Rolle als eines Mittlers der Schöpfung, Offenbarung Gottes, Erlösers der gefallenen Menschheit und Wiederhersteller der gestörten Naturordnung« (Otto Betz)[12].

Die grundlegende Einheit der Religionen: Judentum, Christentum und Islam, sollte auf diese Weise aufgezeigt und spitzfindige theologische Streitigkeiten sollten damit überwunden werden. Dabei wurden vor allem die drei ersten Sephirot als Wesenserscheinungen Gottes: Gott als Vater, als Sohn und als Heiliger Geist, wichtig, da sie die Trinität als lebendige Beziehung neu sehen lehrten.

Aus dem Adam Kadmon wurde Christus, der wahre

11 Gershom Scholem, Die jüdische Mystik in ihren Hauptströmungen, Frankfurt 1967, 40.

12 Otto Betz, TRE Bd. 17, 149–155, Kabbala im Christentum.

Abb. II: Christus als Adam Kadmon und Inbegriff der zehn Sephirot.

Mensch. Uninteressiert blieben der Großteil der christlichen Kabbalisten allerdings an der die jüdische Kabbala prägenden Geschlechterfrage. In christlicher, vor allem in protestantischer Theologie scheint die Geschlechterfrage stets christologisch durch den geschlechtsneutralen Auferstehungsleib Christi gelöst zu sein. Die jüdische Kabbala hat die Urerfahrung der Geschlechterpolarität beibehalten, hat sie aber auf männliche Weise gelöst – zuungunsten des weiblichen Teils. Und ihre Gottesvorstellungen blieben Abbilder männlicher Selbsterfahrung.

Auch eine bildliche Darstellung der christlichen Kabbala, die jetzt zum ersten Mal auftaucht, ist ebenfalls von männlicher Symbolik geprägt. Ob Antonia sie gekannt hat, kann ich nicht nachweisen. Es ist aber zu vermuten. Der Reuchlinschüler Adam Widmannstadt hatte in seiner ersten Ausgabe des syrischen Neuen Testaments von 1555 den gekreuzigten Christus als Adam Kadmon darstellen lassen, der zugleich der Inbegriff der zehn Sephirot ist[13] (Bild II). Für die drei ersten Sephirot waren symbolische Darstellungen gewählt wie Krone, Auge. Die vierte, fünfte und sechste Sephira waren dann durch männliche Bilder dargestellt. Aus Tif eret, dem Herzstück und Sonnengeflecht, ist Jakob mit der emporstrebenden Himmelsleiter geworden. Für Jessod-Zaddik, das phallische Symbol, war der Herkules, der die Weltkugel trägt, gewählt. Das Bilderverbot, das die jüdischen Kabbalisten von sämtlichen Darstellungen fernhielt, war hier durchbrochen. Aber die Bilder, die Christen einfielen, um den Adam-Kadmon-Christus widerzuspiegeln, waren natürlich Bilder aus dem Lebens- und Verhaltensbereich von Männern.

Die Kabbala wird feminisiert

Auf diesem Hintergrund ist die Teinacher Tafel eine umgekehrte Welt. Sie ist zunächst christliche Kabbala. Der Christus und die christliche Symbolik stehen farbenprächtig im Mittel-

13 Blätter für Württembergische Kirchengeschichte 66./67. Jg., Stuttgart, 65.

punkt, und die jüdische Tradition ist ebenso bunt und vielfältig integriert. Doch die ersten neun Sephirot sind nun reine Frauendarstellungen (Bild III). Sie tragen meines Erachtens die Handschrift einer Frau und drücken deren Phantasie aus. Kether, Hochma und Bina, die drei ersten Sephirot, die in der christlichen Kabbala zur Trinität wurden, sind die schon anfangs erwähnten Frauengestalten, die horizontal über der betrachtenden Antonia angeordnet sind: eine Trinität in weiblichen Figuren. Sie sind verschiedenfarbig gekleidet und mit unterschiedlichen Attributen versehen: Kether im weißen Kleid, der Farbe der Absolutheit, ein Abbild des – auf dem Kuppelbild darüber – herrschenden Vatergottes, hebt segnend die rechte Hand und hält in der Linken – wie die betrachtende Prinzessin – ein flammendes Herz. Zu ihrer Rechten die Weisheit, »der Sohn«, eine rot/blau gewandete Frau mit Kelch und Krug in den Händen, die oft als Abendmahlssymbole gedeutet werden. Zur Linken Bina, Heiliger Geist, eine Frau im goldenen Gewand mit grünem Tuch – Farben für die durchleuchtete und erneuernde Erkenntnis des Verstandes –, hält in der Rechten eine Schlange, in der Linken einen Spiegel. Während die erste (Gottes-)Gestalt keinerlei Vorbilder aufweist, sind die Muster für »Geist« und »Sohn« aus den traditionellen Darstellungen der sieben Tugenden übernommen und scheinen bei oberflächlicher Betrachtung einfache Tugendbilder zu sein[14]. Die Frau mit Kelch und Krug ist die Temperantia, die Mäßigkeit. Die Frau mit Schlange und Spiegel die Prudentia, die Klugheit. Der erhobene Arm mit der Schlange, dem vorpatriarchalen weiblichen Fruchtbarkeitssymbol, geht zurück auf die kretische Schlangengöttin, die in beiden Händen Schlangen hält. Für die vierte Sephira, die Chessed, Gnade, hat es dann anscheinend kein dem Geist der Lehrtafel adäquates Bild aus dem christlichen Tugendkatalog gegeben. Die farbenprächtige, rotblau gekleidete Frau mit dem goldenen Zweig oder Zepter und dem Füllhorn, aus dem die Erntefülle quillt, erinnert an die Göttin Fortuna und an antike, lebensfrohe Fruchtbarkeitssymbole, ei-

---

14 Zur Typologie des Tugendbaumes (arbor bona) s. Gertrud Schiller, Ikonografie der christlichen Kunst, Bd. 1, Gütersloh 1976, 67.

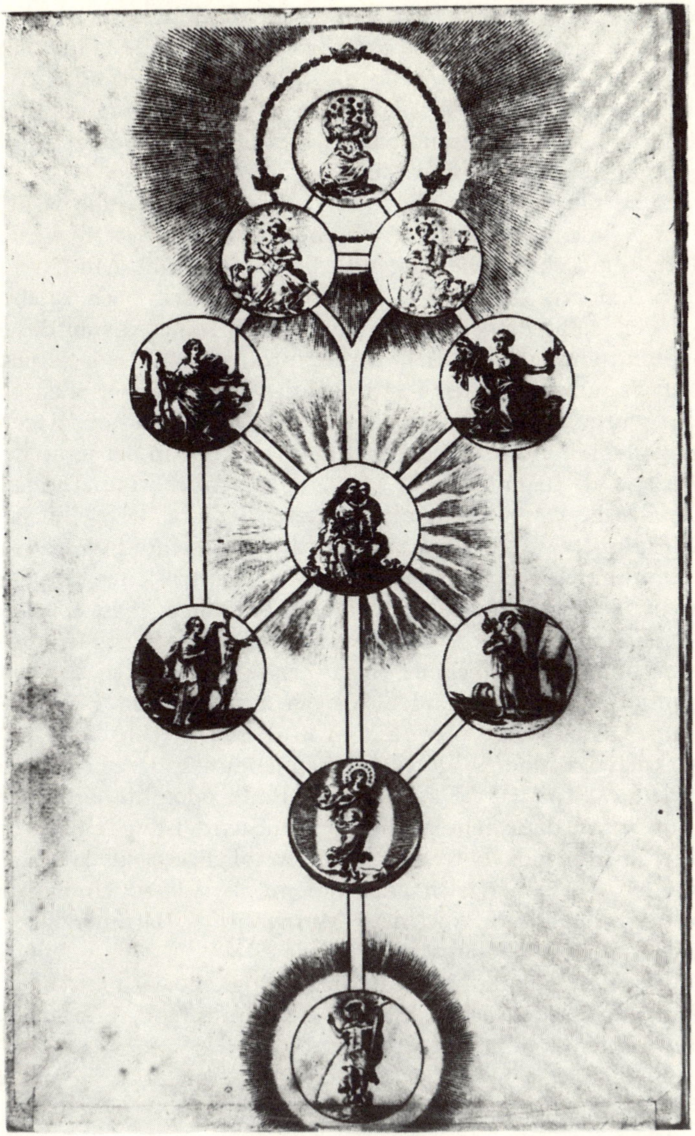

Abb. III: »Kabbalistischer Geheimnisbaum« mit den zehn Sephirot.

ne sehr eindrückliche Darstellung der kosmischen, überfließenden und nicht feudal von oben gewährten Gnade Gottes. Ihr gegenüber Din, das Gericht, die Strenge, ist dagegen wieder aus dem christlichen Repertoire genommen: Die Frau mit Zepter, Richtersymbolen und Säule vereint die Tugenddarstellungen von Justitia und Fortitudo.

Auch die sechste Sephira, das Herzstück der Kabbala, das dem Sonnengeflecht des Menschen entspricht, wird wieder durch eine christliche Tugend, die Caritas: eine Mutter mit zwei Kindern, dargestellt. (So erscheint sie schon als »Liebe« auf den Außenflügeln des Altars!) Doch spätestens an dieser Sephira wird sichtbar, daß der Sephirotbaum in Teinach nicht einfach ein christlicher Tugendbaum ist. Wie schon oben gesagt wurde, gilt diese sechste Sephira, die Tif'eret oder Rachamin (hebräisch Barmherzigkeit oder Uterus), in der jüdischen Vorlage als männlich und aktiv, als männliche Initiativkraft, von der die Vereinigung mit der letzten Sephira, der weiblichen Schechina, ausgeht. In der christlichen Darstellung wurde sie zum himmelstrebenden Jakob mit der Himmelsleiter. Die Teinacher sechste Sephira, die Kindermutter, dagegen ist eine rein weibliche Symbolik, zudem noch von Symbolen von Liebe und Hingabe umgeben: der Gluckhenne, den Tauben, der Pelikanmutter, die ihre Jungen aus der aufgerissenen Brust mit dem eigenen Blut nährt. Sie ist in diesem Lebensbaum nun wirklich ein anderer »göttlicher Knotenpunkt, der alles in sich vereint« (Schaya)[15]. Das »höchste Rad« oder die »göttliche Sonne«, wie diese Sephira auch genannt wird, ist in Teinach aus einer männlichen Potenz zu einer weiblichen Seinsweise geworden. Sie nähert sich wieder dem, als was sie einmal ursprünglich gedacht war: dem Mutterleib = Barmherzigkeit, dem Lebens-Mittelpunkt der Welt.

Die siebte Sephira, Nezach, Sieg, Ewigkeit, wird durch eine Frau mit Friedenspalme, die achte Sephira, Hod, Lob, durch eine Harfenspielerin dargestellt.

Schockierend wird die »Transvestie« dann noch einmal in

---

15 Leo Schaya, zitiert bei Christa Mulack, Die Weiblichkeit Gottes, Stuttgart 1983, 232.

der neunten Sephira, Jessod oder Zaddik, die als »Fundament« verstanden wird. Diese »in oft unverstellt phallischer Symbolik beschriebene Potenz der Zeugung« (Gershom Scholem)[16] wurde in der christlichen Darstellung des Adam Widmannstädter zur Herkules-Manneskraft. Sie ist nun in Teinach eine schwangere Frau, gelb-sonnenfarben gekleidet mit grünem Tuch, einem Strahlenkranz um den Kopf und auf einer Mondsichel stehend. Sie schwebt zwischen Tempel und Garten, halb himmlisch, halb irdisch, erinnert an die Bilder des schwangeren Sonnenweibs aus der Apokalypse und stellt nun wirklich ein neues »Fundament« dar. Nicht die jüdische Phallussymbolik, nicht die christliche Manneskraft, sondern die Fruchtbarkeit der Frau ist das »Fundament« des Teinacher Lebensbaumes.

Die letzte Sephira schließlich, die im jüdischen Lebensbaum die Malchut, die weibliche Schechina oder das Weibliche schlechthin ist, mit der sich die neunte phallische Sephira vereint, ist hier der Christus, das männliche Produkt weiblicher Fruchtbarkeiten.

Der Teinacher Sephirotbaum ist nicht nur mit weiblich dargestellten Tugendbildern bestückt. Er ist auch kein Tugendbaum. Er enthält ein anderes Sexualgerüst. Er sieht die schaffenden und gestaltenden Kräfte Gottes in der Welt als weibliche Fruchtbarkeiten an, aus denen das Heil, der Christus, hervorgeht. Trotz allen Interesses für die ungewöhnliche Kabbaladeutung in Teinach ist auch Kennern bisher diese sexuelle Revolution entgangen, sei es, daß Theologen Scheu vor Sexualbildern haben oder männliche Sexualitätssymbolik gar nicht hinterfragt wurde. Nur Friedrich Christoph Oetinger hat hundert Jahre nach der Entstehung der Lehrtafel schon klar die bewußte weibliche Darstellung hervorgehoben. Von den drei ersten Sephirot schreibt er: »Jeder Abglanz ist als eine Jungfrau gemalt, ohne Zweifel wie man aus dem Auszug aus dem Sohar siehet, weil die ganze Herrlichkeit Gottes als eine Matron in weiblicher Gestalt beschrieben ist.« Und die sieben übrigen Sephirot beschreibt er: »Dies sind die sieben Geister Gottes, jeder im

16 Gershom Scholem, Zur Kabbala und ihrer Symbolik, Frankfurt 1973, 140.

Foeminino, wie denn das Wort Gottes im Hebräischen auch weiblich, sie, Geist lautet.«[17]

Von Anfang an ist stets angezweifelt worden, ob der Turm oder Epitaph der Antonia wirklich ihr zuzuschreiben ist. Schon in seiner Einweihungsrede nannte der Tübinger Professor Raith seinen Schüler Strölin, den Hebräisch-Lehrer Antonias, als geistigen Urheber[18]. 1966/1967 schrieb Friedrich Häussermann herablassend von der »frommen Phantasie einer unvermählt alternden Fürstin«. Zumindest hätte Strölin die Tafel »in Form und Begriff« gebracht[19]. Mir scheint es jedoch nicht denkbar, daß ein Kabbalist und christlicher Theologe ein weibliches Modell für den Teinacher Lebensbaum ersonnen hätte. Erstaunlich wäre darüber hinaus, daß er sich einen rein weiblichen Heilszug ausgedacht oder eine Frau als Subjekt der Heilsbetrachtung eingesetzt hätte. Mögen auch Vorstellungen von der weiblichen Sophia, die in die Geheimnisse der Kabbala einführt, wie sie später 1866–1884 auf dem Deckblatt der »Kabbala Denudata« des Knorr von Rosenroth zu sehen ist[20], bekannt gewesen sein, hier handelt es sich um keine symbolische, sondern um eine konkrete geschichtliche Persönlichkeit. Daß Antonia dabei ohne die Kenntnisse und die vielen Anregungen ihres Arbeitskreises nicht zu denken ist, steht außer Frage. Doch es wäre absurd, die Subjektivität und Phantasie einer Frau einem Mann zuzuschreiben. Für sie war das Fundament und der Zusammenhalt der Welt nicht aus männlicher Potenz oder männlicher Kraft zu verstehen, sondern aus der Fruchtbarkeit der Frau. Teinach ist ein Lobgesang auf die schöpferischen, gebärenden, liebenden Kräfte der Frauen, die allerdings mehr als nur Kinder zur Welt bringen. Teinach ist das religiöse Kunstwerk einer Frau, das in seiner Grundstruktur keine männliche Handschrift trägt.

17 F. Ch. Oetinger, Die Lehrtafel der Prinzessin Antonia, Bd. 1, Berlin 1977, 95.

18 Friedrich Häussermann, Pictura Docens, 65 ff.

19 Ebd., 71.

20 Benz, 18 f.

Das Weiblich-Demigurische, das in der dritten Sephira der jüdischen Kabbala in die Schöpfung einfällt[21], ist in Antonias Frauenbaum nicht mehr erkennbar. Schillernd bleibt dagegen in der linken Seite ihres Baumes die Darstellung der Schlange. Sie ist in der Hand der Bina, des Heiligen Geistes, hoch und triumphierend erhoben. Sie hängt im Bild der ehernen Schlange am Stamm (das Gegenbild zum gekreuzigten Christus), sie trägt zu Füßen des Jakobssohnes Dan eine Krone, die – wie Ernst Harnischfeger meint – »auf ihre zukünftige Wandlung hinweisen könnte«[22]. Auf ihr steht schließlich der Christus, das traditionelle Bild von Herrschaft und Unterwerfung. Kann in solchem kosmischen Gartenparadies der herrscherliche Fußtritt auch als Sieg ohne Tod gedeutet werden? Die Schlange in ihrer schillernden Bedeutung als Lebenskraft oder als das Böse anzunehmen ist das Angebot des Teinacher Baumes, ein Denken, das jeder metaphysischen Festlegung des Bösen, sei es im Weiblichen oder Männlichen, widersteht.

Hat Antonia den Urmenschen Adam Kadmon durch eine Urfrau ersetzt? Christa Mulack hat in einer Untersuchung »Die Weiblichkeit Gottes« aufzuzeigen versucht, daß der kabbalistische Sephirotbaum mit seinen dominierenden männlichen Potenzen ursprünglich der Lebensbaum war, der die große Mutter, die vorpatriarchale Göttin, repräsentierte: »Wir haben allen Grund zu der Annahme, daß der Sephirotbaum ursprünglich der Psychologie des Weiblichen entsprach, da er das Symbol der Göttin darstellt.«[23] Auch wenn diese Untersuchung vor allem religionspsychologisch, weniger religionsgeschichtlich relevant ist, so macht sie doch klar, daß zum Beispiel Hochma und Tif'eret-Rachamin weibliche Vorstellungen sind, die offensichtlich männlich okkupiert wurden. Hat Antonia unbewußt, ohne religionsgeschichtliche Kenntnisse zu haben, diesen

21 Gershom Scholem, Zur Kabbala und ihrer Symbolik, 141.
22 Ernst Harnischfeger, Mystik im Barock, 63.
23 Christa Mulack, Die Weiblichkeit Gottes, Stuttgart 1983, 249.

Lebensbaum der Göttin wieder entdeckt? Sicher hat sie ein Stück menschliche Urgeschichte, Urerfahrung aufgedeckt.

Aber im Unterschied zu Mulack, die im jüdischen Denken »die Ausmerzung weiblicher Elemente« aufweisen und für die Gegenwart das Symbol der großen Mutter erneuern will, ging es Antonia nicht um ein Entweder-Oder, sondern um die heilsgeschichtliche Zusammenschau von Judentum und Christentum in einem kosmischen Christus, der aus den weiblichen Urkräften des jüdisch-christlichen Gottes geboren wird. Nicht der immer wiederkehrende Kreislauf der Natur mit seiner Dominanz der Weiblichkeiti ist ihr Anliegen, sondern eine neue heilsgeschichtliche Christusschau von Welt und Kosmos, die durch die kreativen weiblichen Kräfte nun zum ersten Mal transparent werden sollen.

Ist Antonia die erste Kabbalistin? »Die lange Geschichte der Kabbala kennt keine Kabbalistinnen«, schreibt Gershom Scholem. »Keine Rabia, wie in der frühen Mystik des Islams, keine Mechthild von Magdeburg, keine Juliana von Norwich, auch keine heiligen Thereses sowie all die andern Repräsentantinnen der christlichen Mystik begegnen dem Historiker der Kabbala auf seinen Wegen. So ist ihr der Reichtum weiblicher Wesensäußerungen versagt geblieben, der für die Geschichte der nichtjüdischen Mystik so große Bedeutung erlangt hat...« Allerdings fügt er erleichtert hinzu, daß sie deshalb auch »von der gefährlichen Neigung zu hysterischer Extravaganz verhältnismäßig frei geblieben sei«[24] (!)

Der Kabbala-Kenner Werner F. Bonin meint, daß Antonia und ihre Mitarbeiter glaubten, das Neue Testament erfülle das Alte, das Christentum das Judentum, und so sollte die christliche Kabbala die jüdische vollenden: »Mit der Frau Antonia wird die Kabbala ergänzt zur Vollkommenheit...«[25]

Doch für Antonia und ihren Freundeskreis war dafür der Frauenanteil entscheidend. Das wird vielleicht an den zwei Innenbildern der äußeren Altarflügel deutlich, die bisher als ne-

24 Die jüdische Mystik in ihren Hauptströmungen, 40.

25 Werner F. Bonin, Der Baum – das Bild aller Dinge, Südwestpresse 8. 10. 1973.

bensächlich ansgesehen wurden. Auf dem linken ist es Nacht. Der Mond scheint durch die Zweige eines Baumes, und Josef führt mit einer Laterne Maria und das Jesuskind nach Ägypten. Es ist die linke, dunkle, unerfüllte Seite der Geschichte. Geht das Jesuskind der christlichen Kabbala, wie die Schechina der jüdischen Kabbala, ins Exil? Im Sohar heißt es einmal: Zuzeiten kostet die Schechina von der andern, bitteren Seite, und ihr Antlitz ist dann dunkel. »Nicht zufällig«, so Gershom Scholem, »tritt in diesem Zusammenhang uralte Mondsymbolik wieder hervor. Unter diesem Aspekt gesehen, erscheint dann die Schechina als der ›Baum des Todes‹, vom Baum des Lebens dämonisch abgetrennt.«[26]

Auf dem rechten Innenbild des Altarflügels, der »erfüllten« Seite, ist es heller Tag. Eine Gruppe von sieben Frauen, darunter eine Königin und eine schwarze Frau, beugen sich gespannt über ein Kästchen, in dem das Kind Mose im Schilf liegt. Im Hintergrund eine winzige Gestalt, die zurückbleibt: Mirjam, die Schwester des Mose, die ihn vor den Soldaten des Pharao versteckt hat. Wie die Maria auf der linken Seite, trägt sie ein rotes Kleid und einen blauen Mantel. Maria-Mirjam, die jüdische Mutter, die ihr Kind ins Exil gerettet hat, bleibt zurück. Das Kind, das Heil, die Verheißung wird von den Heiden aufgegriffen. Und es sind die Heidinnen, denen es gelingt. Die versteckte Botschaft von Teinach ist eine Botschaft an die Frauen, das Heil aufzunehmen, weil es ohne sie nicht zu denken ist.

Antonia brauchte die Kabbala, um die heilsgeschichtlichen Zusammenhänge zwischen Judentum und Christentum und zwischen Religion und Natur aufzuzeigen – eine Chance, die ihr die christliche Theologie nicht bot. Aber die Kabbala genügte wiederum nicht, um den Anteil der Frauen dabei darzustellen. Durch das Medium Kunst gelang es ihr, unangreifbar und unwiderlegbar eine weibliche Heilsgeschichte malen zu lassen in einer Eigenständigkeit, wie sie kaum eine andere Gotteslehrerin entwickelt hat. Sie gehört damit in die Geschichte der Gegentradition der Frauen, die, wie zum Beispiel Hildegard von Bingen oder Anna Maria Schürmann, gegen die

26 Zur Kabbala und ihrer Symbolik, 143.

männlichen Bilder eigene Gottesbilder setzten. Antonia lehrt uns, Gottesbilder nicht Männerphantasien von Macht und Potenz zu überlassen, sondern eigenen Bildern Recht und Raum zu geben, um wirklich die Ganzheit Gottes und der Schöpfung sinnenhaft und geistig präsent zu machen.

Aus: ELISABETH MOLTMANN-WENDEL, Wenn Gott und Körper sich begegnen (GTB Siebenstern), Gütersloh 1989 (Gütersloher Verlagshaus)

Elisabeth Cady Stanton (1815–1902) und die Woman's Bible

Marga Bührig

Elisabeth Cady Stanton wäre sicher sehr erstaunt, sich in einem Buch über »Gotteslehrerinnen« vorzufinden, und ob sie als die liberale Bürgerin, die sie war, sich mit Dorothee Sölle verständigen könnte (und diese sich mit ihr), ist ebenfalls fraglich. Aber trotz dieser und mancher anderer Fragezeichen meine ich, daß sie und ihr letztes (und vielleicht liebstes) Werk, die Woman's Bible, sowie das Schicksal dieses Buches durchaus in diesen Rahmen passen.

Wer war diese Frau?

Sie stammte aus dem gehobenen Bürgertum, wurde am 12. November 1815 im Staat New York geboren. Ihr Vater war Anwalt und Richter und wurde im Jahr ihrer Geburt in den Kongreß gewählt, die Mutter stammte aus einer Offiziersfamilie. In ihrer Autobiographie »Eighty years and more«[1], die sie, wie der Titel sagt, in hohem Alter schrieb, bemerkte Elisabeth Cady mit leichter Selbstironie, daß die Aufregungen des Wahlkampfs ihres Vaters, an dem die Mutter leidenschaftlich Anteil nahm, ihr Leben schon vor der Geburt beeinflußt haben könnten und »mir den Wunsch vermittelten, den ich immer empfunden habe, an den Rechten und Pflichten des Regierens Anteil zu haben«[2].

Sie wuchs mit vier Schwestern und einem Bruder auf und

1 Elisabeth Cady Stanton, Eighty Years and More. Reminiscences 1815–1897, Paperback Edition, New York [3]1975.

2 A.a.O., 2.

lebte das übliche Leben einer wohlhabenden Familie mit drei schwarzen Bediensteten. Der einzige Bruder starb, als sie elf Jahre alt war. Er war die Hoffnung des Vaters gewesen, und als Elisabeth mit ihm am Totenbett des Bruders stand, hörte sie den Vater seufzen: »Ach wenn du doch ein Junge wärst.« Auf der Stelle beschloß sie, alles zu tun, um diesen Wunsch zu erfüllen. Sie lernte reiten und nahm Griechischstunden bei einem alten Pfarrer, konnte dann auch in der Mittelschule als einziges Mädchen mit Knaben zusammen weiterhin alte Sprachen lernen, aber trotz allem schaffte sie beides nicht: die volle Anerkennung ihres Vaters zu erlangen, der auch angesichts ihrer ausgezeichneten Leistungen seufzte: »Wie schade, daß du kein Junge bist«, und die Barrieren zu dem College zu überspringen, in das alle ihre Schulkameraden eintraten. Sie mußte eine Mädchenschule besuchen, und von Studium war keine Rede. Nach Abschluß der Schulzeit führte sie das übliche gesellige Leben, heiratete einen zehn Jahre älteren Juristen, Henry B. Stanton, der ihr insofern neue Horizonte erschloß, als er sich voll im Kampf für die Abschaffung der Sklaverei einsetzte. Die Hochzeitsreise im Jahre 1840 führte sie in die Alte Welt, vor allem nach England, wo sie mit ihrem Mann zusammen an einem Welt-Antisklaverei-Kongreß teilnahm, allerdings zu ihrem Entsetzen ohne Stimmrecht. Dort lernte sie die ersten Feministinnen kennen, Frauen, die sich bewußt dagegen wehrten, daß die Männer, die sich für die Menschenrechte der schwarzen Sklaven einsetzten, die fehlenden Rechte ihrer eigenen Frauen nicht bemerkten. Sie schreibt: »Es waren die ersten Frauen, die ich je getroffen hatte, die an die Gleichberechtigung (equality) der Geschlechter und nicht mehr an die populäre orthodoxe Religion glaubten.«[3]

Mit dieser letzten Bemerkung ist ein Lebensthema von Elisabeth Cady Stanton angeschlagen: die Zusammengehörigkeit ihres Kampfes für Rechte und Stellung der Frau (ihr ging es nicht nur um das Stimmrecht, sondern auch um Fragen der Scheidung und die Einstellung zur Sexualität) und der Rolle der Kirche. Ein Leben lang setzte sie sich mit einem engen,

---

3 A.a.O., 83.

dogmatisch gebundenen Christentum auseinander, was zuletzt in der 1895 und 1898 publizierten »Woman's Bible« einen Ausdruck fand.

Frühe religiöse Erlebnisse

In ihrer Autobiographie erzählt E. C. Stanton Erlebnisse aus Kindheit und Jugend, die sie geprägt hatten. Möglicherweise sind sie überzeichnet, da die Autobiographie in derselben Zeit wie die »Woman's Bible« entstand. Trotzdem ist es interessant, dieser Linie nachzugehen, die sie selbst offenbar als entscheidend für ihr Leben empfand. Ihr starkes Streben nach Selbständigkeit und Unabhängigkeit stieß sich bereits in ihrer Kindheit an einer Gesellschaft, in der so viel verboten war. Sie fragte, warum so viele Verhaltensregeln mit »Du darfst nicht ...« anfingen und warum so vieles, das Spaß und Freude machte, verboten war: »Ich habe eine unklare Erinnerung daran, daß ich oft für Dinge bestraft wurde, die man damals ›tantrums‹ (ärgerlichen Unsinn) nannte. Ich vermute aber, daß es sich dabei um eine durchaus legitime Rebellion gegen die Tyrannei von Autoritätspersonen handelte.«[4]

Sie schildert ihre Ängste vor dem Teufel und zeichnet das Bild einer öden, kalten (auch tatsächlich ungeheizten), trostlosen Presbyterianer-Kirche mit stundenlangen Predigten über Prädestination, Rechtfertigung aus dem Glauben und ewige Verdammnis. Während ihrer Jungmädchenzeit geriet sie unter den Einfluß eines Erweckungspredigers, der die menschliche Verlorenheit und Sünde in so starken Farben malte, daß sie vollends in Verzweiflung und Angst geriet. Trotzdem war sie unfähig und wohl auch zu kritisch und ehrlich, um dem Rat des Predigers, zu bereuen und ganz einfach »zu Jesus zu gehen«, zu folgen. Im Rückblick auf diesen Teil ihres Lebens schrieb sie: »Nach der Erfahrung von mehr als 70 Jahren kann ich ehrlich sagen, daß alle Sorgen und Ängste, Prüfungen und Enttäuschungen meines ganzen späteren Lebens leicht waren im Vergleich mit diesen Leiden in meiner Kindheit und Jugend, Lei-

4 A.a.O., 12.

den unter kirchlichen Dogmen, an die ich ehrlich glaubte, und unter der Düsternis, die mit allem, was Religion, Kirche, Pfarrhaus, Friedhof betraf, und dem feierlichen Glockenschlag zusammenhing.«[5]

Befreiung von dieser Bedrückung erlebte sie durch die Begegnung mit jungen Männern (zu denen auch ihr späterer Mann gehörte), die unter dem Einfluß einer liberalen Theologie und Philosophie die Gewissensfreiheit des Individuums betonten, sich sozialen Aufgaben (wie dem Kampf gegen Sklaverei und Alkoholismus) zuwandten und an Entwicklung und Fortschritt glaubten. Die Kirche und die von dieser ausgelegte Bibel blieben für sie, die sich durch ihr ganzes Leben hindurch für die Gleichstellung der Frau einsetzte, das größte, das grundsätzliche Hindernis auf dem Weg zur Befreiung. Sie gehörte zu den Begründerinnen der amerikanischen Bewegung für das Stimmrecht der Frau, und sie schildert in ihrer Autobiographie sehr lebendig, wie sie aus Zorn über die Überlastung als Hausfrau und Mutter (nach einem Umzug in eine wenig komfortable Umgebung, leidend unter dem Mangel an regelmäßiger geistiger Anregung, konfrontiert mit den Nöten armer irischer Nachbarinnen) in einem Gespräch mit ein paar gleichgesinnten Frauen den Plan ausheckte, eine erste Zusammenkunft *(convention)* von Frauen zu organisieren. Diese wurde nur fünf Tage vor dem Termin in der Zeitung angekündigt, fand am 19. und 20. Juli 1848 in Seneca Falls, N. Y., ihrem Wohnort, statt und erarbeitete eine Erklärung für die Rechte der Frau. Unter anderem wurde das Stimmrecht gefordert. Die begeisterten und »angezündeten« Frauen erlebten in der Presse einen wahren Sturm der Entrüstung, und viele zogen ihre Unterschrift unter die Erklärung zurück. Für Elisabeth Cady Stanton aber waren die Würfel endgültig gefallen, Konvention nach Konvention wurde organisiert, auch die regelmäßig nacheinander ankommenden sieben Kinder konnten sie letztlich an ihrem Engagement nicht hindern. Interessant dabei ist, daß sie von Anfang an das Stimmrecht nur als *einen* Punkt in einer langen Liste von Reformwünschen ansah (im Unterschied zu den Ansichten ih-

5 A.a.O., 24.

rer nächsten Freundin und Mitkämpferin Susan B. Anthony). Vor allem im Alter verschärfte sich ihre Ansicht, daß nicht der Mangel des Stimmrechts, sondern die Bibel und die Kirchen das Haupthindernis für die Befreiung der Frauen waren. Ein Ausspruch von ihr aus dem Jahr 1893: »Die stärksten Einflüsse gegen die Emanzipation der Frau können von religiösem Aberglauben hergeleitet werden.«[6] Sie war der Meinung, daß, wenn sie beweisen könnte, daß die Unterordnung der Frauen nicht von Gott verordnet sei, Männer eher geneigt wären, Frauen als Gleichberechtigte zu akzeptieren, und Frauen weniger zögern würden, sich für ihre Rechte zu wehren. Aus dieser Überzeugung, die nicht allzu viele Frauen mit ihr teilten, da die Mehrheit kirchlich gebunden blieb und eine Minderheit alles über Bord warf, sich für Bibel und Kirche überhaupt nicht mehr interessierte, wuchs der Plan zur »Woman's Bible«.

»Woman's Bible«

Der Titel ist irreführend. Es handelt sich nicht um eine »Bibel für Frauen«, sondern um eine Sammlung von Kommentaren zu einzelnen Bibelstellen, die von Frauen handeln. Zu Anfang der achtziger Jahre war eine revidierte Neu-Ausgabe der Bibel erschienen, die aber zu den Fragen, die Elisabeth Cady Stanton interessierten, keine Stellung bezog – sie war ja auch von Männern gemacht worden. Immerhin eröffnete die Tatsache einer Revision und Neu-Interpretation die Möglichkeit zu kritischer Auseinandersetzung mit der Bibel. Innerhalb der Frauenbewegung führte das schon damals dazu, daß die einen behaupteten, die Bibel lehre die Unterordnung der Frau unter den Mann, während die anderen befreiende Elemente erkannten. In der Autobiographie heißt es: »Ich hatte schon lange so widersprüchliche Meinungen über die Bibel gehört – einige sagten, sie lehre die Emanzipation der Frau, andere behaupteten, nein, sondern ihre Unterdrückung –, daß mir der Gedanke kam, es wäre gut, jede biblische Erwähnung von Frauen in einem klei-

6 Aileen S. Kraditor, The Ideas of the Woman Suffrage Movement/ 1890–1920, New York – London 1981, 77.

nen, kompakten Bändchen zusammenzustellen und zu sehen, auf welche Seite die Waage sich neigte. Zu diesem Zweck schlug ich vor, eine Kommission von kompetenten Frauen zusammenzubringen, mit einigen Kennerinnen von Latein, Griechisch und Hebräisch aus England und den USA, um das Alte und das Neue Testament zu revidieren und festzustellen, welchen Status Frauen in der jüdischen und der christlichen Religion wirklich hatten. Da die Kirche bis jetzt die Bibel so ausgelegt hatte, daß sie die Unterwerfung der Frau lehre, und keine der Revisionen durch gelehrte Kleriker neues Licht auf diese Frage geworfen hatte, erschien es mir angebracht und zeitgemäß, daß Frauen selbst dieses Buch revidierten. Da sie ja jetzt (der Text stammt aus dem Jahr 1886, und 1853 war die erste Frau in einer kongregationalistischen Kirche ordiniert worden, MB) mancherorts Theologie studieren können und verlangen, als Predigerinnen, Älteste, Diakoninnen ordiniert zu werden oder als Delegierte zu Synoden und Generalversammlungen zugelassen zu werden, und dann mit biblischer Begründung oft abgelehnt werden, schien es mir, es sei höchste Zeit, diese Schriftbeweise zu untersuchen und diese Autoritäten zu hinterfragen.«[7]

Nicht ohne Mühe gelang es, ein »Revising Committee« von zwanzig Amerikanerinnen und fünf Europäerinnen zusammenzubringen, darunter drei ordinierte Theologinnen. Das Vorgehen war – auch von der heutigen feministischen Theologie her gesehen – interessant. Es begann im kleinen, vertrauten Kreis. Frauen lasen die Bibel diagonal durch und strichen an, was ihnen auffiel. Zu ihrer Erleichterung stellten sie fest, daß gar nicht so viele Stellen in Frage kamen, wie sie gedacht hatten. Das Alte Testament, und darin wieder die ersten Kapitel der Genesis, nahm dabei einen viel größeren Raum ein als das Neue Testament. Das Buch, das in zwei Bänden erschien – 1895 der erste über die fünf Bücher Mose, 1898 der zweite mit recht zufällig gewählten Abschnitten aus dem Buch der Richter, den Königsbüchern, Schriften von »Propheten und Aposteln«, »von Josua bis zur Offenbarung«, wie der Untertitel

7 A.a.O., 390.

sagt –, stellt recht verschiedenartige Kommentare verschiedener Frauen nebeneinander. Sie sind mit Initialen gezeichnet, und diejenigen von E. C. S. stehen jeweils am Anfang. Das entsprach ihrem Selbstbewußtsein und zeigt wohl auch, wie sehr dieses Werk ihr »Kind« war.

Einige Grundgedanken ziehen sich durch alle ihre Kommentare durch:

– Sie glaubt nicht, daß die Bibel als ganze »Gottes Wort« ist. Stehen bleibt für sie die Goldene Regel, das Gebot der Liebe, die Anerkennung einer göttlichen Kraft. Sie spricht am Ende ihrer Einführung in das Werk von »dem Geist alles Guten«, der alles in Bewegung gesetzt hat und durch unveränderliche Gesetze »Land, Meer, Planeten zusammenhält, die Planeten, die um das große Zentrum von Licht und Wärme kreisen, jeder in seiner eigenen Bahn, in Harmonie mit Millionen von Sternen, die alle zusammen das Lob der Schöpfung für immer und immer singen«[8].

Aus dieser Formulierung spricht auch ihre eigene Liebe zum Leben, ihre grundsätzliche Bejahung der Natur, die sich auch darin äußerte, daß sie Sexualität und Mutterschaft als lustvoll erlebte und das auch – im Widerspruch zu der Sitte ihrer Zeit – aussprach.

– Sie lehnt alles Negative, was in der Bibel über die Stellung der Frau und über einzelne Frauen gesagt wurde, konsequent ab und hätte es gerne aus der Bibel gestrichen oder wenigstens abgeändert. So bemerkt sie, daß in 1. Mose 24,67 bei der Revision die Worte »Isaac *nahm* Rebecca« sehr gut hätten ausgelassen werden können und daß es genügt hätte zu sagen: Er brachte sie ins Zelt seiner Mutter, sie wurde seine Frau, und er liebte sie. Sie spricht dabei die Hoffnung aus, daß er es ihr auch gesagt habe, daß er sie liebe, denn damit wäre zum ersten Mal in der Bibel etwas von einer wirklichen Beziehung zwischen Ehegatten gesagt worden.

– Unbefangen urteilt sie über Frauengestalten der Bibel. Sie

8 The Woman's Bible, Elizabeth Cady Stanton and the Revising Committee, hrsg. von Seattle Coalition Task Force on Women and Religion, 1974.

mißt sie an den Vorstellungen ihrer eigenen Zeit. So kann sie mit Sarah, Rebecca und Rahel nichts anfangen, während ihr die Tugenden von Deborah, Hulda und Vashti Eindruck machen. Sie wehrt sich dagegen, daß die biblischen Frauengestalten den Frauen des 19. Jahrhunderts kritiklos als Vorbilder hingestellt wurden.

Von heute her können wir natürlich leicht sagen, daß ihr jegliches Verständnis für die geschichtliche Bedingtheit der biblischen Darstellungen fehlte. Aber andererseits ist es interessant zu sehen, daß ihr einziger – feministischer – Maßstab die Gleichstellung der Frau war, ihre Behandlung als »equal«. Im übrigen lehnte sie, wenn sie sich dagegen wehrte, wahllos die biblischen Frauengestalten zum Vorbild zu machen, genau das ab, was die Kirche ihrer Zeit (und nur ihrer Zeit?) tat, aber sie versuchte nicht, die Bibel und ihre Auslegung voneinander zu trennen. Dieser sehr grundsätzliche Angriff war wohl auch ein Grund ihres Scheiterns.

– Jesus war für E. C. S. ein Mensch, natürlich geboren und als Mensch gestorben. Gerade deswegen schreibt sie über ihn: »Er verdient unsere Liebe und Verehrung, und indem er uns die Möglichkeiten zeigt, die in der menschlichen Natur angelegt sind, ist er eine stetige Inspiration, unsere Hoffnung und Errettung, denn den Weg, so hart er auch war, auf dem *ein* Mann gegangen war, würden auch andere gehen können. Als Gott mit unbegrenzter Macht könnte er kein Beispiel für uns sein. Aber innerhalb menschlicher Begrenzungen können wir seinen Tugenden nachfolgen und in seinen Fußstapfen gehen.«[9]

– Als letztes köstliches Beispiel möchte ich die Auslegung des Gleichnisses von den törichten und den klugen Jungfrauen anführen. E. C. S. lehnte es konsequent ab, es auf das Himmelreich zu beziehen, für sie war es ganz einfach säkular zu verstehen. Die törichten Jungfrauen waren in ihren Augen Frauen, die sich aufgeopfert haben für andere, zum Beispiel für die Karriere ihrer Männer und Söhne, statt zuerst an die Entfaltung ihrer eigenen Gaben zu denken. So seien sie erzogen worden, und sie seien dann diejenigen, die mit ungeputzten und leeren

9 Woman's Bible, a.a.O., II, 116.

Lampen draußen stehen bleiben, während die anderen das »Hochzeitsfest von Wissenschaft und Religion« feiern. Der Text schließt mit den Worten: »Die Türe ist nicht mehr geschlossen.«[10]

Bei allen kritischen Rückfragen, die wir von heute her an diese sehr direkte und naive Auslegung haben, bleibt doch bestehen, daß hier von Frauen – und besonders von *einer* Frau – der Versuch unternommen wurde, aus ihren Erfahrungen und ihrer Sicht von richtigem Frausein her die Bibel zu lesen, diese nicht einfach auf die Seite zu schieben, sondern eine Brücke zu schlagen zwischen dem, was als Essenz der Bibel für sie übrig blieb, und einer Neugestaltung der Stellung der Frau. Eine Motivation zu diesem Unternehmen war die Erfahrung, daß die Bibel immer wieder als Instrument zur Unterdrückung der Frau gebraucht wurde[11].

Das Schicksal der »Woman's Bible«

Als der erste Band 1895 erschien, erhob sich ein Sturm der Entrüstung. Im Vorwort zum zweiten Band nimmt E. C. S. zu einigen Argumenten Stellung. Einem Pfarrer, der schrieb, es könne keine spezielle Frauen-Bibel geben, sonst könne ja auch jemand auf die Idee kommen, eine »Schuster-Bibel« zu schreiben, antwortet sie schlagfertig: »Da die Bibel Frauen als eine besondere, den Männern unterlegene Klasse behandelt, was für die Schuster nicht zutrifft, trifft diese Kritik nicht zu.«[12]

Einem anderen, der behauptet, die Woman's Bible sei das Werk von Frauen und dem Teufel, antwortet sie: »Das ist ein schwerer Irrtum. Seine Satanische Majestät wurde nicht eingeladen, dem Revisions-Komitee beizutreten, das nur aus Frauen besteht. Im übrigen war er in den letzten Jahren so beschäftigt, auf Synoden, Generalversammlungen und Konferenzen zu verhindern, daß Frauen dort als Delegierte anerkannt würden, daß

10 A.a.O., II, 126.

11 Mehr zu dieser Frage in Elisabeth Schüssler Fiorenza, Brot statt Steine, Freiburg/Schweiz 1988, 96ff.

12 A.a.O., II, 7.

ihm keine Zeit blieb, die Sprachen und die ›höhere Kritik‹ zu studieren.«[13]

Freilich gab es auch Anerkennung, aber sie hielt sich in Grenzen. Aileen S. Kraditor schildert sehr interessant, wie eine nächste Generation von Kämpferinnen für Frauenrechte nachgerückt war, die kein Verständnis mehr für Utopien hatte, sondern sehr realpolitisch nur noch das Ziel anstrebte, das Stimmrecht endlich zu erlangen. Sie hielten die grundsätzliche Auseinandersetzung mit der Kirche für gefährlich, um so mehr, als auch die Gegner und Gegnerinnen von Frauenrechten sich auf die Bibel beriefen. So kam es 1896 (bevor der zweite Band erschienen war) auf einer Konvention der »American Woman's Suffrage Association«, deren Ehrenpräsidentin E. C. S. war, zu einer Resolution, in der die Vereinigung sich als »nicht-sektiererisch« bezeichnete und betonte, daß in ihr alle verschiedenen religiösen Schattierungen vertreten seien und daß sie keinerlei Verbindung mit der sogenannten »Woman's Bible« oder irgendeiner theologischen Publikation habe. Obschon Susan B. Anthony, die selbst nicht für die »Woman's Bible« war, sich vehement gegen die Resolution wandte, an die Verdienste von E. C. S. erinnerte und ihr das Recht auf eine eigene Meinung und damit auch auf die private Veröffentlichung dieses Buches zusprach, wurde die Resolution mit 53 gegen 41 Stimmen angenommen. Die Mehrheit schätzte die Macht der Kirche wohl richtig ein. Ob sie aber die tiefergehende theologische und politische Position von E. C. S. richtig einschätzte? Jedenfalls verschwand die »Woman's Bible« aus der öffentlichen Diskussion.

Doch die Geschichte geht weiter

1974 gab eine Gruppe von Frauen in Seattle, die sich »Coalition Task Force on Women and Religion« nannte, das Buch als Paperback neu heraus. Ein Mitglied der Gruppe beschreibt, wie ein Exemplar des längst vergriffenen Buches in ihre Hände kam: aus dem Erbe ihrer Mutter, die es von einer Tante, die es

13 A.a.O., II, 7f.

wiederum von ihrer Mutter erhalten hatte. Von Frauengeneration zu Frauengeneration waren die beiden Bände, die noch dazu von Elisabeth Cady Stanton signiert waren, weitergegeben worden. Die letzte Empfängerin war vom Anliegen des Buches, aber auch vom Humor, der aus manchen Kommentaren sprach, so fasziniert, daß sie es an die obengenannte Gruppe weitergab, deren Ziel es ohnehin war, Schriften, die Frauen in ihrem religiösen Suchen weiterhelfen konnten, zu publizieren. Sie fanden Wege, es durch Frauen redigieren, drucken, verbreiten zu lassen, und es lag ihnen daran, es in einer billigen, für alle Frauen erschwinglichen Form herauszugeben. Eine Motivation dazu war die Erkenntnis, daß sich in der Frage Kirche und Frau in den gut achtzig Jahren seit dem ersten Erscheinen nicht allzuviel geändert habe. In gut feministischer Tradition schrieben einige Mitglieder der »Task Force«, was ihnen das Buch bedeutete, und die Redaktorin, Eleanor D. Bilimoria, wies auf die spezifische Aktualität im Jahre 1974 hin: »Frauen in der Woman's Bible reden von dem furchtbaren Massenmord an Frauen, die als Hexen verbrannt wurden oder die als Frauen von Trinkern oder als Sklavinnen litten. Heute könnten wir den Mord an Frauen als Opfern von Armut, Vergewaltigung, Abtreibungen in Hinterhäusern beifügen. Aber im Jahr 1974 finden wir auch besonders religiöse Gruppierungen, welche die Opposition gegen das ›Equal Rights Amendment‹ (eine Beifügung zur Verfassung der Vereinigten Staaten, die gleiche Rechte für beide Geschlechter verlangt und die von allen Bundesstaaten angenommen werden muß, um Rechtskraft zu erlangen; MB) leiten und finanzieren und Abänderungsvorschläge lancieren, um die Entscheidung des Obersten Gerichtshofs über Abtreibung zunichte zu machen. Die Argumente der Opposition gegen Stanton klingen für uns sehr vertraut: ›Die Forderungen von politischen und bürgerlichen Rechten sind nicht religiös‹, so schreien sie, sie sind ›gefährlich für die Stabilität der Familie, des Staats und der Kirche.‹ Die ›Coalition Task Force on Women and Religion‹, eine Gruppe von Frauen aus verschiedenen Religionen und Denominationen, druckt die Woman's Bible nicht nur wegen ihrer historischen Bedeutung nach, sondern auch als Beitrag zu heutigen Entwicklungen.

Wir laden Euch ein, Euch uns anzuschließen, persönlich oder im Geist, um die Gleichstellung von Frauen in allen Gebieten des religiösen Lebens zu fördern.«[14]

Das Buch kam durch die Empfehlung engagierter Feministinnen in meine Hände. Mich faszinierte zunächst seine Geschichte mehr als sein Inhalt. Das hat sich unterdessen geändert. Erstaunt war ich, daß ich, als ich mich ans Schreiben dieses Artikels machte, entdeckte, daß ich auch heute noch ein Netz von weltweiter Schwesterlichkeit brauchte, um mehr über Hintergrund und Geschichte zu erfahren. Es gelang mir aber, eine der Herausgeberinnen brieflich zu erreichen und zu erfahren, daß die »Coalition on Women and Religion« noch immer existiert, als kleiner Verlag, der auf den Spuren der »Woman's Bible« weiterarbeitet und die Evangelien in nichtsexistischer Sprache herausgegeben hat. Auf meine Frage, wie denn die »Woman's Bibel« aufgenommen worden sei, schrieb sie mir, daß sie viele positive Echos gehört, aber auch eine riesige Kampagne von rechts-extremen Gruppen erlebt hätten, die 5000 Postkarten an ihr Büro schickten und sie warnten, daß sie sowohl mit der »Woman's Bible« als auch mit ihren neueren Veröffentlichungen Blasphemie gegen Gott betrieben. Unwillkürlich fällt mir dazu der oben zitierte Vorwurf gegen E. C. S. ein, daß der Teufel sich an ihrem Werk beteiligt habe. Es hat sich wirklich immer noch nicht Grundlegendes geändert, und selbständig denkende Frauen bleiben verdächtig und erregen Angst.

Doch um den Kreis dieses Stücks Frauengeschichte zu schließen, möchte ich noch den Anfang des Briefes von Jessie Kinnear Kenton, Schatzmeisterin der »Coalition on Women and Religion« als Gruß an Dorothee Sölle zitieren: »Wir freuten uns sehr zu hören, daß Dorothee Sölle nächstes Jahr zu ihrem 60. Geburtstag geehrt werden soll. Viele von uns kennen sie, denn sie war 1984 an der Universität von Washington als Referentin bei uns. Meine Familie hatte die Gelegenheit, sie mit unserem kleinen Flugzeug nach Bangor, Washington, zu brin-

14 A.a.O., VIII.

gen, dem Standplatz der Nuklear-Basis für den Trident Submarine.«

Und sie schreibt weiter: »Wir alle werden älter, und einige unserer Mitglieder sind sehr im Bemühen um Frieden engagiert, andere kümmern sich um die Nöte armer Frauen, andere machen der patriarchalen Kirche die Hölle heiß, und wieder andere versuchen, die Kirche von innen heraus zu verändern. Aber wir sind immer noch eine kleine Gruppe ...«[15]

---

15 An dieser Stelle möchte ich den amerikanischen Schwestern danken, die mir geholfen haben, Material als Hintergrundinformation zu beschaffen: Dr. Mary E. Hunt, WATER, Silver Spring MA, und Prof. Clare Fischer, Berkeley, sowie der »Coalition on Women and Religion«, Seattle, WA. Auch diese Kontakte sind ein Stück lebendiger Frauengeschichte.

Rosa Luxemburg

Wolf-Dieter Narr
Hanne + Klaus Vack

Aus dem verschärften Gefängnis Wronke, den 7. Februar 1917, an Mathilde Jacob, die sie all die Jahre versorgte:

»O Mathilde, wann werde ich mit Ihnen und Mimi (der Katze Rosa Luxemburgs) in Südende sitzen und Euch beiden wieder Goethe vorlesen? Doch, will Ihnen gleich heute ein Gedicht aus dem Kopf vortragen, heut Nacht fiel es mir wieder – weiß Gott, weshalb – ein. Es ist eines von Conrad Ferdinand Meyer, dem lieben Schweizer, der auch den ›Jürg Jenatsch‹ geschrieben hat. Setzen Sie sich nun, nehmen Sie die Mimi auf den Schoß, und machen Sie das liebe andächtige Schafsgesichtlein, das Sie zu machen pflegen, wenn ich Ihnen etwas vorlese. Also Silentium:

Huttens Beichte

Hier schreit' ich über meinem Grabe nun.
Hei Hutten, willst du Beichte tun?
's ist Christenbrauch. Ich schlage mir die Brust.
Wer ist ein Mensch und ist nicht schuldbewußt?
Mich reut mein allzu spät erkanntes Amt,
Mich reut, daß mir zu schwach das Herz geflammt,
Mich reut, daß ich in meine Fehden trat
Mit schärferen Streichen nicht und kühner Tat.
Mich reut, daß ich nur einmal bin gebannt,
Mich reut, daß oft ich Menschenfurcht gekannt.
Mich reut der Tag, der keine Wunde schlug,
Mich reut die Stunde, die nicht Harnisch trug,
Mich reut, ich beicht' es mit zerknirschtem Sinn,
Daß ich nicht dreifach kühn gewesen bin.

Diesen Schluß werden Sie mir aufs Grab setzen ... Haben Sie das ernst genommen, Mathilde? Ei, lachen Sie darüber. Auf meinem Grabe wie in meinem Leben wird es keine großspurigen Phrasen geben. Auf meiner Grabtafel dürfen nur zwei Silben stehen: ›Zwi-zwi‹. Das ist nämlich der Ruf der Kohlmeisen, die ich so gut nachmache, daß sie sofort herlaufen. Und denken Sie, in diesem Zwi-zwi, das sonst ganz klar und dünn wie eine Stecknadel auffunkelte, gibt es seit einigen Tagen einen ganz kleinen Triller, einen winzigen Brustton. Und wissen Sie, Fräulein Jacob, was das bedeutet? Das ist die erste leise Regung des kommenden Frühlings – trotz Schnee und Frost und Einsamkeit glauben wir, die Kohlmeisen und ich, an den kommenden Frühling! Und wenn ich den vor Ungeduld nicht erleben sollte, dann vergessen Sie nicht, daß auf meiner Grabtafel *nichts* stehen darf außer ›Zwi-zwi‹ ... Ich umarme Sie und Mimi in schrecklicher Sehnsucht, Ihre R. L.«

Vor 70 Jahren ist sie ermordet worden. Ihre schon erstarrte Leiche wurde aus dem Landwehrkanal zu Berlin, heute Berlin-West, einige Tage nach dem Mord herausgezogen. Die Täter und ihre Anstifter wurden nie hart zur Rechenschaft gezogen. Später aber, irgendwann während der siebziger Jahre wohl, wurde die Fundstelle am Landwehrkanal markiert. In ihr, in dem vorgängigen Mord, ist die deutsche Geschichte verloren. Die Weimarer Republik war noch nicht einmal geboren, da war sie hier schon (fast) zu Ende gegangen. Das, was sich in diesem Mord politisch verdichtete, hat diese von Anfang an gelähmte Republik nie gehfähig werden lassen. Das Leichentuch der Rosa Luxemburg wurde zum Fahnentuch der nationalsozialistischen »Bewegung«. Lang gestaute, im Krieg nicht ausgelebte, durch die Niederlage selbstverschuldet aufgepeitschte Männerphantasien wurden hier praktisch. Sie konnten sich zum Mord, zu einer ganzen Serie von Morden als dem Vorgründungspolitikum der Weimarer Republik verdichten, weil das verängstigte, obrigkeitsgewohnte Bürgertum lieber den »soldatischen« Mord tolerierte als das revolutionäre »Chaos« riskierte; weil die konzeptionsblinde Sozialdemokratie in ihrer Mehrheit und in ihrer Führung sich vom alten Regime nicht zu emanzipieren vermochte. Angesichts eines solchen Gerinnsels aus Vorurteil, Gewalt und Unvermögen, aus Hunger und Angst mag dahingestellt bleiben, ob »die« Revolution hätte gelingen können und wie diese Revolution ausgesehen hätte. Welche Folgen hätte sie gezeitigt? Rosa Luxemburgs verzweifelte Hoffnung: »Aber sie muß, sie muß«, nämlich die Arbeiterklasse zur Revolution bereit sein, versteht sich angesichts der von ihr gesehenen Alternative: Sozialismus oder Barbarei. Und hatte sie, hat sie unrecht?

Rosa Luxemburg ist heute in »unseren Breiten« (fast) nicht mehr umstritten. Sie wird sogar ab und an erinnert, wie einfühlsam und merkwürdig fern sie rückende Filme zugleich ausweisen. Als Rosa, wie sie alle nannten, wie alle sich ihr vertraulich verbunden fühlten, während der Studentenbewegung wiederentdeckt wurde, wurde sie nicht nur als Namenssymbol gebraucht. Vielmehr wurde auf manches ihrer fundamentaldemokratischen, »spontaneistischen« Konzepte zurückgegriffen, bevor sich die bald einsetzende »Organisationsdebatte« verhärtete und sklerotische Stellvertreterparteien aufkamen, die den »unreifen Massen« vorauszuschreiten behaupteten. Da war Rosa Luxemburg nicht mehr gefragt. Zwar gab es in den frühen Jahren der sozialliberalen Koalition anläßlich des 100. Geburtstags von Rosa Luxemburg (1971) um eine schließlich doch gedruckte Gedenkbriefmarke einigen Streit (am 15. Januar 1974, genau 55 Jahre nach Rosas Ermordung, wird die umstrittene Sondermarke in einer Auflage von 30 Millionen Stück veröffentlicht; sofort schwillt der Chor der Proteste und Beschwerden noch einmal an).

Heute, in Zeiten des abflachenden ideologischen Antikommunismus und einer sachten Rehabilitierung selbst Trotzkis in der Sowjetunion, aber dürfte der Name Rosa Luxemburg im allgemeinen keine Haßgefühle mehr erregen. Sind das Zeichen wirklichen Wandels oder nur Scheinzeichen? Bröckelt und bröselt das immer wieder erneuerte und umgesetzte Fundament des antidemokratischen und zugleich antisozialistischen Vorurteils, oder werden nur andere Symbole und andere Opfer gefunden? Die weithin geteilte Parole, »Deutschland ist kein Einwanderungsland« und das ihr zugrundeliegende Motiv- und Angstbündel läßt Optimismus nicht zu.

Wird aber Rosa Luxemburg erinnert im Sinne des Eingedenkens? Wird ihre Erbschaft re-präsentiert und als Orientierung vergegenwärtigt?

»Man« weiß doch, daß ihre Imperialismus-Analysen hinfällig geworden sind, ja als falsch erwiesen werden können.

»Man« weiß, daß ihr fast gläubiges Setzen auf die Revolution oder doch den Prozeß der Revolutionierung nicht aufgegangen ist. Dieser hoffende Glaube ist gescheitert.

Sie wird hin und wieder geehrt, gewiß. Als jemand, dessen Freiheitsbestimmung ab und an erwähnt wird; aus dem Zusammenhang gerissen zitiert: »Freiheit ist immer Freiheit des Andersdenkenden.« An sie wird gedacht als eine Autorin lustig-trauriger und zart-sensibler Briefe aus dem Gefängnis, wo sie sich um Vögel kümmert und um ihre Katzenperson Mimi; wo sie Pflanzen, Blumen vor allem, bestimmt und ihre botanische Sammlung anreichert. »Nehmen Sie mit, wie ich's immer tue, den kleinen Pflanzenatlas ›Frühlingsblumen‹ von H. Schumacher, Verlag Otto Maier, Ravensburg«, rät sie aus dem Gefängnis am 30. März 1915 Mathilde Jacob.

Wir sind zeitlich über Rosa Luxemburg hinaus. Ganz gewiß. Was hat sich in den 70 Jahren nach ihrer Ermordung alles ereignet! Die Weimarer Republik ging ins Land und zugrunde. Die Nationalsozialisten ergriffen die Macht und wußten sie bis zum Genozid, bis zum Weltkrieg und Holocaust zu benutzen. Die Nachkriegszeit und alle Nachdenklichkeiten wurden vom »Wirtschaftswunder« verstopft und vom Antikommunismus abgeblockt – nato-versichert. Die kapitalistische Ökonomie produzierte manchen schwarzen Freitag – nicht allein die Weltwirtschaftskrise von 1929 – und schuf immense Kosten. Aber sie brachte zugleich ganz gegen Rosa Luxemburgs Voraussagen einen Wachstumsschub nach dem anderen zuwege. Sie wurde nun vollends global, als Weltmarkt etabliert und als konkurrenzdurchsetzte, militaristisch durchwachsene Weltmacht universal. Dafür sorgten vor allem noch mehr als zuvor

Wissenschaft und Technologie, die qualitativen Sprünge auch in den gesellschaftlichen Folgen zeitigend. Kurzum: Die »Welt« ist anders, wenn auch die starken Kontinuitäten zur Zeit vor 70 Jahren nicht zu unterschätzen sind. Aber Rosa Luxemburg hat vor allem in noch früheren Zeiten gelebt. Vor dem massenmordenden und Geschichte verändernden Ersten Weltkrieg. Zu Zeiten, als es angeblich ein etabliertes Bürgertum gegeben hat mit festen Orientierungsmustern, als aber auch ein jedenfalls revolutionsmündiger Sozialismus und seine Parteien noch verheißungsvoll mobilisierten und die Klassenverhältnisse an Übersichtlichkeit nichts zu wünschen übrigließen.

Hat uns also Rosa Luxemburg nichts mehr zu sagen außer als Zeitzeugin ferner Geschichte? Können wir sie als Zeitgenossin nicht mehr um Rat fragen?

Gewiß scheint, daß sie der Frauenbewegung heute nichts mitzuteilen hat. Sie war alles andere als eine Feministin im heutigen Sinn des Wortes (auch wenn man einräumt, daß es »den« Feminismus nicht gibt, sondern zahlreiche, zum Teil sehr unterschiedlich ansetzende und orientierende Feminismen). Rosa Luxemburg hat sich selbst um die Frauenbewegung ihrer Tage fast nicht gekümmert. Nur wenige Aufsätze weisen darauf hin, daß sie sich überhaupt mit dem Thema beschäftigt hat, wie ein 1912 erschienener Artikel »Frauenwahlrecht und Klassenkampf« oder ein 1914 publizierter, »Die Proletarierin«. Wichtiger noch sind ihre zahlreichen Briefe an ihre enge Freundin Clara Zetkin, der sie in ihrem letzten Brief vom 11. Januar 1919 geschrieben hat: »Und schließlich muß man die Geschichte so nehmen, wie sie laufen will.« Rosa Luxemburg hatte wenige Wochen zuvor Clara Zetkin noch dazu aufgefordert, die Wochenbeilage der »Roten Fahne« »als Frauenzeitung zu machen«.

Ein oberflächlich kursorischer Blick lehrt insgesamt, daß Rosa Luxemburg die Frauenfrage strikt der proletarischen Revolution unterordnete. Die bürgerliche Frauenbewegung kritisierte sie gelegentlich sogar hart, wie von oben herab (oder unten herauf). Und doch ist diese Weise, Rosa Luxemburg zu betrachten, kurzsichtig (Christel Neusüß hat in ihrem Buch darauf aufmerksam gemacht). Rosa Luxemburg hat Erfahrungen gemacht und formuliert, mit denen sich jede feministische Politik heute um ihrer selbst willen kritisch auseinandersetzen müßte. Rosa Luxemburg hat Radikalität gedacht und gelebt, an der sich jede auf Emanzipation von Herrschaft angelegte Bewegung, jede einzelne und jeder einzelne messen müssen, auch und gerade dann, wenn sie ihr nicht folgen können. Einige solcher Erfahrungen sollen angedeutet werden:

1. Zunächst und zuerst: Rosa Luxemburg lebte als »politisches Wesen« *(zoon politikon)*. Von ihr könnte der beste feministische Politikbegriff abgelesen sein. Sie war unentwegt in der »großen« Politik aktiv, aber sie vergaß die Schlüsselblumen nicht. Sie achtete die überaus zarten Anemonen, ihre Lieblingsblume. Sie betrieb Politik in der ersten Person und war doch ganz Sozialistin. Denn sie wußte, zur ersten Person können viele, können alle nur werden, wenn die gesellschaftlichen Verhältnisse diese Personwerdung erlauben. Wladimir Korolenko, dessen »Geschichte meines Zeitgenossen« Rosa Luxemburg übersetzt hatte und einleitete, referiert sie: »In einer anderen Erzählung, die ›Ein Paradox‹ betitelt ist, legt er einem ohne Arme geborenen Krüppel die Worte in den Mund: ›Der Mensch ist für das Glück geschaffen wie der Vogel zum Fliegen.‹ Im Munde der elenden Mißgeburt ist eine solche Maxime ein offensichtliches ›Paradox‹. Für Tausende und Millionen von Menschen sind es aber nicht zufällige körperliche Gebrechen, sondern soziale Verhältnisse, die den menschlichen ›Beruf zum Glück‹ ebenso paradoxal erscheinen lassen.« Rosa Luxemburg fährt fort: »Die Bemerkung Korolenkos enthält in der Tat ein wichtiges Stück sozialer Hygiene: Glück macht den Menschen geistig gesund und rein, wie Sonnenlicht über einem offenen See am wirksamsten das Wasser desinfiziert. Damit ist aber gesagt, daß in abnormen sozialen Verhältnissen – und abnorm sind im Grunde genommen alle auf sozialer Ungleichheit basierenden Verhältnisse – die verschiedenartigsten Seelenverkrüppelungen Massenerscheinungen werden müssen. Unterdrückung, Willkür, Unrecht, Armut, Abhängigkeit und eine zur einseitigen Spezialisierung führende Arbeitsteilung als ständige Einrichtungen modeln die Menschen geistig in bestimm-

ter Weise, und zwar auf beiden Polen: der Unterdrücker wie der Unterdrückte, der Tyrann wie der Kriecher, der Protz wie der Schmarotzer, der rücksichtslose Streber wie der indolente Bärenhäuter, der Pedant wie der Hanswurst sind gleichermaßen Produkte wie Opfer ihrer Verhältnisse.«

Frederik Hetmann hat seiner trefflichen Textauswahl (Frankfurt 1980) mit gutem Grund Marx' Formulierung von 1843 als Motto vorangesetzt: »Alle Emanzipation ist Zurückführung der menschlichen Welt, der Verhältnisse auf den Menschen.« Solche Rückführung leistet Rosa Luxemburg in jedem von ihr geschriebenen Text, in jeder ihrer Handlungen, von der wir heute wissen. Deswegen wendet sie sich gegen schlechte Abstraktionen wie in einem aufrüttelnden Artikel in der Leipziger Volkszeitung vom 4. Mai 1899, »Nur ein Menschenleben«. Hier geißelt sie am Beispiel des Handelsmanns Wilhelm Histermann, der zuerst seine Töchter und seine Frau tötete und dann sich selbst erhängte, das »unmenschliche, taube, blinde Ungeheuer – die bürgerliche Gesellschaft«, die hier in diesem Mord zur Wahrheit gekommen, von der »Fiktion zur Realität« geworden sei. Selbst noch Rosa Luxemburgs ökonomische Schriften, die sich zum Teil auf einem erheblichen, dem Gegenstand angemessenen Abstraktionsniveau bewegen, lassen diese Orientierung am Menschen in seiner konkreten Jämmerlichkeit und seiner ihm versagten Glückschance erkennen. Sie sind außerdem in einer Sprache geschrieben, die stilistisch Humanität atmet. Das Deutsch einer polnischen Jüdin, die deswegen auch von den sozialdemokratischen Männern durchaus diskriminiert worden ist – es war doch etwas zu viel auf einmal: Polin, Jüdin, Frau, Theoretikerin und revolutionäre Sozialistin –, dieses Deutsch gehört mit zu dem besten, was je in deutscher Sprache zu politischem Zwecke geschrieben worden ist. Wenn die bürokratischen Ungeheuerlichkeiten des »realen Sozialismus«, der sich gerade in seinem Beiwort als irrealer erwiesen hat, den demokratisch radikalen Sozialismus und die sozialistisch-radikale Demokratie hätten widerlegen können – Rosa Luxemburg ist in Leben und Werk, in Tat und Leben, sie ist in jeder Faser, in jedem Haar, in jedem Wort ein persönlich-politisches Versprechen eben einer sozialistisch-demokratischen Gesellschaft. Eine Utopie, die Person geworden ist. Auch in ihren Widersprüchen übrigens, in ihren Irrtümern.

2. Rosa Luxemburgs radikaldemokratischer Ansatz, ihr Pochen auf die allen geltenden (politischen) Freiheitsrechte ist eng verbunden mit ihrem »Urvertrauen« zu den Menschen, den Unterdrückten, den »Massen«. In ihrer Fragment gebliebenen Schrift »Zur russischen Revolution« von 1918 und ihrer Kritik an der Politik der Bolschewiki aus Sympathie für deren Revolution ist die radikale Demokratin zu erkennen, als die sie bis zu ihrer Ermordung agitiert hat. Dort kritisiert sie Trotzkis und Lenins Verzicht auf demokratische Institutionen. »Gewiß«, so räumt sie ein, »jede demokratische Institution« (hier sind vor allem gewählte Vertretungskörperschaften gemeint) »hat ihre Schranken und Mängel, was sie wohl mit sämtlichen menschlichen Institutionen teilt. Nur das Heilmittel, das Trotzki und Lenin gefunden: die Beseitigung der Demokratie überhaupt, ist noch schlimmer als das Übel, dem es steuern soll: es verschüttet nämlich den lebendigen Quell selbst, aus dem heraus alle geborenen Unzulänglichkeiten der sozialen Institutionen allein korrigiert werden können: das aktive, ungehemmte, energische politische Leben der breitesten Volksmassen.« Deswegen ist unter anderem auch die »ungehemmte« Pressefreiheit vonnöten, da ohne sie »gerade die Herrschaft breitester Volksmassen undenkbar« sei. Wie anders solle politische Schulung der Massen im andauernden Experiment möglich sein – es sei denn, Revolution würde als Vorgang mißverstanden, der einem fertigen Rezept folge. In diesem Zusammenhang findet sich dann auch eine »Bemerkung am linken Rand« des Manuskripts, die die vielzitierte Freiheitsbestimmung enthält: »Freiheit nur für die Anhänger der Regierung, nur für die Mitglieder einer Partei – mögen sie noch so zahlreich sein – ist keine Freiheit. Freiheit ist immer Freiheit der Andersdenkenden. Nicht wegen des Fanatismus der ›Gerechtigkeit‹, sondern weil all das Belebende, Heilsame und Reinigende der politischen Freiheit an diesem Wesen hängt und seine Wirkung versagt, wenn die ›Freiheit‹ zum Privilegium wird.«

Das macht die dauernde Stärke dieser Rosa Luxemburg aus:

daß sie – mit einem heute gängigen Ausdruck bezeichnet – auf das »Prinzip Leben« setzte. Aber nicht ein »Prinzip Leben«, wie dies heute vorgegaukelt und mißverstanden wird, das eine wie immer geartete, als Subjekt verkannte Natur und das abstrakte »Überleben der Gattung« propagieren läßt. Auf ein solches »Prinzip Leben« ließen sich alle möglichen Regressionen und Restriktionen, wenn nicht Repressionen gründen. Rosa Luxemburg baut dagegen auf die sozialen, die nach Gleichheit und Demokratie, nach gleicher Beteiligung gerichteten Bedürfnisse der Menschen. Wenn ihnen nur die sozialen Chancen dafür gegeben würden, wenn sie nur die dafür nötigen Institutionen benutzen könnten.

Um solcher verschütteten politisch-humanen Kreativität des Menschen willen ist sie Sozialistin. Denn dieser Sozialismus soll, ja muß, wenn anders er nicht pervertiert werden soll, die Bedingungen der dafür nötigen Freiheit schaffen (und der Gleichheit, versteht sich, damit die Freiheit auch genutzt werden könne).

Es ist ein altes Spiel. Der Vorwurf ist längst runzelig geworden. Rosa Luxemburg sei zu »naiv« gewesen. Sie habe, wie auch ihre Einlassungen zur Massenstreikdebatte belegten, den nie im einzelnen untersuchten Massen viel zuviel zugetraut. »Die Logik kollektiven Handelns« folge anderen Regeln. Diese Kritik sieht triftig aus, und doch verfehlt sie den Kernpunkt. Sie ist kritisch dahingehend zu befragen, ob sie nicht, wenn sie von der doch bekannten »Logik kollektiven Handelns« spreche, nur das »abziehe«, was gegenwärtig als Herrschaftsergebnis beobachtet werden könne.

Solche »moderne« Theorie also als Abzugsmodell herrschend besetzter Empirie. Rosa Luxemburg dagegen wußte um die kapitalistische Verherrschaftlichung und Entfremdung bis in die Seelenfalten hinein. Gerade deswegen hat sie auf Freiheit *und* Gleichheit gesetzt, weil sie auf einen revolutionären Lernprozeß vertraute. Sie hat bestehende Herrschaft also durchaus ernst genommen und hat gerade deshalb auf vorherrschaftliche, von bestehender Herrschaft unterdrückte Bedürfnisse und Möglichkeiten »zurückgegriffen«. Wo ihr nicht mehr gefolgt werden kann, das sind die zeittypischen evolutionistischen Annahmen, die allen Spontaneitäten zum Trotz gesetzliche Abläufe unterstellen ließen.

Gleichviel, nicht im einzelnen ist von Rosa Luxemburg zu lernen, wohl aber von ihren tieferen Wahrheiten. Diese werden gerade dann wichtig, wenn gezeigt werden kann, daß heute soziale Bewegungen aller Art, auch gute Teile der Frauenbewegung, zu sehr auf Positionsgewinn und zu wenig auf neue Politisierungsprozesse und ihre nötigen Formen setzen. Die in Ländern wie der Bundesrepublik bestehenden liberal-demokratischen Institutionen verführen leicht zu der Annahme, es gelte »nur«, diese angemessen zu erobern, und dann könne eine andere Politik initiiert werden. Sobald aber Rosa Luxemburgs Radikalität zeitgemäß fortgetrieben wird, werden die heutigen Täuschungen, jedenfalls die naheliegenden Gefahren, sich zu täuschen, in ihrem erheblichen Profil kenntlich. Die viel stärker institutionelle denn personelle Kooptation verlockt fast überall. Wenn aber nicht erneuernd gefragt wird, durch welche sozialen Umstände Menschen heute daran gehindert werden, zu selbstbewußten und handlungsfähigen Personen zu werden, der Quintessenz doch jedes kritischen feministischen Politikbegriffs, dann werden möglicherweise die nötigen institutionellen Konsequenzen versäumt. Dann wird zuvor zuwenig dafür getan, daß die »Massen« der Frauen und Männer entsprechend politisiert werden.

3. Rosa Luxemburg hat die »Frauenfrage« zu sehr der proletarischen untergeordnet. Mutmaßlich richtiger formuliert: Sie hat die Frauenfrage zu sehr in der proletarischen aufgehoben, da sie der marxistisch-sozialistischen Annahme folgte, die proletarische Revolution bedeute die Emanzipation aller. In diesem Sinne wurde die Ungleichzeitigkeit der Herrschaft zuwenig beachtet, daß sich mit der staatlich-kapitalistischen Herrschaft ältere Herrschaftsformen patriarchaler Art verknüpften, veränderten und verstärkten.

Wenn diese Verkürzung nicht verkannt wird, läßt sich aber erneut bei Rosa Luxemburg in die Schule gehen. Denn ebensogroß wie die Verkürzungsgefahr droht die Gefahr der Isolierung. Den angemessenen Kontext gilt es zu bedenken. Entsprechend anspruchsvoll werden wiederum die Anforderungen an den Prozeß der Revolutionierung.

4. Die wichtigste Lektion, die Rosa Luxemburg in ihrer radikaldemokratisch-sozialistischen Schule zu erteilen vermag, besteht vielleicht darin, ein Bewußtsein über den engen und unauflösbaren Zusammenhang von Form und Inhalt auszubilden. Wieweit lassen sich bestehende Formen benutzen, neue Ziele (Inhalte) damit zu verfolgen? Wieweit kann die Beteiligung in Parteien und Parlamenten heute Erfolge bringen? Oder wäre es nicht angezeigt, auf rasche positionell-rechtliche Erfolge in manchen Bereichen zu verzichten und eher die außerparlamentarische Mobilisierung zu versuchen? Rechtliche Veränderungen und Konsequenzen sind angesichts mangelnder Gleichheit unabdingbar? Wieweit darf aber dem (herrschaftsgesetzten und herrschaftswirksamen) Instrument des Rechts als eigenem Handlungsbezug vertraut werden?

Die Formfrage ist ein durchgehendes Thema Rosa Luxemburgs, ohne daß sie ihrerseits in der Regel förmlich aufgegriffen würde. Anders verstünde sich nicht ihr Mißtrauen gegenüber der Parteiorganisation (nicht der Organisation als solcher) zugunsten der nicht vorweg kanalisierten »Spontaneität der Massen«. Anders wären ihre oben zitierten Einlassungen zu den demokratischen Institutionen und den Freiheitsrechten nicht zu begreifen. Rosa Luxemburg erörtert die Form-Inhalt-Beziehung aber nicht abstrakt. Sie mißt vielmehr die jeweiligen Arten des Organisierens und die gewählten Prozeduren an der herrschaftlich verkürzten Spontaneität der Personen, aller Personen oder, wie sie es ohne negative Lautung ausdrückt: der Massen (aber eben der Massen als solidarisch verbundene, kreative Personen).

So ist die frühe Auseinandersetzung mit Lenin in den »Organisationsfragen der russischen Sozialdemokratie« von 1904 zu verstehen. Eine Illustration mag genügen. Lenin behauptet zu Rosa Luxemburgs Überraschung, in Rußland seien die Voraussetzungen einer zentralisierten Arbeiterpartei schon gegeben (R. L. führt zuvor viele Faktoren auf, warum dies noch nicht der Fall sei). Rosa Luxemburg weiter: »Und er (nämlich Lenin) verrät wiederum eine viel zu mechanische Auffassung von der sozialdemokratischen Organisation, wenn er optimistisch ausruft, daß jetzt schon ›nicht dem Proletariat, sondern manchen Akademikern in der russischen Sozialdemokratie die Selbsterziehung im Sinne der Organisation und der Disziplin not tue‹, wenn er die erzieherische Bedeutung der Fabrik für das Proletariat rühmt, die es von Hause aus für ›Disziplin und Organisation‹ reif mache. Die ›Disziplin‹, die Lenin meint«, so notiert sie weiter, »wird dem Proletariat keineswegs bloß durch die Fabrik, sondern auch durch die Kaserne, auch durch den modernen Bürokratismus, kurz durch den gesamten Mechanismus des zentralisierten bürokratischen Staates eingeprägt. Doch es ist nichts als eine mißbräuchliche Anwendung des Schlagwortes«, so folgert Rosa Luxemburg, »wenn man gleichmäßig als ›Disziplin‹ zwei so entgegengesetzte Begriffe bezeichnet, wie die Willens- und Gedankenlosigkeit einer vielbeinigen und vielarmigen Fleischmasse, die mit dem Taktstock mechanische Bewegungen ausführt, und die freiwillige Koordination von bewußten politischen Handlungen einer gesellschaftlichen Schicht; wie den Kadavergehorsam einer beherrschten Klasse und die organisierte Rebellion einer um Befreiung ringenden Klasse.« Darum gilt: »Nicht durch die Anknüpfung an die ihm durch den kapitalistischen Staat eingeprägte Disziplin – mit der bloßen Übertragung des Taktstocks aus der Hand der Bourgeoisie in die eines sozialdemokratischen Zentralkomitees –, sondern durch die Durchbrechung, Entwurzelung dieses sklavischen Disziplingeistes kann der Proletarier erst für die neue Disziplin – die freiwillige Selbstdisziplin – der Sozialdemokratie erzogen werden.«

Aus einem verwandten Grund wendet sich Rosa Luxemburg 1918 auch gegen einen Oktroy des Sozialismus, als könne eine sozialistische Gesellschaft gegen die Mehrheit derselben von oben gewaltsam und nach Plan erzwungen werden. Diese Äußerungen muten nicht allein endlich wieder zeitgemäß an angesichts von Perestroika und Glasnost, die eben um der von Rosa Luxemburg kritisierten Entwicklung (und Verwechslung) willen notwendig geworden sind – nach blutströmenden unermeßlichen Kosten mit durchaus fragwürdigem Erfolg. Diese

Einsichten sind, unabhängig vom konkreten Beispiel, erstaunlich aktuell; sie gelten allgemein. Nicht äußerliche Erfolge oder oberflächlich beobachtete Verhaltensweisen zählen. Es kommt darauf an, wie Erfolge errungen worden sind und welche inneren Motive Verhaltensweisen offenbaren (oder dem ersten Blick zunächst verbergen). Die Entstehungsbedingungen und die Instrumente des Erfolgs besitzen eine ihn ausschlaggebend qualifizierende Bedeutung. Solche Vorsichtsregeln des (politischen) Handelns zu befolgen besagt nicht, daß – um heutige Beispiele »mitten aus dem politischen Alltag« herauszugreifen – es nicht zulässig, ja notwendig sei, auf positionelle Quotierungen und ähnliches zu drängen, um endlich mehr Gleichheit zwischen Frauen und Männern herzustellen. Nur, die Grenzen solcher Quotierungen, auch gerade wenn sie erreicht werden, dürfen nicht eine Sekunde lang übersehen werden. Sie ändern noch nicht die Qualität der Politik selbst; sie ändern noch nicht die Institutionen und Verfahren; sie gewährleisten an sich selber noch nicht im mindesten, daß ein feministischer Politikbegriff, ein human zuträglicher sozialistischer Politikbegriff, stärker praktiziert werde. Ob es sich nun um die Organisation und Politik der sozialdemokratischen Partei handelt oder um die Universität und ihre Lehr-, Lern- und Forschungsformen und Inhalte. Darum dürften Quotierungen, solange ein feministischer Politikbegriff gilt, nicht isoliert verlangt und nicht ohne sofortige Konsequenzen für eine radikale demokratische Politikform realisiert werden.

5. Kein Wort Rosa Luxemburgs, keine ihrer Handlungen könnten verstanden werden ohne die sozialistische Utopie. Diese sozialistische Utopie darf nicht mit den frühneuzeitlichen Utopien oder den Plänen französischer Revolutionäre verwechselt werden. Sie wurde nicht als »ausgeklügelt Buch«, als fertiger Plan perfekter Gesellschaft konzipiert, so daß alle Verwirklichung, wenn sie denn einmal anstünde, terroristisch ausfallen müßte. »Die Tugend muß durch den Schrecken herrschen«, läßt Büchner Robespierre historisch getreu verkünden. Und diese »Tugend« bestand aus einem vorweg festgelegten, dem äußeren Meter entsprechenden Maßstab.

Dafür ist Rosa Luxemburg zu gute Demokratin. Der Prozeß ist wichtig, die kreative Spontaneität der Massen. Sie aber kann nur in der »Sonne der Freiheit« gedeihen. Nur in ihr werden Irrtümer und Fehler korrigierbar sein und wird gelernt werden können. Dann aber kommt es auf das Große und das Kleine gleichermaßen an, auf »kleinere Bildchen«, da Spatzen zwitschern und Menschen freundlich miteinander verkehren, »Bildchen aus dem Leben«, »mit Farbe, Duft und Ton«.

Rosa Luxemburgs Utopie steckt also mehr in der Annahme über Menschen und das, was ihnen zukommt, und der Natur rund um sie. Sie steckt in dem Wissen, daß radikale Gleichheit und Freiheit die Chancen einer solidarischen Gesellschaft ohne Krieg zu schaffen vermögen. Darum die radikale Kritik an Staat und Kapital, an einer Dynamik der Gesellschaft, die auf die Produktion von Ungleichheit, Ausbeutung, Konkurrenz und Aggression »programmiert« ist. Solch wissender und mutiger Glaube machte es möglich, daß sie die »rücksichtsloseste revolutionäre Tatkraft und die weitherzigste Menschlichkeit« als »wahren Odem des Sozialismus« bezeichnen konnte. Solchen suchte sie selbst zu atmen. Der Artikel in der »Roten Fahne« vom 18. November 1918 schließt: »Eine Welt muß umgestürzt werden, aber jede Träne, die geflossen ist, obwohl sie abgewischt werden konnte, ist eine Anklage, und ein zu wichtigem Tun eilender Mensch, der aus roher Unachtsamkeit einen armen Wurm zertritt, begeht ein Verbrechen.«

Also nicht allein das fertige Zukunftskonzept zählt. Wer vermöchte ein solches anders als abstrakt zu entwickeln. Zwar: Die Perspektive muß klar sein. Aber: Die Kriterien der Kritik müssen von einer solchen Orientierung an einer anderen, einer solidarischen (Pluralismus verwirklichenden) Gesellschaft immer erneut belebt und geschärft werden. Daß sich Politik insgesamt qualitativ ändere. Daß es keine durch Privilegien strukturierte Gesellschaft mehr gäbe. Daß Männer und Frauen sich ohne Gewalt in einer Gesellschaft helfen. Die Frauen in den Männern und die Männer in den Frauen.

Unvermeidlich besitzt jede Zeit ihre eigenen Unsicherheiten, ihre eigenen Krisen von Bewußtsein und Orientierung. Und die heutigen Unsicherheiten in einer im A-Sozialen gewachsenen Gesellschaft, allem wohlständigen überaus ungleich verteilten Fett in den kapitalistisch entwickelten Gesellschaften zum Trotz, können nicht einfach abgeschüttelt werden, indem auf die besten vergangenen Vorbilder verwiesen wird. Gegen eine abstrakte subjektivistische »Identitätssuche« aber, die bis in den Begriff hinein verkehrt ist, muß immer erneut auf das sozialistische Erbe als Verheißung der Rosa Luxemburg verwiesen werden. Sie ist kritisch und konstruktiv – gerade hier gegenwärtiger denn je. Im übrigen aber gilt Rosas Rat an ihre Freundin Gertrud Zlottko (25. Mai 1915): »Nun komme ich zu Ihrem Brief. Dieser verzagende Ton hat mir wirklich keine Freude gemacht. Jetzt schon diese vergrämte Nörgelei über die Not der künftigen Kinder, die noch die Nasenspitze nicht in die Welt gesetzt haben? Pfui, Gertrud, das hat doch gar keinen Zweck. Lustig lieb ich meine Spanier. Man soll arbeiten und tun, was man kann, im übrigen aber alles leicht und mit gutem Humor nehmen. Mit innerer Säure wird das Leben gewiß nicht besser...«

Therese von Lisieux

Marianne Dirks

Als ich mir Therese Martin, die »kleine heilige Theresia vom Kinde Jesu«, für einen Beitrag zu diesem Buch aussuchte, da meinte ich von vornherein eine andere Therese als die der vielen süßlichen Bilder und Statuen, die vom Geschmack ihrer Zeit geprägt sind (sie lebte von 1873 bis 1897). Ein Photo-Bildband »Theresia von Lisieux, wie sie wirklich war«, mit überraschenden und bewegenden Photos aus verschiedenen Lebensaltern, die zugleich interessante Einblicke in die Welt ihres Karmel-Klosters vermitteln (alle von der leiblichen und zugleich klösterlichen Schwester Céline aufgenommen), hatte mich neugierig gemacht, die wahre Therese auch im Zeugnis ihrer Schriften zu entdecken. Es reizte mich dann auch, mich ausführlicher über Thereses »Lehre« vom »kleinen Weg« zu informieren, der mir nach allem, was ich davon wußte, als genial einfach und als einleuchtend erschien: Die Offenheit und Sensibilität für den konkreten Willen Gottes in jeder Stunde des Alltags, verbunden mit der Initiativkraft, diesen Willen zu realisieren, hat Therese – so sah ich es damals – herausgearbeitet und vorgelebt: als eine nachvollziehbare Möglichkeit der Jesus-Nachfolge für alle, auch gerade für die einfachen und »gewöhnlichen« Christen. (»Alles, was ich getan habe, muß den kleinen Seelen erreichbar sein.«[1])

Selbständigkeit

Die erste Entdeckung war, daß die Anspielung auf Thereses Selbständigkeit in der Liturgie ihres Festes (»Der Herr allein

1 »Seele« hat in Thereses Sprache eine für uns ungewohnte Bedeutung; wir verstehen als religiöses Subjekt den ganzen Menschen.

war ihr Führer« heißt es im Eingangsvers des Meßformulars) wörtlich zu nehmen ist: Die junge Frau, die mit 15 Jahren in das streng von der Welt abgeschlossene Kloster des »Karmel« eintrat und mit 24 Jahren starb, hat ihre »Lehre« tatsächlich ganz aus sich heraus niedergeschrieben und gelebt – ganz ohne männlichen geistlichen Berater oder »Seelenführer«: »Mein Herz wandte sich schon bald dem Seelenführer vor allen anderen zu. Und er war es, der mich in diese Wissenschaft einwies, die den Klugen und Weisen verborgen bleibt und die er den Kleinsten in seiner Güte offenbart!«

Den Kern der Botschaft finden

Therese hat auf Geheiß ihrer Oberin die Geschichte ihres Lebens und ihrer religiösen Erfahrungen niedergeschrieben. Nach ihrem Tod haben ihre Mitschwestern, vor allem ihre leiblichen Schwestern, von denen drei mit ihr im gleichen Kloster waren, in dem Manuskript herumkorrigiert, es geglättet und geschönt, um es für viele Leser mundgerechter zu machen. Die gelegentlich geradezu kitschige Ausdrucksweise dieser überarbeiteten Texte hat viel zu den Vorbehalten beigetragen, die nicht wenige Christen gegenüber Therese haben. Das gilt besonders für die Bekenntnisse in ihren autobiographischen Schriften, früher »Geschichte einer Seele« betitelt, aus denen auch die meisten hier angeführten Zitate stammen. Dieser Text liegt aber nun in der authentischen Fassung vor, seit 1958 auch in deutscher Übersetzung, gereinigt von den Überarbeitungen der Schwestern. Der Theologe Hans Urs von Balthasar sagt dazu im Vorwort: »Was von unbegreiflicher Überkleisterung befreit uns entgegentritt, ist etwas Jugendfrisches, Spontanes, erschreckend Hüllenloses, das sich so sorgenfrei nur geben kann, weil es sich unangreifbar geborgen weiß in den Schleiern der Gnade.«

Da aber Therese selber in ihrer Ausdrucksweise ein Kind ihrer Zeit und ihrer Nation war, haftet natürlich auch den »entschminkten« Texten noch manches von dem »blumigen«, oft überschwenglichen Sprachstil des französischen Katholizismus im ausgehenden 19. Jahrhundert an. Doch wenn man das einkalkuliert, dann löst sich um so eindrucksvoller der Kern vieler oft origineller und treffender Bilder Thereses aus der Schale der Konvention.

Probleme auch in der ursprünglichen Fassung

Das Unbehagen, das mir jedoch auch nach der Entfernung der Überarbeitungen verblieb, lag anderswo: Ist und war das Bejahen, ja das Herbeiwünschen von Demütigungen und Selbsterniedrigung, vor allem in der Autobiographie (die bald in Millionenhöhe verbreitet und bereits vor der Heiligsprechung [1925] in 35 Sprachen übersetzt war), nicht eine Gefahr für fromme Frauen, die sich selbst unterdrückt und minderwertig erfahren und sich nicht dagegen wehren? Ohne Zweifel war die »Geschichte einer Seele« schon im ersten Drittel unseres Jahrhunderts von vielen Frauen als Bestätigung ihrer eigenen Unterwürfigkeit mißverstanden worden; so etwa das Wort: »Sein Recht suchen, das bedeutet: Zum Nachteil seiner selbst handeln.«

Das wurde für mich zum Problem – nicht nur, weil ich daran dachte, daß das Buch zum 60. Geburtstag von Dorothee Sölle feministisch orientiert sein sollte. Und das hat mich monatelang für die Realisierung meines Vorhabens völlig blockiert und hätte mich beinahe scheitern lassen. Es war ein mühsamer Prozeß, bis ich das extreme, immer wieder neu geforderte »Loslassen« bis zum Verleugnen des eigenen Ich in seiner theologischen, ja mystischen Dimension verstand und in den gesamten Kontext der theresianischen Spiritualität positiv einordnen konnte. Erst dann konnte ich sie ja auch als eine Gotteslehrerin interpretieren, die man ernst nehmen kann und sollte. Ich möchte diesen Prozeß nun beschreiben.

Was soll man etwa zu folgender Äußerung Thereses sagen: »Seit einiger Zeit habe ich mich dem Kind Jesus angeboten, sein kleines Spielzeug zu sein. Ich sagte ihm, es solle sich meiner nicht wie eines wertvollen Spielzeugs bedienen, das die Kinder nur anschauen, das sie aber nicht anzurühren wagen, – sondern wie eines kleinen Balls von keinerlei Wert, den sie auf den Boden werfen, mit dem Fuß stoßen, durchbohren, in einer

Ecke liegen lassen oder an ihr Herz drücken können, wenn es ihnen Freude macht...« Mit der Priorin eines Karmel-Klosters sprach ich über diese und ähnliche für uns schwer nachvollziehbare Äußerungen. Sie meinte, Therese wisse genau, daß Gott nie und nimmer jemand zum Willkür-Objekt mache; es gehe hier um ein »Miteinander-Spielen im lautersten, zärtlichen Sinn«, und die Vorstellung von einem Gott schwinde, dem gegenüber man etwas (Tugendhaftes) zu leisten habe.

Distanzierung vom Leistungsdenken

Ob das eine Deutung ist, die überzeugt oder nicht – in jedem Fall ist es eine wichtige Erkenntnis, daß Therese sich absetzt vom Leistungsdenken der Frömmigkeit ihrer Epoche, auch von der Übung strenger Askese und dem Willenstraining in Tugendübungen, wie sie damals gerade in den Karmel-Klöstern eine Rolle spielten: »Es gibt Heilige, die haben in ihrem Leben erstaunliche Werke der Abtötung erbracht, um für ihre Sünden zu büßen. Doch was wollen Sie? ›Im Haus meines Vaters sind viele Wohnungen.‹ Jesus hat das gesagt, und darum folge ich dem Weg, den er mir zeigt...« Oder: »Man ist glücklich, wenn man sich schwach und elend fühlt. Denn je eher man das demütig anerkennt, ohne Gegenleistung alles von Gott erwartet, ohne irgendein Verdienst von unserer Seite, desto mehr neigt sich Gott zu uns herab, um uns großzügig mit seinen Gaben zu überhäufen.«

Gewandeltes Selbstgefühl

Wenn es nicht so abwegig wäre, könnte man es fast als einen genialen »Trick« ansehen, wie Therese, die von Natur aus ein kräftiges Selbstgefühl hat, durch die Preisgabe des eigenen Ich sich mit dem Bewußtsein, daß Gott in ihr Großes wirkt, ein neues, verwandeltes, kindlich unbefangenes und nicht mehr von Schwankungen bedrohtes Selbstgefühl aneignet: »Nein, ich glaube nicht, eine große Heilige zu sein! Ich glaube, eine ganz kleine Heilige zu sein. Aber ich denke, daß es Gott gefallen hat, in mich Dinge zu legen, die für mich und die anderen gut sind.« Ein Jahr vor ihrem Tod schreibt sie, außer der Berufung zur Karmelitin fühle sie noch andere Berufungen in sich: »Ich fühle in mir die Berufung zum Krieger, Priester, Apostel, Kirchenlehrer und Martyrer...«

Dieses umgewandelte Selbstbewußtsein, vor allem aber die Züge innerer Selbständigkeit (daß sie »mit den Waffen ihrer Zeit gegen ihre Zeit kämpft«) wurden mir noch deutlicher in der Auseinandersetzung mit der differenzierten und einfühlsamen Untersuchung des Theologen Hans Urs von Balthasar (»Therese von Lisieux – Geschichte einer Sendung«). Dieses Werk ist im Vergleich zu späteren nachkonziliaren Arbeiten Balthasars über Therese grundlegend; es ist interessant, daß er darin Thereses Sendung große Bedeutung zumißt, aber doch eine wesentliche Begrenzung ihres theologischen Horizontes sieht: sie habe »das Trinitarische und damit im Grunde den Geist nicht zu Gesicht bekommen«. Der Jesuit Balthasar begründet das damit, daß sie »in kein lebendiges Verhältnis zum kirchlichen Amt kommt; ihre einzigen Vertrauten bleiben nach ihrem Vater ihre Mitschwestern; mit einem Beichtvater kam es nie zu einem zugleich amtlichen und subjektiv-lösenden Austausch... Therese, die zu ihren Schwestern statt zu ihrem Beichtvater gesprochen hat, hat sich an Befugnislose gewendet, die darum auch nicht die Macht hatten, sie zu öffnen. So liegt ihre Sendung anderswo: in der Erklärung des ›kleinen Weges‹.« Diese einschränkende Beurteilung eines Amtsträgers ist für uns heute, die wir die Bedeutung des Amtes in der Kirche anders sehen und insofern relativieren, eher eine Bestätigung von Eigenständigkeit und von Konzentration Thereses auf das, was sie mit großer Sicherheit als ihren Auftrag von Gott erkannt hat.

Exkurs: Die Bedeutung der Zeitumstände

Um Thereses Bedeutung für die Kirche vor hundert Jahren besser auf die Spur zu kommen, ist es nötig, über die Informationen durch ihre Schriften und die Zeugnisse der Mitbeteiligten hinaus noch mehr über das »Ambiente« in ihrem kargen Leben zu erfahren: über die Zeitumstände, die Umwelt des

Karmel-Milieus und die gesellschaftliche Situation in einer normannischen Provinzstadt am Ende des 19. Jahrhunderts. Dazu fand ich viel Wichtiges in dem Buch des französischen Jesuiten und Psychotherapeuten Francois Six. Die deutsche Ausgabe trägt den bezeichnenden Titel »Theresia von Lisieux, ihr Leben, wie es wirklich war«. Es bringt nicht nur sehr konkrete Informationen über diese Zeit und diese Umwelt, sondern leuchtet kenntnisreich auch in schwer zu durchschauende Hintergründe von Thereses Leben und von ihren schriftlichen Aufzeichnungen hinein. Es macht auf Zusammenhänge aufmerksam, die ihre Sendung in neuem Licht erscheinen lassen.

Six erinnert daran, daß Marx, Freud und Nietzsche zur gleichen Zeit lebten und ein neues Zeitalter heraufführen halfen, in dem viele Menschen die Abhängigkeit von Gott und das christliche Sittengesetz aufkündigten. Die offizielle Kirche wurde damit nicht im Geiste Jesu fertig. Therese wurde äußerlich nicht davon berührt, aber sie war von einzelnen Beispielen solcher Zeitgenossen, von denen sie hörte oder las, tief betroffen und reagierte gemäß ihren Möglichkeiten. Six beschreibt ausführlich, wie diese junge Nonne dazu kam, sich mit dem dreifachen Mörder Pranzini als einem ihr von Gott gezeigten »Sünder« zu identifizieren: Sie betete inständig für ihn und durfte eine Art von »Bekehrung« des Mörders vor seinem Tod erfahren. »Gegen die Gesellschaft ihrer Zeit und gegen die vorherrschende Mentalität der Christen, die sich selbst als gute Menschen einschätzen, und jenen, die sie für ›Sünder‹ halten, nämlich den Verbrechern und Prostituierten, mit tiefem Mißtrauen begegnen, adoptiert Therese Martin Pranzini, den größten Mörder ihrer Zeit.«

Ein Jahr vor ihrem Tod sagt sie einem Missionar, als sie Karmelitin wurde, sei »ihr einziges Ziel gewesen, Seelen zu retten, ganz besonders die Seelen der Apostel«; sie meint damit das Gebet für die Priester, damals eine besondere Aufgabe der Karmel-Klöster. Therese will nach ihren Worten »Apostel der Apostel sein«. Auf ihrer Romreise – sie wollte vom Papst die Erlaubnis erringen, mit 15 Jahren in den Karmel einzutreten – erlebt sie, wie gefährdet doch die Priester seien, die sie bisher für heiligmäßige Christen gehalten hat. Für sie wird auch diese

Berufung konkret: Als sie von dem viel Aufsehen und Anstoß erregenden Weg des Priesters und Karmeliten Hyazinthe Loyson hörte, der nach vielen damals unerhört kühnen gescheiterten Reformversuchen die Kirche verließ und heiratete, begann sie sofort für ihn zu beten und setzte das bis zu ihrem Tode fort. Auch einen solchen Lebensweg eines »Apostaten« würden wir heute anders beurteilen; aber Thereses Lehre vom »kleinen Weg« erhält durch diese Beziehung und die zu Pranzini eine neue Dimension.

Missionarische Solidarität in der Gottferne

Thereses missionarische Solidarität mit Ungläubigen wird schließlich existentiell erfahren in der tiefen Finsternis der Gottferne, durch die sie in den letzten eineinhalb Jahren ihres Lebens »die Nacht des Unglaubens voll und ganz begreift«.

Dieses Phänomen erst erschließt das tiefste Geheimnis von Thereses Bedeutung für unsere Zeit, die immer mehr eine Zeit der Gottferne ist und zugleich eine Zeit der Sehnsucht nach Gott, der für viele »tot« ist. Dies gilt auch für die existentielle Erfahrung der Kirche. (Karl Rahner sprach davon, daß es »Winter« geworden sei in der Kirche; in seinen Schriften gebraucht er mehrmals den Ausdruck: »Ein mystischer Christ oder keiner« im Hinblick auf die Zukunft des Christentums.)

Therese notiert: »Jesus ließ mich spüren, daß es wirklich Seelen gibt, die den Glauben nicht haben ... Er ließ es zu, daß tiefste Finsternis über meine Seele hereinbrach.« Und schließlich drei Monate vor ihrem Tod zu ihrer Schwester: »Wenn Sie wüßten! Die Argumente der schlimmsten Materialisten zwingen sich meinem Geist auf!« Und: »Ich glaube nicht mehr an das ewige Leben ... Alles ist verschwunden. Es bleibt nur noch die Liebe.«

Solidarität und Liebe

Therese von Lisieux, die von Papst Pius XII. zur Patronin der Missionen ernannt wurde, teilt also auf ihre Weise das Leben und die Glaubensferne von Ungläubigen. Six sagt dazu: »Die bisherige missionarische Perspektive der Kirche, in der diese nur ein ›bevormundendes Werkzeug der Mission‹ war, wird durch Therese umgedreht und richtiggestellt. Hier kann sie mit ihren 23 Jahren und ihrem Kinderherzen, mit ihrer Armut und ihren Schwächen zeigen, daß es (bei Mission) nicht in erster Linie um Werte, Programmierungen und Strategien geht, sondern um Liebe, Ungeschuldetheit und Freiheit. Das ist es, was Therese erfaßt: ›Ich verstand, daß die Kirche ein Herz hat und daß dieses Herz von Liebe glüht. Ich verstand, daß die Liebe allein die Triebkraft der Glieder der Kirche ist, – daß wenn die Liebe erlöschen sollte, dann die Apostel das Evangelium nicht mehr verkündigen und die Martyrer sich weigern werden, ihr Blut zu vergießen... Ich verstand, daß die Liebe alle Berufungen in sich schließt, daß die Liebe alles ist, daß sie alle Zeiten und Orte umfaßt...!‹«[2]

Liebe ist – so wird nun deutlich – auch die Triebkraft des »kleinen Weges« der Nachfolge Jesu, der ohne sie übermäßige Selbstreflexion erfordern könnte (wie sie in der Tat eine Gefährdung Thereses war). Die Liebe ist der Schlüssel zu Thereses Berufung: »Endlich habe ich meine Berufung gefunden: meine Berufung ist die Liebe! ... nur die Liebe zählt!«

Nüchternheit auf der Erde, Aktivität im Himmel

Trotz solchen hochgestimmten Aussagen bleibt Therese nüchtern und realistisch auf das Annehmen der Begrenzungen in dieser Welt bedacht. Als die Schwestern ihr sagten, bei ihrem Tod würden die Engel mit Christus zu ihr kommen, antwortet sie: »Alle diese Bilder sagen mir nichts. Ich kann mich nur von der Wahrheit nähren. Daher habe ich auch nie nach Visionen verlangt...« – »Man kann auf Erden den Himmel und die Engel nicht so sehen, wie sie sind. Ich warte lieber bis nach meinem Tod.« Dagegen verspricht sie, vom Himmel aus große Aktivität zu entfalten – für ihre Schwestern, Freunde und vor allem ihre Sorgenkinder: »Was mich zur himmlischen Heimat

2 Man wird an das »Hohelied der Liebe« in 1. Korinther 13 denken, wo diese Liebe ganz konkret ausgefaltet wird.

zieht, ist der Gedanke, daß ich eine Vielzahl von Seelen lieben lehren darf... Ich verspreche euch, nach meinem Heimgang ... euch verkosten zu lassen, was immer man an Seligkeit verkosten kann, eine Freundesseele in seiner Nähe zu fühlen.« Sie ist überzeugt, daß die »brüderliche Zärtlichkeit« der heimgegangenen Freunde noch größer sein werde, »als sie auf Erden war«.

Es paßt zu diesen Vorstellungen, aber es ist erstaunlich und neu für ihre Zeit, daß in der Todes-Problematik dieser Gotteslehrerin der strenge, richtende und strafende Gott überhaupt nicht vorkommt: Der barmherzige Gott füllt alle Gedanken und Vorstellungen aus und beherrscht sie. Das ist ein ausgesprochen weiblicher Zugang; so ist denn auch Thereses Gottesbild stark von der Mütterlichkeit geprägt; sie sagt, der »gute Gott« sei »zärtlicher als eine Mutter«, und verwendet die bekannten Bilder vom mütterlichen Verhalten Gottes aus der Bibel.

Die »Frauenfrage«

Therese hat kaum etwas davon mitbekommen, daß zu ihren Lebzeiten die Frauen der Frauenbewegung in Deutschland um den Zugang der Mädchen zu den Bildungseinrichtungen und allen Berufen kämpften, aber auch um eine soziale Besserstellung im Berufsleben gegenüber den Männern. Im Frankreich der »Belle Epoque« begannen zur gleichen Zeit einige Frauen gehobener Schichten, sich mit dem Problem der Rolle der Frau zu beschäftigen, allerdings mehr in gesellschaftlichem Rahmen. Six schreibt über diese kontrastreiche Situation: »Dieser kalten Welt der Belle Epoque, dieser männlichen Welt, in der alles um Handel und Kauf geht, in der die Frauen so oft Objekte und nur selten Personen sind, stellt eine kleine Karmelitin ihre Wärme, ihre Zärtlichkeit, das Feuer ihrer Liebe entgegen.«

Doch hat Therese Martin die konkrete Situation der Welt und der Frauen ihrer Zeit offenbar nicht interessiert; sie hatte keine Motivation, über die Rolle der Frauen nachzudenken; nur einmal klingt – mehr beiläufig – etwas davon an: Auf der Romreise hat sie die italienischen Frauen beobachtet und sich ihre

Gedanken gemacht: »Wie verachtet sind doch die armen Frauen! Und doch lieben viele von ihnen den lieben Gott mehr, als die Männer es tun, und während des Leidens unseres Herrn hatten die Frauen mehr Mut als die Apostel ... Das ist zweifellos der Grund dafür, daß der Herr zuläßt, daß auf Erden Verachtung ihr Teil ist, denn er selbst hat sie für sich auserwählt ... Im Himmel wird er dann zeigen, daß seine Gedanken nicht der Menschen Gedanken sind, denn dann werden die Letzten die Ersten sein ...«

Die ersten Sätze klingen fast feministisch, aber wir hoffen heute doch, daß der Ausgleich und die Vorliebe Gottes für die »armen Frauen« nicht erst in einer anderen Welt wirksam sein wird!

Im »Magnifikat«, das Therese viel bedeutet hat, trifft sich ihre Lehre von der Erwählung der Armen und Kleinen durch den barmherzigen Gott mit der Überzeugung von der Erhebung der Geringen und Unterdrückten in der Theologie der Befreiung und in der feministischen Theologie. Aber es ist da doch ein wesentlicher Unterschied, den wir zu beachten haben: Therese denkt nicht an den Aufstieg der Kleinen, sie zielt auf das Annehmen und Fruchtbarmachen der Kleinheit, auf einen Ausgleich im Himmel. Die feministische Theologie zielt auf das Emporkommen der verachteten Frauen und ihren partnerschaftlichen Einfluß in Kirche und Gesellschaft.

Therese konnte den von ihr entdeckten Weg auf der Basis eines von Natur aus gesund entwickelten Selbstgefühls konsequent zu Ende gehen. Wo jedoch das Selbstgefühl von Frauen nie entfaltet oder aber so strapaziert wurde, daß sie sich selber als minderwertig vorkommen, da wäre es tatsächlich verhängnisvoll, Thereses Weg der demütigen Bekenntnisse und Anweisungen zum Kleinwerden als Aufforderung zu verstehen, das eigene Minderwertigkeitsgefühl anzunehmen und gutzuheißen. Frauen müssen sich selber erst einmal als vollwertige, von Männern innerlich unabhängige Menschen erfahren. Dann erst haben sie auch die Offenheit und den Mut für das Beschreiten des »kleinen Weges«, der Souveränität und Angstfreiheit voraussetzt. Und dann erst kann Thereses Lehre eine Brücke von volkskirchlicher, weiblich getönter Spiritualität über feministische Ansätze zu einer befreienden, radikal christlichen Existenz von wachen Frauen in der Nachfolge Jesu werden.

Das Weizenkorn muß sterben . . .

Den »kleinen Weg« zu gehen braucht viele Schritte; und wer wie Therese hellhörig geworden ist für den Willen Gottes, den dieser oft nur leise werbend zeigt, muß damit rechnen, daß Gottes Angebote ihm Stufe für Stufe mehr zutrauen – und mehr zumuten. Die immer neue Preisgabe ihres irdischen Selbstgefühls, dieses »Sterben«, schenkte Therese »reiche Frucht«: die Teilhabe an Jesu demütigem und zugleich hochgemutem Selbstgefühl.

Es fällt auf – und ist von uns nicht mitzuvollziehen, ja es könnte uns masochistisch erscheinen –, daß das Erfahren inneren und äußeren Leidens, daß die Akte der Selbstverleugnung, ja daß selbst die (scheinbare) Abwesenheit Gottes von Therese immer positiv verarbeitet und für sie Anlaß zum Danken werden. »Sie meinten, ich trinke den köstlichsten Likör, und doch war es nichts als Bitterkeit. Dennoch war mein Leben kein bitteres, denn ich wußte mir aus jeder Bitterkeit eine Freude und Süßigkeit zu machen.« Six sagt dazu: »Diese Äußerung entspricht einer ihrer tiefsten Einsichten: der Umwandlung des Leidens in Freude! Dieses alogische, nicht faßbare Verhalten bildet eines ihrer wesentlichsten Geheimnisse.«

Orientierung an der Schrift

Das Bild vom Weizenkorn erinnert daran, wie sehr sich Therese an der Schrift orientiert. Ohne exegetische Kenntnisse legt sie das Evangelium mit erleuchteter Nüchternheit aus. »Vor allem ist es das gesamte Evangelium, das mich während meiner Betrachtungen beschäftigt. In ihm finde ich alles, was meine arme kleine Seele braucht. Da entdecke ich immer wieder neue Erleuchtungen, verborgene und geheimnisvolle Bedeutungen.«

Als ich bei einer Arbeit über Maria, die Mutter Jesu, auf Thereses Äußerungen über diese stieß, war ich überrascht über soviel sympathische Ernüchterung (damals hatte ich die »andere« Therese noch nicht richtig entdeckt): »Wie gerne wäre ich Priester geworden, um über die Jungfrau Maria zu predigen! ... Man sollte von ihr keine unwahrscheinlichen Dinge sagen, Dinge, über die man nicht genau Bescheid weiß ... Man stellt sich die heilige Jungfrau als unnahbar vor; man sollte jedoch zeigen, daß sie – wie wir – aus dem Glauben lebte; man sollte dafür Beweise aus dem Evangelium bringen, wo wir lesen: ›Sie (die Eltern Jesu) verstanden nicht, was er ihnen sagte.‹ Wenn man durch eine Predigt über die heilige Jungfrau gezwungen wird, von Anfang bis Ende innerlich ›Oh!, Oh!‹ zu rufen, dann fühlt man sich gelangweilt, und das fördert die Liebe keineswegs. Wer weiß, ob nicht irgendeiner eine gewisse Entfremdung einem so hervorragenden Geschöpf gegenüber empfindet!«

Im Horizont feministischer Theologie

Als ich mich über ein Jahr lang um Therese als Gotteslehrerin gemüht hatte, wurde ich aufmerksam gemacht auf die Diplomarbeit der feministischen Theologin Christine Wagner-Klix über »Die Aktualisierung der Theologie der Therese Martin im Horizont einer feministischen Theologie«. Ich war überrascht über diese Gegenüberstellung: In einer wohlfundierten und gescheiten Arbeit werden dabei feministische Züge in der Theologie Thereses herausgefunden und herausgestellt. Zwar sind meine Ansätze und Akzente großenteils sehr anders; doch stellte ich erstaunt und erfreut fest, daß ich auf die gleichen feministischen Elemente der Gotteslehre Thereses gestoßen bin – nur habe ich sie nicht so deutlich als solche benannt: innere Selbständigkeit, Distanzierung vom Leistungsdenken, Unabhängigkeit vom kirchlichen Amt, missionarische Existenz, Primat des barmherzigen Gottes, dessen Option für Kleine und Schwache; Sinn für die Weiblichkeit Gottes, persönliche Auslegung der Schrift; eine Theologie aus der Erfahrung und dem Herzen, zentrale Bedeutung der Liebe.

Die Arbeit von Walter-Klix legt für alle an der »Kleinen Therese« Interessierten eine wichtige neue Sicht frei. Wohl wird der Heiligen vorgeworfen, für spezielle Frauenfragen und -probleme »blind« zu sein, und es ist von ihrer »Ignoranz« gegenüber feministischen Fragen die Rede; aber von ihrer Theologie wird gesagt, daß »ihr inhaltlicher Reichtum und ihre Tiefe ... Antwort geben auf das Suchen feministischer Theologinnen nach einem neuen theologischen Bewußtsein« und »eine Orientierung sein können jenen Feministinnen, die sich enttäuscht von der Theologie abwenden«.

Ob das realistisch ist und ob nicht die beiden Theologien zu verschiedene Stoßrichtungen haben, vermag ich nicht zu beurteilen; immerhin schreibt die junge feministische Theologin: »Die Suche nach einer spezifischen Frauentheologie bzw. einer Theologie von einer Frau erarbeitet, ließ mich auf Therese Martin stoßen, die Heilige von Lisieux. Bei Therese fand ich mein (feministisches) Interesse bestätigt.«

Literatur

Theresia von Lisieux, Selbstbiographische Schriften (Authentischer Text), Einsiedeln 1984 (1958).

Geschichte einer Seele, Selbstbiographie der heiligen Theresia vom Kinde Jesu, Kirnach-Villingen 1930 (1926).

Theresia von Lisieux, Briefe, Band I und II, Trier 1955.

Céline Martin. Die kleine Therese von Lisieux, München 1985.

Rudolf Stertenbrink, Allein die Liebe, Worte der Theresia von Lisieux, Freiburg 1980.

Ida Görres, Das verborgene Antlitz, Freiburg 1946.

Urs von Balthasar, Therese von Lisieux, Geschichte einer Sendung, Köln 1950.

Therese von Lisieux wie sie wirklich war, Authentische Photographien, Einsiedeln 1961.

François Six, Theresia von Lisieux, Ihr Leben, wie es wirklich war, Freiburg 1976.

Mein Weg ist Vertrauen und Liebe, Theresia von Lisieux, München 1977.

Ernst Gutting, Nur die Liebe zählt, Leutesdorf 1981.

Ingeborg Obereder, Vorbild erneuerten Glaubens / Theresia von Lisieux, Linz-Wien 1986.

Marianne Dirks (Hg.), Sie prägten das Antlitz der Kirche.

Christine Walter-Klix, »Die Aktualisierung der Theologie der Therese Martin im Horizont einer feministischen Theologie«, Frankfurt 1981.

Henriette Visser 't Hooft

Jürgen Moltmann

Ihre Stimme war klar und würdevoll, aber sie wurde in ihrer Zeit nicht gehört. Ihre Spur verlor sich zwischen den weltbewegenden, politischen Ereignissen vor und während des Zweiten Weltkriegs. Die Wahrheit, die sie früh erkannte, machte sie einsam in ihrer Zeit. Und doch hat Henriette Boddaert den Boden bereitet für »die Erneuerung der Gemeinschaft von Männern und Frauen in der Kirche«, ein Programm, das seit dem Sheffield-Report 1981 in der Ökumene und in vielen Kirchen diskutiert wird und doch hier und da auch schon anfängt, Wirklichkeit zu werden. Es war ihr Schicksal, im Schatten berühmter Männer zu leben: Ihr Mann, Willem Visser 't Hooft, war der Initiator und Schöpfer der heutigen ökumenischen Bewegung. »Die Welt war meine Gemeinde«, so hat er seine Autobiographie überschrieben[1] und damit gewiß nicht übertrieben. Er war die meiste Zeit auf Reisen durch seine Welt. Karl Barth war der einflußreichste Theologe von den dreißiger Jahren an bis in die Gegenwart. Sie hatte mit ihm einen heftigen Zusammenstoß in einem frühen Briefwechsel 1934 und wurde mit ihren feministischen Gedanken von dem Theologen auf eine reichlich schnöde Weise zurückgestoßen. In seiner Schöpfungslehre (Kirchliche Dogmatik III/4), in der Barth 1951 das Verhältnis von Mann und Frau ausführlich darlegt, kommt ihr Name leider nicht vor – sehr zum Schaden der Anthropologie Barths.

Ich habe Henriette Visser 't Hooft nicht mehr persönlich kennengelernt. Sie starb im Januar 1968. Aber seit ich durch

1 W. A. Visser 't Hooft, Die Welt war meine Gemeinde, München 1972.

meine Frau auf ihren Briefwechsel mit Barth[2] aufmerksam gemacht wurde, haben mich ihre Gedanken, die sie in einigen Aufsätzen veröffentlicht hat, tief beeindruckt und immer mehr fasziniert. Ich glaube, daß sie und nicht Barth in jener Kontroverse 1934 recht hatte. Ich finde auch, daß sie über die Kirchenökumene, der ihr Mann sein Leben widmete, hinausgesehen hat in die Ökumene der Menschheit, die Gott »männlich und weiblich« geschaffen hat. Die »Einheit der Kirche« und die »Einheit des Menschengeschlechts« gehören zusammen und können nicht separat behandelt werden[3]. Die »Einheit des Menschengeschlechts« aber ist zuerst die Gemeinschaft der Geschlechter, die durch Superioritäts- und Inferioritätskomplexe für Frauen und für Männer nachhaltig gestört ist. Ich möchte darum ihre Stimme wieder zu Gehör bringen und ihre Weitsicht vergegenwärtigen. Ich halte mich nur an ihre Veröffentlichungen und habe mich nicht um intimere biographische Umstände gekümmert als um diejenigen, die Willem Visser 't Hooft selbst in seinen Schriften berichtet hat, weil es Grenzen gibt, die der Außenstehende respektieren muß.

Willem Visser 't Hooft ist zweimal ausführlich auf die theologische Arbeit seiner Frau eingegangen. In seiner Autobiographie schreibt er: »Sie hatte kein leichtes Leben gehabt. Nicht nur wegen ihrer labilen Gesundheit, sondern auch, weil sie viele Dinge im Geist bewegte und feste Überzeugungen im Herzen trug, um deren Formulierung sie oft vergeblich rang. Ihr Zentralproblem war, daß es den Frauen verwehrt sei, der menschlichen Gesellschaft auf die ihrer Wesensart entsprechende Weise zu dienen. Die Normen unserer Zivilisation seien männliche Normen. Es gehe nicht nur darum, Frauen das Stimmrecht oder Berufschancen zu verschaffen, sondern wir müssen von neuem lernen, daß Gott die Menschen männlich *und* weiblich geschaffen habe... Sie überzeugte mich davon,

2 S. Herzel, A voice for Women. The women's department of the World Council of Churches, 1981, 160ff.; Eva, wo bist Du? Frauen in internationalen Organisationen der Ökumene. Eine Dokumentation, Gelnhausen 1981, 11–36.

3 Vgl. R. Nelson / W. Pannenberg (Hg.), Um Einheit und Heil der Menschheit, Frankfurt 1973.

daß es hier in der Tat um eines der schwierigsten, ungelösten Probleme der Menschheit ging, und ich förderte deshalb auch die Einrichtung eines Weltrats-Referats für die Zusammenarbeit von Mann und Frau in Kirche und Gesellschaft.«[4]

Dies war nicht die einzige Antwort, die er auf das Existenzproblem seiner Frau gegeben hat. 1982 erschien in Genf die einzige theologische Monographie, die Visser 't Hooft überhaupt geschrieben hat. Wer von seiner Frau nichts wußte, wunderte sich über den Titel: »Gottes Vaterschaft im Zeitalter der Emanzipation« (deutsch Stuttgart 1982). Es war sein Versuch, eine männliche theologische Antwort auf die feministische Theologie seiner Frau zu finden. »Erst über meine Ehefrau kam mir die eigentliche Problematik zu Bewußtsein«, schreibt er und referiert den Inhalt ihrer frühen Schriften und ihren Briefwechsel mit Barth von 1934. Freimütig stellt er auch den bedauerlichen Vorfall auf der Weltkirchenkonferenz in Amsterdam 1948 dar: »Unglücklicherweise machte er (scil. Barth) sich über jene Frauen lustig, die ihm ›zur Gleichheit zu eilen‹ schienen. Als meine Frau seine sarkastischen Bemerkungen las, teilte sie ihm ihre Bekümmerung darüber mit, daß er, während er in fast allen Sektionen der Vollversammlung eine eminent konstruktive Rolle gespielt hatte, sich in den Diskussionen über Frauen so negativ verhalten habe... Barth besuchte uns in Genf, und man schloß Frieden. In der Frage der Unterordnung der Frauen einigte man sich darauf, verschiedener Meinung zu sein« (S. 79). Leider gab es da noch unangenehme Weiterungen, weil Barthianer sich bemüßigt fühlten, nicht nur die Weisheiten, sondern auch die Albernheiten ihres Meisters zu imitieren, um auf Kosten der Frauen Lacherfolge zu erzielen[5]. Ich lasse es an dieser Stelle offen, ob es Willem Visser 't Hooft gelungen ist, »Gottes Vaterschaft im Zeitalter der Emanzipation«, der feministischen zumal, zu verteidigen[6].

4 W. A. Visser 't Hooft, a.a.O., 437f.

5 Eva, wo bist Du? a.a.O., 29.

6 Ich habe mich dazu ausführlicher geäußert in: Ich glaube an Gott den Vater. Patriarchalische oder nicht patriarchalische Rede von Gott? EvTh 43, 1983, 397–415.

Was hatte Henriette Visser 't Hooft erkannt und so leidenschaftlich vertreten? 1934 erschien ihr Aufsatz in THE STUDENT WORLD: »Is there a woman's problem?«[7] Geschickt beginnt sie mit dem noch heute gern verwendeten Einwand, es gäbe so viele wichtigere Probleme wie Wirtschaftsdepression, Arbeitslosigkeit, Kriege usw., um zu entgegnen, daß die Menschheit der Lösung dieser Probleme wesentlich näher wäre, wenn nicht ihre eine Hälfte, nämlich die Frauen, von der Lösung ausgeschlossen wäre. Die Teilnahme dieser Hälfte der Menschheit an den Affären der anderen ist aber eine inevitable necessity geworden, sagt sie, und deshalb gibt es ein »Frauenproblem«. Dieses Problem hat eine Tiefendimension, die der politische Feminismus leicht übersieht, wenn er nur auf die soziale Seite der Stellung der Frau in der modernen Gesellschaft bedacht ist. Es ist auch ein spirituelles und religiöses Problem. Auf Grund materieller Not und ihrer eigenen Verantwortung haben Frauen sich an die von Männern gemachte Welt »assimiliert«. Anstatt diese Männerwelt zu verändern, gehen Frauen in ihr auf und eignen sich »man's method, man's ideologies, man's whole approach to life« an. Sie fangen an, ihre angeborene Weiblichkeit für eine Schwäche zu halten, die überwunden werden muß, und übersehen dabei, wie sehr sie den Männerglauben an den legitimen Charakter seines Monopols auf menschliche Normen und Werte und seine tiefverwurzelte Überzeugung, daß im Grunde er allein ohne die Frau der wahre Mensch, der homo sapiens sei, unterstützen[8]. Wie können Männer Frauen als Frauen ernst nehmen, wenn diese sich für ihre Weiblichkeit entschuldigen? Wann, so fragt sie, wird die Kenntnis der Männer von Frauen mehr sein als nur eine Projektion ihrer Vorurteile über dieses »Objekt« und aus einem genuinen Interesse an ihrer wirklichen »Subjektivität« hervorgehen? Existiert denn die Frau um des Mannes willen? Mit dieser Theorie des Apostels Paulus (1. Korinther 11,5–9) hat Henriette Visser 't Hooft sich ihr Leben lang auseinandergesetzt. In dieser Herrschafts- und Unterwerfungstheorie sah sie

---

7 The Student World 27, 1934, 12–15.
8 Ebd. 13. Ebd. 15.

die Sünde der Männer und die Sünde der Frauen. Soll denn eine Frau »zwei Herren dienen«, Gott und dem Mann? Sie antwortet mit den Worten Jesu: »Niemand kann zwei Herren dienen ...« und beruft sich auf die ursprüngliche Gleichheit von Mann und Frau in der Schöpfungsgeschichte (1. Mose 1,27). Es wird ein Frauenproblem so lange geben, bis Frauen und Männer gemeinsam entdecken, daß es zweier Geschlechter bedarf, um die Welt zu bauen, die Gott von den Menschen, die er so geschaffen hat, sehen will. Darum lautet ihre These: »Whether St. Paul is right or wrong, we cannot deny woman's claim for mutual interest, mutual trust and mutual responsibility.«[9] Dieser Gedanke der »mutuality«, der Wechselseitigkeit in den Beziehungen von Frauen und Männern an Stelle von Herrschaft und Unterwürfigkeit, ist erst in den achtziger Jahren wieder in die feministische Theologie eingebracht und fruchtbar gemacht worden. Für Henriette Visser 't Hooft war er theologisch im Dreieck

Gott
Mann – Frau

begründet, weil diese Gottunmittelbarkeit der Frau ihre personale Würde und ihre selbständige Verantwortung sowohl unzerstörbar wie unabtretbar macht. Der Schöpfer, der sie bewußt zur Frau gemacht hat, hat mit ihr eine bestimmte und tiefe Absicht für diese Welt, der sie sich nicht entziehen darf.

Im März 1934 wagte sie sich mit diesen Gedanken an Karl Barth heran, den ihr Mann sehr verehrte und der nach seinen Schriften als bester Pauluskenner und als radikal paulinischer Theologe galt. Es ging ihr um 1. Korinther 11,5–9 und um mehr: um das ihr so oft »vergeblich« erscheinende Ringen um die Bedeutung ihrer eigenen Existenz als Frau. Überall wird die »weibliche Verantwortung Gott gegenüber von der männlichen gehemmt und determiniert. Hat Christus uns aber nicht frei gemacht, ist nicht jetzt jeder Mensch, Mann oder Weib, unmittelbar zu Gott?« Selbst wenn Paulus in den Vorurteilen seiner Zeit stecken geblieben wäre – eine Auskunft, mit der Willem Visser 't Hooft sich später begnügen sollte –, würde es

9 Eva, wo bist Du? a.a.O., 14.

doch »unerhört sein, daß ein Mensch wie Paulus so leichtfertig die Hälfte der Menschheit verdammen könnte«. Aus dieser »inneren Not« heraus fühlte sie sich zu dieser Anfrage gezwungen.

Die Antwort, die ihr Barth im April 1934 gab, ist nur schwer sine ira et studio wiederzugeben. Sein Brief repräsentiert nach Stil und Inhalt genau das, worunter Henriette Visser 't Hooft litt und was ihre weibliche Existenz zur Sinnlosigkeit verurteilte. Er ist ein Muster des männlichen Superioritätskomplexes in Form einer zweifachen Herablassung, der eines Mannes zu einer Frau und der eines Theologen zu einer Nichttheologin. Nach dem belehrenden Hinweis auf die einschlägigen Passagen in seinen früheren Schriften sowie auf Predigten von Calvin erläutert Barth, daß Paulus die Superiorität des Mannes über die Frau als Darstellung der »Superiorität Gottes über den Menschen« verwendet habe. »Mutualität« war für Barth offenbar der Greuel der Verwüstung. Wenn es zwischen Mann und Frau Mutualität gäbe, »hätte Paulus, was er sagen wollte, nicht sagen können, denn zwischen Gott und Mensch gibt es nun einmal kein mutual interest, sondern nur Superiorität!«[10] Hier fällt die autoritäre Redewendung auf, die Barth fast in jedem dritten Satz dieses Briefes wiederholt: »es ist nun einmal so«. Es ist nun einmal so, daß die ganze Bibel »nicht den Matriarchat, sondern den Patriarchat voraussetzt«, daß Christus »dem Volk Israel angehörte«, daß Gottes Handeln »so geordnet« ist, daß Christus »Mann gewesen ist und als solcher die Superiorität Adams bestätigt« hat usw. Wie die Offenbarung Gottes selbst ist »ohne Begründung anzunehmen, daß es nun einmal so *ist,* um dann vielleicht mit der Zeit ... zu ahnen, daß es auch *gut* ist«. Mit dieser nun wirklich »offenbarungspositivistisch« (Bonhoeffer) zu nennenden Herrschaftssprache, die in Wahrheit doch nichts als Unsicherheit verrät, weil sie Ängste unterdrückt, hat Barth »jeden Mutualismus« nicht nur aus dem Verhältnis von Gott und Menschen und Männern und Frauen, sondern auch aus seinem Verhältnis zur Briefschreiberin ausgeschlossen und den Dialog blockiert, bevor er beginnen konnte.

10 Ebd. 15.

Er wies sie an: »Sie sollten vor allem in Ihre Grundanschauung über das in der Bibel beschriebene Verhältnis von Gott und Mensch etwas mehr Ordnung bringen...«

Der Brief, mit dem Henriette Visser 't Hooft im Mai 1934 antwortete, klingt am Anfang ratlos und verzweifelt, wächst dann aber zu einer überraschenden Größe an: »Ich glaube, es gibt etwas ganz anderes als Superiorität: nämlich nur Liebe. Liebe aber kennt keine Superiorität oder Inferiorität.« Wenn Paulus jetzt leben würde, so wolle sie ihn um eine »andere Art Mutualismus« bitten, als er ihn damals seiner Gemeinde vorgeschrieben habe, denn der Mißbrauch der Männer mit seinen Briefen sei heute unübersehbar: »Was fängt die neue Eva gegen die Superiorität des alten Adam an?« Sie schließt mit dem großartigen Satz: »Ich hoffe, daß Sie verstanden haben: Ich bin nur gegen die Enthauptung (der Frau, J. M.) und Entleibung (des Mannes, J. M.).«[11] Mit dieser Sentenz traf sie die Schwäche des Bildes vom Haupt und vom Leib genau und benannte sowohl die Deformation der Frau wie die Deformation des Mannes, die darin liegt. »Dieser Brief von Henriette Visser 't Hooft« heißt es lakonisch in der Neuausgabe, »blieb unbeantwortet.«

Karl Barth hat später (Kirchliche Dogmatik, III/4, Zürich 1951) das Verhältnis von Mann und Frau mit Hilfe eben des Personalismus, mit dem Henriette Visser 't Hooft die Menschenwürde der Frau und des Mannes schon 1934 durchdacht hatte, dargestellt. Er war wahrlich kein »Pionier der Anwendung der Ich-Du-Philosophie auf die Beziehung zwischen Mann und Frau«, wie Willem Visser 't Hooft rühmt[12], sondern im Blick auf Feuerbach, Buber, Ebner, Rosenstock-Huessy sowie auf seinen Intimfeind Emil Brunner und nicht zuletzt auf Henriette Visser 't Hooft, ein ausgesprochener Nachzügler. Obwohl er die Gedanken von Henriette Visser 't Hooft kannte, behielt er auch hier um des theologischen Systems willen das Superioritäts-Inferioritäts-Schema bei und brachte sich selbst

11 Ebd. 19.

12 W. A. Visser 't Hooft, Gottes Vaterschaft im Zeitalter der Emanzipation, Frankfurt 1982, 78.

und seine Leser damit um die besseren Einsichten des personalen Mutualismus[13]. Er hatte jenen Briefwechsel wohl verdrängt.

Da ist auch noch ein anderer erstaunlicher Satz zu zitieren, mit dem Barth die Herrschaftsordnung Gott-Christus-Mann-Frau verteidigen zu können glaubte und der Henriette Visser 't Hooft lange beunruhigt hat. »Er sagte ernst: Aber verstehen Sie denn nicht, daß das für uns Männer eine schwere Last bedeutet?«[14] Sie fühlte zunächst, daß damit zum ersten Mal ein Mann ehrlich seine »tragische Situation« bezeugt hatte, erkannte dann aber rasch, daß diese tiefsinnig gemeinte Aussage theologisch unmöglich ist: Wie kann Gott durch Christus »der einen Hälfte der Menschheit eine schwere Last auflegen, von welcher zum großen Teil das Heil der anderen Hälfte abhängen würde?« Und sie empörte sich: »Die Frau hat gegen Gott und gegen den Mann gesündigt, indem sie die Überlegenheit des letzteren anerkannte und so ihre eigene Lebensaufgabe verneinte.« »Der Mann muß sich zu Gott bekehren und nachher zur Frau, während die Frau sich zu Gott bekehren muß und nachher zu sich selbst.«[15]

Schließlich muß auf die außerordentliche Belesenheit und die vielseitige Bildung von Henriette Visser 't Hooft hingewiesen werden. Ihr berühmter und in viele Sprachen übersetzter Aufsatz »Eva, wo bist Du?« weist einen so hohen Informationsstand über die internationale kulturkritische, psychologische, soziologische und natürlich auch theologische Literatur zur Sache auf, daß er noch heute eine Pflichtlektüre für alle darstellt, die sich über feministische Theologie in Kenntnis setzen und als Frauen oder Männer mitreden wollen. Da finden sich Otfried Eberz, Vom Anfang und Niedergang des männlichen Weltalters, Breslau 1932; C. G. Jung, Beitrag zum Problem des

13 K. Barth, Kirchliche Dogmatik III/4, 189: »A geht vor B, B kommt nach A. Ordnung heißt Folge. Ordnung heißt Vorordnung und Nachordnung, Überordnung und Unterordnung.« Zu Kritik vgl. J. Moltmann, Gott in der Schöpfung. Ökologische Schöpfungslehre, München 1985, 223ff., 255ff.

14 Eva, wo bist Du? a.a.O., 29.

15 Ebd. 31.

Animus, Zürich 1929; Oscar Schmitz, Tragikomödie der Geschlechter, München 1930; ferner Auseinandersetzungen mit Nationalsozialismus und Faschismus und ihren »Lösungen« der Frauenfrage und nicht zuletzt die Auswertung der damals neuesten Forschungen zum Alten Testament.

Ihr letzter, mir zugänglicher Aufsatz über »Cohumanity and the Covenant« erschien 1962 in THEOLOGY TODAY. Sie faßte Martin Bubers »dialogisches Prinzip« und Karl Barths Schöpfungslehre zusammen, indem sie beide auf die Schöpfungs- und Sündenfallgeschichten anwendete. Noch einmal sagt sie, daß sowohl Superiorität des Mannes als auch die Inferiorität der Frau Sünde seien. Noch einmal erklärt sie, daß damit die Ich-Du-Beziehungen von Mann und Frau zu Ich-Es-Beziehungen pervertiert werden. Und wieder ruft sie die Frauen auf, »in a world of man-alone to be on her guard, to distinguish between monologue and dialogue, to unmask false dialogues, to discover even the smallest attempt at true dialogue and to encourage it. She herself will learn discrimination in the attempt, and this will give her training in right *vis à vis* attitudes. The rest remains with God.«[16]

Was mich als Mann an Henriette Visser 't Hooft beeindruckt, ist ihr Kampf für die gottgegebene Menschenwürde der Frau, die in ihren Menschenrechten *und* ihren Menschenpflichten zum Ausdruck kommen muß. Sie hat niemals der Versuchung nachgegeben, Männer mit einem schlechten Gewissen auf den Schuld-Trip zu schicken, um sie zu erpressen. Es findet sich auch keine Spur von Selbstbemitleidung in ihren Schriften. Ihr standen die Sünden der Frauen an den Männern wenigstens so klar vor Augen wie die Sünden der Männer an den Frauen. Wenn das äußerlich und innerlich so tief gestörte Verhältnis von Männern und Frauen in Kirche und moderner Gesellschaft gesunden soll, bedarf es der Heilung auf beiden Seiten, der Befreiung der Frau aus Benachteiligung und Unterwürfigkeit zu ihrer Eigenart und Würde und der Umkehr des Mannes aus den Herrschaftsanmaßungen zur Brüderlichkeit. Henriette

16 Co-Humanity and the Covenant, Theology Today 19, 1962/3, 71–74.74.

Visser 't Hooft hat deutlich gesehen, daß die Gemeinschaft von Männern und Frauen zwei Seiten hat, die soziale Seite der Entrechtung und Benachteiligung der Frauen und die psychologische Seite ihrer Assimilation an der Männerwelt durch die Ausbildung von Inferioritätskomplexen. Die Befreiung der Frau zu ihrer gottgegebenen Identität muß psychologisch und sozial zugleich voranschreiten. Dasselbe gilt für die Männer: Die Identifizierung des Menschseins mit ihrem Mannsein hat sie um ihre wahre, gottgegebene Identität gebracht. Ihre Privilegien in der Gesellschaft und die »schwere Last« ihrer Verantwortung entfremden sie immer weiter von sich selbst. Die Umkehr des Mannes zum wahren Menschsein wird die Entdeckung der inneren Identität mit der sozialen »Umverteilung der Macht« verbinden. Der psychosoziale Ansatz des Denkens von Henriette Visser 't Hooft ist ungemein fruchtbar.

Die Kultur des Patriarchalismus hat nicht nur die Frauen unterdrückt, sondern auch die Männer entfremdet[17]. Sie hat, um Henriette Visser 't Hoofts Bild zu verwenden, die Frauen »enthauptet« und die Männer »entleibt«. Es wird Zeit, daß die Männer dagegen protestieren. Das Patriarchat hat den Mann halbiert, ihn zum herrscherlichen Subjekt von Verstand und Wille erzogen und seinen Leib abgespalten und zum Objekt der Selbstherrschung erniedrigt. Will ein Mann zu einem »ganzen Mann« werden, dann muß er sich gegen diese Halbierung und Entleibung wehren. Dem entspricht die Heilung des gestörten Verhältnisses von Männern und Frauen. Der Herr im Mann muß sterben, damit der Bruder geboren werden kann. Es würde Frauen und Männern helfen, wenn sowohl das Bemuttern der Männer wie das Beherrschen der Frauen aufhören würde, damit beide frei und reif füreinander werden. Das alte Bild vom Haupt und seinem Leib paßt überhaupt nicht auf das Verhältnis von Männern und Frauen. Ich fühle mich durch die einfache Feststellung von Henriette Visser 't Hooft befreit.

17 Vgl. dazu Elisabeth Moltmann-Wendel und Jürgen Moltmann, Menschlich werden in einer neuen Gesellschaft, in: C. Parvey (Hg.), Die Gemeinschaft von Männern und Frauen in der Kirche. Der Sheffield-Report (1981), Neukirchen 1985, 37–53.

Auch ich bin gegen die Enthauptung der Frau und gegen die Entleibung des Mannes. Nur wenn die ganze Frau mit eigenem Haupt und der ganze Mann mit eigenem Leib einander begegnen, wird eine Gemeinschaft wechselseitigen Vertrauens und gegenseitiger Achtung entstehen.

Barbara Gollwitzer

HELMUT GOLLWITZER

Sie starb, 94 Jahre alt, nach kurzer Krankheit. Etwa 15 Jahre vor ihrem Tode begann eine neue Periode ihres Lebens: Sie wurde eine formidable Theologin. Bis dahin war sie eine bayerische Pfarrfrau gewesen, die vorbildlichste, die ich mir denken kann und die ich erlebt habe. Ihr Mann, der bayerische evangelisch-lutherische Pfarrer Wilhelm Gollwitzer, mein Vater, war ihr Konfirmator gewesen. Unvorsichtigerweise erzählten die beiden später ihren Kindern, der Vater habe die Mutter während des Konfirmandenunterrichts bei einer Unaufmerksamkeit ertappt und zu ihr gesagt: »Setz dich und schäm dich, von dir hätt' ich das nicht erwartet!« Für uns Kinder wurde das ein geflügeltes Wort, um die Eltern zum Lachen zu bringen, wenn eine elterliche Strafpredigt drohte.

Ihr Vater war Besitzer von Lithographiesteinbrüchen in der Gegend von Pappenheim (Langenaltheim) in Mittelfranken und gehörte zur Klein-Bourgeoisie der dortigen Gegend. Für den Brautvater wie für den Brautwerber war die Verbindung gegenseitig eine Ehre, als der junge Pfarrer um die Hand seiner ehemaligen Konfirmandin anhielt. Aus der Kleinstadt war sie nie hinausgekommen; jetzt schickte man die junge Braut in ein mecklenburgisches Pfarrhaus, damit sie mehr vom Haushalt und mehr von der Welt kennenlerne. Das war die weiteste Reise ihres jungen Lebens. Ihren Mann begleitete sie als Pfarrfrau in die drei Gemeinden seines Lebens, außer Pappenheim in Mittelfranken nach Bad Steben in Oberfranken und nach Lindau-Reutin am Bodensee. Er ließ sich 1936 in den Ruhestand versetzen und starb in den ersten Kriegstagen 1939. Die beiden bekamen sechs Kinder, die ersten vier Jahr für Jahr, die beiden letzten, zwei Söhne, in größeren Abständen. Diese beiden jüngsten fielen in Rußland, die vier älteren gaben dem Pfarrhaus in der Umgebung den Ruf eines höchst diskutierfreudigen und geistig bewegten Hauses.

Der Vater: das Musterexemplar eines streng und strikt konservativen (politisch wie theologisch) lutherischen Pfarrherrn, neben ihm seine schöne, freundliche Frau als ausgleichendes Element, sehr beliebt in den drei Gemeinden, praktisch, hilfsbereit, die Strenge des Gatten durch große Freundlichkeit ausgleichend. Die so rasch aufeinander folgenden sechs Kinder und die täglichen Anforderungen aus den Häusern der Gemeinde hielten sie in Atem; ihr Bildungshorizont war der des bayerischen Pfarrhauses. Nach dem Tode ihres Mannes besorgte sie ihrer Tochter Gerda, die eine bekannte Gartenarchitektin wurde, den Haushalt, verehrt und geliebt als mütterliche Freundin von allen, die ins Haus kamen. Als sie aber auch diese Pflichten abgeben konnte, da begann für sie ein neues Leben, für das ihr noch 15 Jahre geschenkt wurden; da konnte sie tun, worauf sie offenbar immer gewartet und wonach sie sich gesehnt hatte, ohne daß wir das bisher recht gewürdigt hatten. Daß wir eine intelligente, geistig bewegliche Mutter hatten, das war uns durch die Art, wie sie die Wege unserer Entwicklung verfolgte und mitmachte, wohl bekannt gewesen. Nun aber kam heraus, daß sie die ganzen Jahre eine Sehnsucht nach Wissenschaft, nach theologischer Wissenschaft in sich getragen hatte, der sie nun endlich nachgeben konnte. In den letzten 15 Jahren ihres Lebens wurde sie eine Bibeltheologin comme il faut. Sie lebte zurückgezogen in ihrem Stübchen, umgeben von Bibelübersetzungen, Kommentaren und theologischen Büchern, und schrieb und schrieb unzählige Zettel voll mit Bibelstellen über verschiedene Stichworte, mit Lesefrüchten aus den Kommentaren und theologischen Büchern. Luther und Karl Barth waren ihre bevorzugten Theologen. Nach immer neuen Stichworten trug sie ihre Lesefrüchte zusammen, und nichts war ihr lieber als Gespräche über biblische Themen. Zum Weihnachtsfest aber bekamen Kinder und Freunde vervielfältigte Zusammenstellungen aus Bibelworten und Lesefrüchten zu einem fürs kommende Jahr von ihr gewählten Thema, ihre oft in unserem Kreis besprochenen »Aphorismen«.

Jeder Bibelleser stößt auf die Doppelheit der beiden Testamente. Unsere Mutter las das Alte Testament ganz christlich, das heißt als die Bibel Jesu, und wenn eine einzelne Stelle mit Jesu Botschaft schwer zu vereinbaren war, folgte sie dem Rate Luthers: a) der scheinbare Widerspruch solle aus dem Abstand der prophetischen Zeit zur Zeit der Erfüllung erklärt werden, und b) jeder solle sich an die hellen Stellen der Schrift halten und die dunklen den Theologen überlassen.

Täglich tauchte sie tief in die Bibel ein, nie aber nur mit dem Gefühl, immer mit ihrem hellen Verstand, für den sie Erleuchtung durch die Bibel erhoffte. Deswegen benützte sie eifrig, was ihr zur Erhellung des Schriftsinns nützlich sein könnte, also die Arbeit der Ausleger und Theologen. Die moderne kritische Bibelforschung blieb ihr fremd. Schon das Wort »Kritik« erweckte ihre Abneigung, und nicht zur Wissensbereicherung schlug sie die Bibel auf, sondern um Gottes Vaterwort für sich selbst und für die, die sie liebte, zu hören. Denen mußte sie dann den Lesegewinn mitteilen, und dem dienten die Notizen, deren Niederschrift ihr Lesen begleitete.

Natürlich war ihr Verhältnis zur Bibel ein auswählendes. Was ihr fremd blieb, dem galt ihr Respekt, und sie ließ das liegen. Was sie aber berührte, dem ging sie nach, mit der Konkordanz zuerst, und sie trug Parallelstellen zusammen, um der Weite, dem Vollklang, der Fülle der Schrift nachzuspüren, auch scheinbar Widersprüchliches als zusammenhängend, sich ergänzend und erhellend zu entdecken.

Warum wurden Karl Barth und Julius Schniewind ihre Lieblingstheologen? Sie las ja nicht, um ihre theologische Bildung zu erweitern, sondern um ihr Bibelverhältnis zu vertiefen, und dafür bestanden diese beiden die Prüfung besser als alle anderen, Luther natürlich ausgenommen, der ihr vor allen anderen Helfern über alles ging.

Wo lagen ihre Vorlieben und wo die Grenzen in ihrem Bibelverhältnis? Da war alles traditionell geprägt, zugleich aber unerhört lebendig und persönlich. Ihr Glaube fand sich eher im ersten und im dritten Glaubensartikel ausgesprochen, mehr als im zweiten. Unsere Geschöpflichkeit innerhalb dieser unendlich reichen Schöpfungswelt und die Bitte um den Heiligen Geist als Beweger unserer Gedanken und Emotionen – das kehrte in all ihren Briefen, Ermahnungen und Dankgebeten wieder.

Weil die Briefe an Kinder, Enkel und Urenkel aus ihrem betenden Herzen entstanden, gehen sie oft in Gebete über, auf eine ganz natürliche Weise. Aussprache ihres liebend-fürbittenden Herzens. Es war in ihnen nichts Zwängerisches und Drängerisches. So schließt der Brief an einen Enkel: »Lieber Vater im Himmel, gib uns Deinen Heiligen Geist, daß meinen Lieben etwas von Dir offenbar werde und nicht nur Weltliches, sondern daß göttliche Kraft und göttliche Wahrheit heimisch werden in all ihrem Tun.«

An ihre Enkelin Christiane schreibt sie Pestalozzis Wort: »Erziehung ist Liebe und Beispiel, sonst nichts«, und fügt hinzu: »Und Gebet«, und dazu natürlich wieder ein Zitat diesmal von Wilhelm Löhe: »Betet! Und ohne beten wolle nicht erziehen!«

Sie war es, durch die das Pfarrhaus, noch mehr als durch unseren Vater, zu einem wahrhaften Mittelpunkt des Gemeindelebens geworden ist. Während der Jahre des Ersten Weltkriegs war die Pfarrfrau im besonderen gefordert. Ich sehe sie mit ihren Frauenkreisen im Pfarrhaus Charpie zupfen, mit Altkleidersammlungen beschäftigt, an kalten Wintertagen am Stebener Bahnhof Kaffee für die in Urlaub kommenden Soldaten der Umgebung ausschenken, sich um Verwundete auf Heimaturlaub kümmern oder Trauerbesuche in den Häusern machen, in die die Nachricht von Gefallenen gekommen war. In Lindau-Reutin waren es dann die Jahre der Inflation, die viel Elend in die Häuser der Arbeiterfamilien brachte. Das Pfarrhaus war ihretwegen Anlaufstelle für alle Klagen und Bedürfnisse und natürlich auch für viele Ehekonflikte, bei denen sie zwischen Mann und Frau zu vermitteln suchte.

Ein Landpfarrhaus mit sechs Kindern, die alle studieren wollten und sollten, in dem große Gastfreiheit herrschte, in dem immer auch Geld und Nahrung für Hungrige bereit sein sollten – ein solches Pfarrhaus konnte nur mit größter Sparsamkeit geführt werden. Darin waren sich unsere Eltern zum Glück einig. Zum selbstverständlichen Vorrecht des Mannes gehörte nach damaliger Auffassung, daß er sich eher etwas leisten durfte als die Frau. Papa also durfte auf Ferienreisen Geld für seine mit Eifer betriebene Familienforschung abzweigen. Mütterurlaub war damals unbekannt. Erst allmählich verstanden wir Heranwachsenden, daß unsere Mutter aus ihren letzten Kräften lebte. Sie ließ sich verbrauchen – von uns allen und von der ganzen Gemeinde.

Allmählich war sie selbständiger geworden in ihren Auffassungen; sie glich nicht nur manches Defizit im Verhalten ihres Mannes gegenüber Kindern und Gemeinde aus, sondern wurde auch kritisch gegen ihren Mann. Erst in der Erinnerung wird mir bewußt, daß die mittleren Jahre der Reutiner Zeit Jahre einer Ehekrise gewesen waren, die beide Eltern sich natürlich nicht eingestanden, in der aber häufig heftige Auseinandersetzungen stattfanden. Bei unserer Mutter stellten sich daraufhin Magengeschwüre ein, die ihr schwer zu schaffen machten. So war es für uns Kinder ein Ereignis, daß auch sie einmal einen Urlaub nötig hatte, einen Krankheitsurlaub, den sie in einem Erholungsheim in der Schweiz verbrachte. Erst das einfache Mittel einer Rollkur hat sie dann später von ihren schweren Magenschmerzen befreit.

Wir Kinder waren – außer unserer ältesten Schwester Inge – alle intensiv von der damaligen Jugendbewegung ergriffen, für uns sehr wichtig zur Verselbständigung gegenüber Anschauungen und Lebensstil des Elternhauses. Das brachte heftige Diskussionen. Wir muteten unseren Eltern viel zu, was ihnen ungewöhnlich, ja anstößig erscheinen mußte. Sie bewiesen dabei eine Liberalität, wegen der ich sie heute noch bewundere. Mein Vater hielt sich befremdet zurück, meine Mutter bemühte sich, verständnisvoll mitzugehen. Ihr Christentum blieb uns dadurch glaubwürdiger als das des Vaters, dem wir oft die Diskrepanz zwischen seinem Predigen und seinem Verhalten, auch zwischen dem Evangelium und seinen politischen Ansichten vorhielten. Wir waren heftig gegen ihn, wohl auch ungerecht; er kam uns starr vor, manchmal reaktionär. Als einmal eine Jugendfreundin sagte, unsere Mutter sei für sie die einzige glaubwürdige Christin, die sie bisher getroffen habe, stimmten wir ihr voll zu. So war es wohl gerade ihr Christsein, das bewirkte, daß wir alle, wenn auch auf ganz verschiedenen Umwegen, bei der Achtung vor dem christlichen Glauben festgehalten wurden und in verschiedener Weise mit dem Neuen Testament in Kontakt blieben. Die Hitlerzeit hat uns dann in unerwarteter Weise wieder ganz mit unseren Eltern vereinigt. Unerwartet war das deshalb, weil unsere Eltern wie so viele in unserem Volk zu Beginn dieser Zeit große Hoffnungen auf den nationalen Umschwung gesetzt hatten. Sehr im Gegensatz zu uns, ihren Kindern, die in der Ablehnung des neuen Regimes übereinstimmten. Aber bald änderte sich auch die Meinung unserer Eltern. Vor allem öffnete ihnen die Feindschaft der Nazis gegen das Alte Testament die Augen. Es blieb mir unvergeßlich, wie mein Vater mich schon im Sommer 1934 am Bahnhof in Lindau, als ich nach Österreich auf meine Schloßprediger-Stelle zurückkehrte, verabschiedete mit den Worten: »Am liebsten würde ich mit dir fahren. Es ist nicht mehr schön in Deutschland.« Als ich dann ab 1936 wieder in Deutschland war im Dienst der Bekennenden Kirche, zuerst in Thüringen, dann in Berlin, erhielt ich von den Eltern nur Stärkung auf diesem gefährlichen Wege.

Die Briefe meiner Mutter aus jener Zeit sind voll von Gebetsworten und von Mahnungen, nie Mahnungen zu feiger Vorsicht, immer nur zur Besonnenheit und Festigkeit. Einerseits: ich solle mich nicht von meinem Temperament hinreißen lassen, nicht provozieren, nichts Eigenmächtiges tun, immer Gott fragen, ob das getan sein müsse; andererseits: ich solle nichts unterlassen, was ich tun muß, immer nur auf Gottes Hilfe rechnen und immer im Gebet Weisheit und Standhaftigkeit mir erbitten. Als ich im Sommer 1937 einige Wochen in Berlin verhaftet war, kam sie angereist und bekam eine Sprecherlaubnis im Gefängnis. Mit keinem Wort bedauerte sie mich oder riet mir zu irgend etwas Feigem. Sie betete mit mir. Auch der Gefängnisbeamte war offenbar beeindruckt; er begleitete sie mit deutlicher Sympathie hinaus. Weil ich damals mit der Verbringung ins KZ rechnen mußte, war mir ihr Besuch noch eine außerordentliche Stärkung.

Bis zu ihrem Tode ging ein Leuchten von ihr aus, das alle ergriff, die sie besuchten. So streng sie die Verpflichtung des Christseins nahm und andere auch daran erinnerte, so gütig, verständnisvoll und verzeihend war sie in ihrem Verhalten zu jedem Menschen. In meinem Verhalten in jenen Jahren fand sie dagegen zuviel Kampf und Streit. Immer aber, wenn ich ihr einige Punkte, um die es sich handelte, erklärte, bestärkte sie mich in meiner Widerstandshaltung. Ging ich aber aufs Oktoberfest oder auf den Münchener Fasching, so entließ sie mich, den Theologieprofessor, nie ohne die Worte: »Gell, Helmut, du denkst daran, daß du ein Pfarrer bist!« Sie war froh, daß ihr Sohn Pfarrer war und ein Theologieprofessor und daß sie sehen konnte, daß ich meine Aufgabe ernst nahm. Als sie mich einmal in einem Vortrag in München sagen hörte: »Ich liebe meine Kirche«, umarmte sie mich danach ganz glücklich. Meine Predigten las sie dankbar, immer aber auch kritisch. Was ihr nicht gefiel, strich sie an, versah es mit Fragezeichen und schickte es mir zurück. Kam ich nach München, so hatte sie stets eine lange Liste von theologischen Fragen und von kritischen Einwänden parat.

So innerlich gerüstet ging sie dann im hohen Alter ihrem Sterben entgegen. Sie sah mit Freuden auf die obere Welt. Geistesklarheit blieb ihr verliehen bis in die letzten Tage. Bettlägerig war sie die dankbarste Patientin. Den irdischen Kämpfen war sie abhold; daß ich in die politischen Kämpfe verflochten war, sah sie mit Sorge. Mit ihren Gebeten stand sie hinter Niemöller und Heinemann ebenso wie hinter meinen Auseinandersetzungen. Dabei dachte sie ganz ökumenisch. Als ihre Tochter Inge zum Katholizismus konvertierte, überwog bei ihr die Dankbarkeit dafür, daß ihre Tochter, die durch ihr altphilologisches Studium lange Jahre der Antike verhaftet war, zum christlichen Glauben gefunden hatte. Das Interesse ihres Sohnes Gerhard für Swedenborg blieb ihr zwar fremd, aber auch da versuchte sie mitzugehen und zu verstehen, soweit sie nur konnte.

Sie war es wohl, die uns als entscheidendes Erbe vermittelte die Skala von Werten, die für unser Leben entscheidend sein sollte, erst recht in dieser unserer Mammongesellschaft mit ihren Privilegien und Hack- und Rangordnungen. Die geistigen Werte stehen in dieser Skala obenan und die materiellen Werte weit unten; die Rangstellung in der Gesellschaft ist wenig interessant und ungleich mehr die menschliche Qualität. Jeder Mensch aber ist gleich wichtig, weil von Gott geliebt, ob er in der gesellschaftlichen Rangordnung unten steht oder oben. Ob man mit seinen Entscheidungen vor Gott bestehen kann ist wichtiger, als ob man mit ihnen vor Menschen bestehen kann; mit seinem Gewissen im reinen zu sein ist wichtiger, als was man an Folgen zu tragen hat. Bessere Lebensregeln kann man sicher seinen Kindern nicht mitgeben.

Klara Steffensky

Fulbert Steffensky

Meine erste und gründlichste Lehrerin war meine Mutter. Sie ist 1897 geboren und 1978 gestorben. Zehn Jahre ihrer Lebenszeit waren Kriegsjahre. Von zwölf Geschwistern sind zehn vor ihr gestorben. Sie hat den Tod ihrer jüngsten Tochter erleben müssen. Sie hat zwei Fluchten mitgemacht. Auf der letzten ist ihr Mann gestorben. Zwei Söhne waren damals im Krieg. Und mit drei kleineren Kindern war sie allein. 33 Jahre lebte sie als Witwe. Sie hat eine Inflation erlebt, in der sie das Haus, das sie mit ihrem Mann gebaut hatte, nur mit Mühe behalten konnte. Da ihr die Bank kein Geld mehr lieh, mußte sie bei einem privaten Verleiher Geld aufnehmen und dafür 25 Prozent Zinsen zahlen. Ihr letzter Rentenbescheid im Juni 1978 ging über 750 Mark. Sie war in den letzten Jahren ihres Lebens im »Pensionärsverein«. Dieser zahlte bei ihrem Tod 120 Mark. »So könnt Ihr wenigstens den Kuchen für meine Beerdigung bezahlen«, schrieb sie kurz vor ihrem Tod.

Diese Frau hatte keine Souveränität den Umständen ihres Lebens gegenüber. Sie hat sich den Krieg nicht ausgesucht und nicht die Arbeitslosigkeit ihres Mannes. Sie hatte weder Möglichkeit noch Zeit, Bücher zu lesen und sich einen Begriff von ihrer Welt zu machen. Das Leben kam über sie und setzte ihr enge Grenzen. Die Tugenden, die sie übte und die sie uns lehrte, waren die Weisheiten eines Lebens, dessen Meister man nicht war.

Die erste schöne und nicht ungefährliche Weisheit, die sie selber aus diesem Leben lernte, war: Man kann nur überleben, wenn man zusammenbleibt und das Leben miteinander teilt. Es war kaum etwas schlimmer geächtet als Geiz und die Trennung des einzelnen vom Ganzen. Diese Lehre hatte viele Realisationen. Man teilte in der Familie das Fleisch, wenn einer geschlachtet hatte. Man mähte miteinander und machte miteinander die Kartoffeln aus. Man betrauerte die Toten miteinander und feierte die Feste zusammen. Für Zusammenkünfte aller Art ließ man sich in dieser Zeit eines unglaublichen Fleißes viel Zeit. Man kann sich heute nur schwer vorstellen, wie die Menschen dort über ihre enge Familie hinaus daran Anteil nahmen, wenn ein Kind krank war oder wenn ein Verwandter arbeitslos wurde. Das Ganze zusammenzuhalten war Aufgabe der Mütter. Sie dirigierten die einzelnen zueinander hin, überwachten die Sitten des Zusammenbleibens und litten am Streit.

In den Briefen meiner Mutter an mich werde ich immer wieder ermahnt, wenn ich einen Namenstag vergessen hatte; wenn ich einen Hochzeitstag nicht gebührend gewürdigt und wenn ich einem Besuch nicht genügend Zeit gelassen hatte. Wir hatten eine Tante, die niemand so recht mochte. Auch ihr mußte ich schreiben, auch sie mußte ich einladen, obwohl mir ihre Besuche eher eine Qual waren. Das Verhältnis des einen zum anderen war nicht so sehr geregelt durch Freundschaft und durch unmittelbare Beziehung. Es war das Ganze, der Clan, der die Beziehungspflicht aufstellte. Man war im Ganzen immer schon jemand, weil man dazugehörte, abgesehen von der persönlichen Qualität. Man mußte sich also nicht zuerst erarbeiten, um zu gelten. Man gehörte eben dazu. »Es ist doch dein Cousin«, war Argument genug, jemanden zu verpflichten.

Die Zweideutigkeit dieser Lehre ist ersichtlich. Wehe, wenn einer ausbrach! Wenn einer den allgemeinen Glauben nicht mehr teilte; wenn jemand anfing, Hochdeutsch zu sprechen, und mit dem Dialekt brach und seine eigenen Wege ging. Skrupellos konnte meine Mutter in einem solchen Fall die Waffe der Hilflosen einsetzen, die Tränen und die Darstellung des eigenen Leidens. Darunter hatten besonders die Kinder zu leiden. Ich erinnere mich, daß einmal ein Neffe von mir sich weigerte, Ostern zur Kommunion zu gehen, damals eine strenge Pflicht für Katholiken. Gezwungen wurde der junge Mann nicht. Aber er bekam die Folgen seines Ausbruchs zu spüren in der Demonstration des allgemeinen Leidens.

Das Prinzip des Ganzen war immer schon verhängt als

Schicksal des einzelnen. Und wieder auch nicht! Es gab auch die dauernde personalistische Durchbrechung der Prinzipien zugunsten des einzelnen. Als ich das Kloster verließ, in dem ich lange gelebt hatte, und konvertierte, war meine bange Frage, wie wohl meine Mutter damit fertig würde. Schließlich war sie eine einfache und gläubige Frau, die keinen Satz ihrer Kirche je in Frage gestellt hatte, nicht einmal den dümmsten. Schließlich traf ich sie und erzählte ihr von meinen Absichten. Aber statt besonders erschüttert zu sein, sagte sie: »Dann wirst du ein Paar neue Schuhe brauchen.« Natürlich hat sie gelitten, und natürlich hielt sie diesen Schritt für ein ungeheures Vergehen. Und zugleich war ihr Herz größer als das Prinzip.

In ihrem letzten Brief an mich – wir waren damals in New York, und es war ein strenger Winter – schrieb sie zum Schluß: »Wie geht es Dorothee? Sie soll nicht zu leichtsinnig sein!« Nun mag man bei jener Dorothee einigen Anlaß haben, ihren Leichtsinn zu fürchten. Aber allen ihren Kindern gegenüber hatte meine Mutter diese Furcht. Als Leichtsinn galt eigentlich alles, was man nicht tun mußte, um das Leben zu sichern. Ein Bruder meiner Mutter, der in unserem Haushalt lebte, kaufte 1947 ein kleines Radio auf Raten, damals war ein Ratenkauf allerdings noch sehr ungewöhnlich. Schulden zu machen für eine so überflüssige Sache wie ein Radio galt ihr als so leichtsinnig, daß sie ihn nach 14 Tagen so weit brachte, das Radio unter Verlust der Anzahlung wieder zurückzubringen. Leichtsinn waren Reisen, die man nicht machen mußte und doch machte. Leichtsinnig waren Lebensexperimente, die vom herkömmlichen Verhalten abwichen. Leichtsinnig war es auch, Bücher zu lesen, wenn das Haus noch nicht aufgeräumt war und die Kartoffeln noch nicht ausgemacht waren. Leichtsinnig war, wenn man sich in Sachen einmischte, die einen nichts angingen, zum Beispiel in die Politik. »Müssen die beiden Esel sich noch in die Politik mischen!« schrieb sie mir, als meine beiden Brüder für den Gemeinderat kandidierten. In dieser Hinsicht führte sie vor allem einen dauernden Kampf gegen meine jüngste Schwester, die lieber las als aufräumte; die plötzlich alles stehen und liegen ließ, um ihre Geschwister und sie selber zu besuchen; die zu viele Geschenke machte und nicht überlegt genug einkaufte.

Wenn sie gegen den Leichtsinn ihrer Kinder sprach, war es allerdings, als spreche sie mit einer fremden Stimme. Sie hatte ihr heimliches Vergnügen am Leichtsinn ihrer Kinder. Ganz ernst war es ihr nie mit ihren Warnungen. Sie liebte in ihren Kindern auch die Möglichkeiten, die ihr selber das Leben vorenthalten hatte. Aber sie hatte aus ihrem eigenen Leben auch eine bittere Summe gezogen: Das Herkömmliche, das Alte, das Bekannte hat uns zumindest nicht ganz scheitern lassen. Darum wollen wir, daß das Alte bleibt. Denn was Experimente und was das Spielen im Leben bringen, ist ungewiß. Natürlich hat sie diese Lebensfurcht auch politisch konservativ sein lassen. »Wenn nur Brandt nicht drankommt!« schreibt sie vor einer Bundestagswahl. Ich vermute allerdings, daß sie gegen Ende ihres Lebens die SPD gewählt hat, und ich befürchte, daß sie dies gebeichtet hat.

Das bringt mich zu ihrem Verhältnis zur Kirche. Es fällt mir schwer, ohne Zorn zu schreiben, wenn ich daran denke, mit welcher bodenlosen Frechheit die Kirche diese Menschen behandelt hat. Ich denke an das Sexualverhalten, das eine Reihe alter Männer diesen Menschen aufzwang. Ich denke daran, wie sie Glück zur Todsünde erklärten. Ich denke an die Rigidität und Gesetzlichkeit, mit der die Kirche diese Menschen in die Angst zwang, als würde sie das Leben nicht gerade genug ängstigen. Ich denke daran, wie der Pfarrer nach dem Krieg, mein Vater war gerade gestorben, lieber Eier und Speck für die Messen wollte als Geld und wie die Menschen sie ihm gegeben haben. Jede Aufklärung und Vernunft hat diese Kirche den Menschen vorenthalten. Sie hat sie politisch verdummt. Frauen benutzte man, wenn man sie brauchte, und schickte sie weg, wenn sie überflüssig waren. Während der Nazi-Zeit durften die Frauen des Dorfes als »katechetische Hilfe« im Religionsunterricht des Pfarrers dabeisein. Das heißt, sie saßen dabei und sollten notfalls bezeugen, daß der Pfarrer nichts gegen die Nazis sagte. Nach dem Krieg war diese katechetische Hilfe überflüssig, und die Frauen verschwanden wieder. Sie durften auch während der Gottesdienste aufpassen, daß sich die Kinder ordentlich benahmen, und diese notfalls ohrfeigen. Zu zweifelhaften Lehrerinnen hat sie die Kirche gemacht. Vor allem aber litten die Frauen unter dem unbarmherzigen Diktat der Kirche, Kinder zu gebären. Dabei hatten sie kaum Zeit, ihre Arbeit für die Geburten zu unterbrechen. Aus dem Dorf meiner Mutter habe ich eine grausige Geschichte gehört. Einer Frau war der Mann gestorben. Sie wurde von einer anderen Frau getröstet mit dem bitteren Trost: »Jetzt brauchst du wenigstens keine Kinder mehr zu kriegen.« Ich frage mich manchmal, ob es für diese Menschen nicht leichter gewesen wäre, wenn es keine Kirche gegeben hätte. Diese Frage aber muß ich meine Mutter beantworten lassen. Ich höre ihre Stimme bei einem Unglück, das sie betroffen hat, oder in den Kriegsjahren: »Wenn man die Kirche nicht hätte!« Sie sagte nicht: »Wenn man das Christentum nicht hätte!« Sie sagte nicht: »Wenn man den Glauben nicht hätte!« Glaube und Christentum waren nicht wegzudenken von ihrer sozialen und öffentlichen Gestalt, der Kirche.

Was waren die Kirchenlehren, die uns meine Mutter vermittelt hat? Ich erinnere mich kaum, daß sie uns Kindern Inhalte des Glaubens erklärte. Gelegentlich hatte sie ein paar Horrorgeschichten über die Hölle aus dem reichen Schatz jener kirchlichen Weisheit zu erzieherischen Zwecken parat. Gelegentlich erzählte sie Schutzengelgeschichten. Die Inhalte des Christentums zu erklären blieb der Christenlehre und dem Religionsunterricht vorbehalten. Aber wir sahen täglich ihre eigene einfache Frömmigkeit, und sie hüllte uns fast ohne Unterbrechung ein in die Gesten des Glaubens. Soweit es ihre Arbeit zuließ, ging sie täglich zur Kirche. Sehr oft nahm sie uns Kinder mit. Natürlich stand zu keiner Zeit, auch nicht als wir älter waren, die Sonntagsmesse und die Andacht am Sonntagmittag zur Debatte. Sie betete täglich und oft mehrmals am Tag den Rosenkranz, in ihrem Alter immer öfter. Eigentlich wickelte sie ununterbrochen alle Sorgen und Schmerzen ihres Lebens in die Avemarias des Rosenkranzes. Den Rosenkranz trug sie immer mit sich. So konnte sie ihn auf einem Weg beten oder in einer Arbeitspause. Ich höre heute noch die monoton-eindringlichen Stimmen der Frauen, die den Rosenkranz beteten. Der Rosenkranz war die karge Poesie aller Sorgen und Wünsche an das Leben. Er lenkte nie vom Leben ab, sondern brachte es in eine einfache Sprache. Das Tischgebet war selbstverständlich, allerdings nur, wenn es »dampfte«, also bei warmem Essen. Im Mai gab es nicht nur die sonntäglichen Maiandachten in der Kirche. In der Ecke jeder Küche war ein »Maialtar« eingerichtet. Wenn ich mich richtig erinnere, gab es zur Zeit meiner Mutter nur selten eine bigotte Frömmigkeit. Die Frömmigkeit war immer verbunden mit einfachen und einsichtigen Lebenswünschen: daß die Ernte gut wird; daß die Kinder gesund bleiben; daß die Söhne gesund aus dem Krieg zurückkommen. Eine bigotte Frömmigkeit entwickelte sich bei einzelnen Gruppen im Dorf erst später, als der Lebensstandard gehoben war und als Religion und Lebenswünsche stärker getrennt waren. Religion und ihre Äußerungen umgaben uns als Kinder dauernd. Und das Leben meiner Mutter wäre ohne sie dumpfer, sprachloser und hoffnungsloser gewesen.

Man kann sich fragen: Wie konnte man überhaupt atmen, wo man so unablässig auf religiös geprägte Situationen traf? Konnte man überhaupt ein eigenes Verhältnis zum Glauben bekommen, wo man so wenig Möglichkeiten hatte, ihn zu verweigern? Ich erinnere mich an eine Eigenart meiner Mutter, die im Widerspruch zu stehen scheint zu ihrer religiösen Gebundenheit. Sie hatte ein Stück religiöser Frivolität. Einmal galten die Priester nicht allzu viel bei ihr. Sie waren hochgeschätzt und geehrt als Verwalter der Sakramente und der göttlichen Machtmittel. Das hieß durchaus nicht, daß man sie persönlich schätzte. Weder meine Mutter noch wir Kinder legten zum Beispiel irgendeinen Wert auf Predigten. Wenn sonntags jemand aus der Messe kam, war die Standardfrage der Familie: »Worüber hat er gepredigt?« Antwort: »Über die Sünde.« »Was hat er gesagt?« Antwort: »Er war dagegen.« Die Familie war immer erleichtert, wenn im Sommer die »Predigtferien« anfingen, der Pfarrer also während der Schulferien nicht predigte.

Gegen antiklerikale Witze schimpfe meine Mutter so sehr, wie sie sich an ihnen ergötzte. Sie ließ ihren eigenen religiösen Anarchismus ganz gerne durch die Männer und die Kinder exekutieren. Sie war fromm und hatte zugleich eine spöttische Art, mit Glaubensdingen umzugehen. Einmal hat sie mir ins Kloster eine Flasche vom selbstgebrannten Schnaps geschickt. Dazu schrieb sie: »Ich hoffe, daß jeder Pater, der davon trinkt, für mich ein Vaterunser betet. Für einen Ablaß wird es ja nicht reichen.« Ich erinnere mich an das Jahr 1950, als der Papst das Dogma von der leiblichen Aufnahme Mariens in den Himmel verkündigte. Meine Mutter kam sonntags aus der Kirche. Alle hatten schon irgendwie von dem neuen Dogma gehört, und keiner wußte genau, was es meinte. Die Familie fragte meine Mutter, was der Pfarrer über das Dogma gesagt habe. Sie antwortete unwirsch und wenig beeindruckt: »Na ja, daß die Muttergottes mit Schuhen und Strümpfen in den Himmel gekommen ist.« Dieses Stück Leichtigkeit war nicht nur die persönliche Eigenart meiner Mutter. Es war eine allgemeine Haltung in dieser religiös definierten Situation. In dem Dorf kam einmal sonntags vor dem Hochamt ein Mann in eine Wirtschaft und wollte einen Schnaps. Der Wirt sagte vorwurfsvoll: »Aber Jakob, du willst doch gleich in die Kirche und kommunizieren.« Darauf der Mann: »Unser Herrgott ist über den See Genezareth gekommen, dann kommt er auch über den kleinen Schnaps.« Das ist die Art der Schweijks in autoritären Systemen, sich zu entziehen und sich ein Stück Freiheit zu bewahren.

Man kann kaum über den Glauben eines anderen Menschen reden. Ich vermute, daß der Kern des Glaubens meiner Mutter die Kraft der Annahme und der Zuversicht war. Dieser Glaube hat ihr geholfen, den Tod meines Vaters anzunehmen, ohne vollständig zu zerbrechen. Er hat ihr geholfen, das unverstandene Leben zu ertragen, gegen das man sich wenig wehren konnte. Gewiß, diese Kraft hatte auch ihren Zwiespalt. Es blieb keine Zeit zur Revolte und zum Protest. Entrinnen und verändern konnte sie mit dieser Kraft nicht. Aber Veränderungen waren auch kaum möglich. Und vielleicht war die Annahme die Tugend, die sie am meisten brauchte.

Die Unterscheidung zwischen einer versklavenden und einer befreienden Religion, die ich sonst gerne mache, geht im Fall meiner Mutter kaum. Sicher kann ich an vielen Stellen feststellen, daß ihr die Religion das Glück eher genommen als sie darin bestärkt hat. Aber zugleich sehe ich, daß sie nicht hätte anders leben können als mit dieser Sprache der Zuversicht. Und ich sehe, daß ihr Glaube ihrem Leben Sprache, Schönheit und Würde gegeben hat. Es war mit ihrem Glauben auch immer ein

Unvergessenes in ihrem Leben; die Erinnerung an die Ganzheit des Lebens. Einmal soll es anders sein. Einmal werden die Toten leben, und einmal werden die Tränen abgewischt sein. Wirklich gebrochen hat sie nur der Tod ihrer jüngsten Tochter zwei Jahre vor ihrem eigenen Tod. Und da hatte sie ein Recht darauf zu zerbrechen.

Vielleicht habe ich bisher meine Mutter zu sehr als Opfer beschrieben. Sie war es. Aber sie hat in ihren engen Grenzen auch menschlich gewohnt. Ihr Leben war Sorge, aber es war eigentlich nichts Vergrämtes in ihr. Im Gegenteil, manchmal jene leichtsinnige Heiterkeit, vor der sie uns Kinder immer gewarnt hat. Eine kleine Szene beleuchtet das. Als meine Eltern ihr Haus bauten, war es einmal soweit, daß sie buchstäblich kein Geld mehr hatten. Geradezu ausgelassen suchten sie überall herum, bis sie noch 16 Pfennige fanden. Davon haben sie sich dann ein Päckchen Malzkaffee gekauft. Viele Geschichten der Sorge wurden später heiter erzählt. Und es war nicht nur die Verklärung der Armut aus dem sicheren Abstand. Vor allem mein Vater verlor eigentlich nie ein Stück franziskanischer Ausgelassenheit, auch nicht in ärmsten Zeiten. Natürlich, man wußte auch, man verhungerte nicht. Kartoffeln waren immer da und eine große Sippe, die einen in schlimmsten Zeiten nicht ganz im Stich ließ. Man kann die Armut und ihre Folgen auch gegen den Strich lesen. An ein Einzelzimmer war für uns Kinder natürlich nicht zu denken, selten auch nur an ein Einzelbett. Aber dafür war man auch nie ohne die Wärme eines anderen Menschen. Und es gab die Einsichtigkeit der einfachen Dinge. Man wußte, wozu man Gras mähte, Kartoffeln pflanzte, die Ziegen hütete und die Hühner fütterte. So merkwürdig es erscheint, die Menschen haben den Sinn ihrer Arbeit unmittelbar eingesehen. Auch die Kinder, wenn sie arbeiten mußten. Sinn war nicht etwas von außen Dazugefügtes. Er lag in den meisten Dingen, die man tat, weil man sie tun mußte.

Auch in anderer Hinsicht war meine Mutter mehr als Opfer. Sie war reich an Künsten. Sie konnte kochen; sie verstand viel von Heilkräutern; sie konnte Wurst machen und Sauerkraut einlegen. Sie wußte, wann man im Frühjahr Salat aussähte und auf welchem Boden er wuchs. Sie wußte, wie man Neugeborene badete und wie man die Toten wusch. Sie war ihrer Welt nicht nur ausgeliefert. Vielleicht hat die Einfachheit das Leben intensiver gemacht. Vielleicht! Ich will mich hüten, der Romantisierung dieses Lebens zu verfallen, wie ich mich hüten will, das Opfer nur Opfer sein zu lassen.

Wie konnte diese Frau mit jener in ihrem letzten Brief erwähnten Dorothee umgehen? Zunächst hatte sie einen begrenzten Respekt vor ihr. Respekt, weil sie ja eine Doktorin und später Professorin war; weil sie Bücher las und Bücher schrieb. Begrenzt war der Respekt, weil jene Dorothee vom Flicken, Einmachen und Kochen doch weniger verstand als sie selber. Vielleicht hat meine Mutter sie auch heimlich kritisiert, offen nur einmal. Als die Professorin einmal bei ihr kochte – mit viel Skepsis wurde es gestattet –, überraschte sie die Familie mit einem vegetarischen Essen und vor allem mit vielen Salaten. Darauf meine Mutter: »Ich bin doch kein Kaninchen!«

Begrenzt war der Respekt auch, weil meine Mutter und die Kultur, in der sie lebte, eher mit freundlicher Ironie auf »die Akademiker« reagierte. So etwas in der Familie zu haben hob zwar das eigene Ansehen. Aber ganz ernst wurden sie nicht genommen. Man schrieb ihren Titeln und ihrer Bildung keine besondere Wichtigkeit zu. Als ich selbst zum Professor ernannt wurde, rief ich meine Mutter abends an, und ich dachte, dies würde sie besonders freuen. Verlegen teilte ich es ihr mit: »So!« sagte sie, »und wie geht es Mirjam?« Das Interesse an der Enkeltochter war dann doch größer als der neue Titel.

Später hatte meine Mutter ein karg-herzliches Verhältnis zu ihrer Schwiegertochter. Sie gehörte dazu, auch wenn meine Mutter sie vielleicht für etwas verrückt hielt. Aber Verrücktheit allein war noch nie ein Grund, jemanden aus der Familie auszuschließen.

Anna Morawska

Elisabeth Adler

Vor mir steht ein Bild von Anna, auf schlechtem, ein wenig vergilbtem Papier: eine aufgeklappte Zeitschrift, links auf Seite 2 ein Inhaltsverzeichnis in polnischer Sprache, rechts auf Seite 3 das Bild von Anna, das immer lebendiger wird, je länger ich es anschaue. Anna sieht mich an, so scheint es, oder sieht sie an mir vorbei? Sie lächelt freundlich und auch ein wenig ironisch. Ihr Gesicht ist wach und offen, aber auch zurückhaltend. Ihr Blick warm und kühl – wenn beides zugleich möglich ist. So habe ich Anna gekannt.

Unter dem Bild lese ich ihre Geburts- und Sterbedaten: Anna Morawska 24. 1. 1922 – 19. 8. 1972. Im August 1972 bin ich auf einem Krakauer Friedhof hinter ihrem Sarg hergegangen, der von ihren Freunden getragen wurde. Sie starb unerwartet. Die ihr nahestanden, wußten nur, daß es ihr in den letzten Monaten nicht so gut gegangen war. Sie hatte nichts von ihrer Krankheit zum Tode gesagt, sie wollte niemanden beunruhigen. Bis zuletzt hatte sie gearbeitet, vier Artikel über ihre erste Amerikareise, »Antykultura?«, eine kritische Auseinandersetzung mit dem, was sie in den USA wahrgenommen hatte. Und sie hatte viele Pläne, zum Beispiel wollte sie ein Buch über Adam von Trott schreiben.

Einer ihrer Kollegen aus dem Redaktionskreis von »Więź«, eben dieser Zeitschrift aus Warschau, deren No. 11/1972 ich vor mir habe, schrieb in einem Nachruf: »Sie verließ uns auf dieselbe Weise, die auch für ihr Leben charakteristisch war – ihre diskrete Anwesenheit, wichtig, kraftvoll, bedeutsam, verbindlich, die im Gefühl eines jeden von uns da ist.«

Ich sehe das Foto von Anna an und versuche ihre Stimme zu hören. Das gelingt kaum. Ich weiß nur, daß es eine tiefe und etwas heisere Stimme war. Aber die Erinnerungen an Inhalte unserer Gespräche sind sofort da: die Notwendigkeit von Frieden und Versöhnung; polnisch-deutsche Beziehungen; die Erneuerungsbedürftigkeit der Kirche in Polen; Freude über das II. Vatikanische Konzil; Ökumenische Öffnungen; die Vergangenheit und ihre Folgen; Auschwitz; Juden in Polen; Sozialismus in Polen; Dialog mit Marxisten und Ungläubigen. Das waren auch die Themen, über die Anna schrieb, über die sie im In- und Ausland Vorträge hielt.

Erinnerungen an persönliche Erlebnisse mit Anna tauchen auf. Ein Aufenthalt in Zakopane im Haus ihrer Freunde. Ich sei die erste Deutsche, die nach dem Krieg ihren Namen ins Gästebuch des Hauses schreibe, sagte Anna und erzählte von den vor der deutschen Besatzung fliehenden Polen und Juden, die hier Unterschlupf fanden, ehe sie von den Bergbewohnern, den Goralen, über die Pässe der Hohen Tatra gebracht wurden. Wir besuchten ihre Freundinnen und Freunde, einen Grafiker, einen Bildhauer, eine Schriftstellerin. In Krakau aßen wir in der jüdischen Gaststätte, besuchten einen Keller mit schönem Gewölbe in der Altstadt, in dem Studenten ein Café eingerichtet hatten. Wir kauften einen Blumenstrauß an der Straßenecke für Annas Kollegen Jerzy zum Namenstag. »Bei uns heißt jeder dritte Jerzy, darum gibt es heute überall Blumen«, erklärte Anna. Ich sehe ihre Wohnung vor mir, eine Neubauwohnung, die sie mit ihrer Mutter und Tochter teilte. Ihr Zimmer – gemütlich und belebt, ein Schreibtisch, der aussah, als sei Anna gerade beim Schreiben unterbrochen worden, Stapel von Büchern und Zeitschriften überall griffbereit und zum Blättern und Lesen einladend, Mokkatassen auf dem niedrigen Tisch von Gästen, die gerade gegangen waren, oder für Gäste, die gerade erwartet wurden.

In den Jahren, in denen ich Anna kannte – es waren ihre letzten Lebensjahre –, kam zu ihrer Arbeit als Autorin, Übersetzerin und Publizistin die Organisation eines umfangreichen internationalen Begegnungsprogramms. »Ich bin inzwischen zwar nicht formell, aber de facto eine Art ›Außenamt‹ für unsere Gruppe geworden... Da wir immer mehr Besuch kriegen und auch Einladungen, muß jemand wenigstens ein Gesamtbild von diesem ganzen Verkehr im Kopf haben... Vielleicht hat diese Arbeit einen Sinn – ich bin mir dessen gar nicht sicher...« schrieb sie im Frühjahr 1971.

»Unsere Gruppe« – damit meinte sie die Redaktionskreise der Monatszeitschriften »ZNAK« und »WIĘŹ«, der Katholischen Wochenzeitung »Tygodnik Powszechny« und die Mitglieder der Clubs der Katholischen Intelligenz. Ihr Engagement für die deutsch-polnische Versöhnung führte ihr viele Gäste zu: von der Aktion Sühnezeichen aus beiden deutschen Staaten, von den Evangelischen Akademien in West- und Ostberlin, vom Katholischen Seelsorgeamt in Magdeburg, vom Bensberger Kreis. Sie hatte Kontakte mit den evangelischen Kommunitäten Taizé und Imshausen, zu Redakteuren katholischer Zeitschriften, besonders in Frankreich, und zu internationalen Organisationen wie der Katholischen Studentenvereinigung Pax Romana und der Weltkonferenz für Religion und Frieden, in deren Exekutivkomitee sie 1970 gewählt wurde.

Der Kreis, in dem sie lebte und den sie auf eine unaufdringliche, aber nachhaltige Weise prägte, war 1956 mit den politischen Veränderungen in Polen entstanden. Der »polnische Oktober« von 1956 machte die Gründung der Clubs der Katholischen Intelligenz in Warschau, Krakau, Wroclaw, Poznan und Torun möglich. Die beiden Monatszeitschriften konnten erscheinen, die Gruppe ZNAK war mit einigen Abgeordneten im Sejm vertreten.

Annas bekanntes Leben scheint 1956 zu beginnen. Man wußte, daß sie mit dem jüdischen Philosophen und Kulturwissenschaftler Morawski, der in Warschau an der Universität lehrte, verheiratet gewesen war. Wie die Bibliografie ausweist, hat sie 1954 und 1955 bereits einige Artikel, vor allem über psychologische und kulturelle Fragen, in Tygodnik Powszechny veröffentlicht.

Ab 1956 schreibt sie weiter für diese Zeitung, außerdem für die Zeitschriften ZNAK und WIEŹ, 20 Artikel oder mehr pro Jahr. Wer in Annas Wohnung übernachtete, hörte die Schreibmaschine ab sieben Uhr morgens klappern. Dazu kamen Übersetzungen aus dem Englischen, Französischen und Deutschen. »Anna war mehr Weltbürgerin als wir alle«, meinte einer ihrer Kollegen. Sie vermittelte Ökumene nach Polen, indem sie

Martin Luther King, Paul Tillich, Erich Müller-Gangloff, Abraham Heschel und andere übersetzte. Obwohl die Wieź-Redaktion ihren Sitz in Warschau hatte und Anna in Krakau wohnte, fühlte sie sich dieser Zeitschrift besonders verbunden. Znak in Krakau war ihr etwas zu intellektualistisch. Erklärtermaßen war der Personalismus die philosophische Grundlage von Wieź. Zu den Round-table-Gesprächen der Redaktion, die der Erarbeitung aktueller Themen dienten, wurden Menschen verschiedener Anschauungen eingeladen: Christen, Marxisten, Existentialisten, Positivisten. Ein marxistischer Gesprächspartner rühmte die Offenheit des Kreises und sprach von dessen »kritischer Akzeptanz des Sozialismus«. Der Chefredakteur von Wieź, Tadeusz Mazowiecki, formulierte in der 100. Nummer seiner Zeitschrift: »Man kann nicht um die humanistische Perspektive der sozialistischen Welt kämpfen, wenn man ihr innerlich total fremd bleibt« (Wieź 100, 1967).

Neben den zahlreichen Artikeln in den drei Publikationsorganen und einigen wenigen in der Frankfurter Rundschau und in vervielfältigtem Material des Magdeburger Seelsorgeamtes erschienen in der »Biblioteka Wieźi« zwei Bücher von Anna Morawska: »Perspektywy« – Katholizismus und Zeitgenossenschaft, 1963, dem Wirken Johannes XXIII. gewidmet, und »Chrzescijanin W Trzeciej Rzeszy« (Christ im Dritten Reich), eine Bonhoeffer-Biografie, 1970. Nach ihrem Tode 1975 folgte noch ein Band ausgewählter Artikel »Spotkania« (Begegnungen). In der Biblioteka Wieź wurden auch von ihr ausgewählte und größtenteils von ihr übersetzte theologische Texte veröffentlicht: Robinson »Gott ist anders« mit der Pro-und-contra-Diskussion, Werke von Dietrich Bonhoeffer, Karl Rahner, Josef Pieper und Thomas Merton.

Mit der Aufzählung dessen, was Anna schrieb, wird zwar deutlich, womit sie in die Öffentlichkeit hineinwirkte. Damit ist aber nicht erfaßt, was Anna in dem Kreis bedeutete, in dem sie lebte. Einer ihrer Kollegen schreibt in einem Artikel »Anna – zum Gedenken« (Wieź 11/1972): »Für uns gab es noch eine andere Anna. Neben ihrem Schaffen, das ›äußerlich‹ zutage trat, existierte ihr ›inneres‹ Schaffen, das nur im Umfeld gemeinsamer Arbeit bekannt ist. Es geht mir hier um Annas

Beitrag zur Gemeinschaftsarbeit oder zur persönlichen Arbeit ihrer Kollegen, um ihre inspirierende Rolle, um die Funktion eines Katalysators fremder Ideen, um ihren Beitrag zu kollektiven Entscheidungen. Schließlich um die Bedeutung ihres Wissens und ihrer Initiative für unsere Arbeit, um ihre Stimme in der Diskussion, die manchmal unterging, zuweilen in kontroversen Debatten aber auch produktiv war. Diese Art ihrer Tätigkeit, die nicht unter ihrem Namen bekannt wurde und sich kaum konkret messen läßt, bleibt für uns nicht weniger wertvoll als ihre Bücher und Artikel.«

Für uns, Freundinnen und Freunde in der DDR, in Westberlin und in der Bundesrepublik, gab es noch eine andere Tätigkeit Annas, die nur bedingt in ihren publizistischen Werken Niederschlag findet, die aber in unserer Erinnerung einen zentralen Platz einnimmt: ihr Einsatz für eine neue Beziehung zwischen Polen und Deutschen. Sie knüpfte Verbindungen, initiierte Begegnungen, sprach an, was zwischen uns stand, und half uns durch ihre Freundschaft, Vergebung für möglich zu halten.

Im Sommer 1965 hatte sie den ersten Besuch einer westdeutschen Sühnezeichengruppe erlebt, die darum bat, in Auschwitz, am Ort des Leidens des polnischen Volkes, arbeiten zu dürfen. Anna nennt diese Begegnung einen »guten Schock« für polnische Partner, »sie war schlicht, einfach, menschlich, ohne gespensterhafte Verwicklungen und Ballast, welche wir – die ältere Generation – alle auf uns tragen. Die barmherzige Zeit verstrich, und es öffnet sich wieder ein neues junges Blatt der Beziehungen zwischen den Menschen unserer Völker. Es ist noch leer. Was werden wir mit ihm machen?« (Kommunität 37/1966, Tygodnik Powszechny, August 1965). Sie bezeichnet die jungen »Idealisten« von der Aktion Sühnezeichen als »Realisten«, denn es sei nicht möglich, die menschlichen Beziehungen zu anderen Völkern wieder aufzubauen, außer »mit der uralten menschlichen Geste der Bitte um Vergebung der Schuld«.

Wer nur die eigenen Interessen wahrnimmt und die fremden nicht einmal kennt, unterstützt die Politik des Wahnsinns, denn »der Hitlerismus stützte sich wohl im gleichen Maße wie auf die ihm ergebenen Anhänger auch auf die Gleichgültigkeit der Masse der ›unschädlichen‹ Bürger, welche nichts sehen wollten«. Anna verstand Sühnezeichen als »Aktion gegen den Wahnsinn«, aber sie stellte auch nüchtern fest, daß es sich um kleine Gruppen handelte, daß sie erst 20 Jahre nach dem Krieg kamen.

Anna hat vielen Gruppen aus der Bundesrepublik und aus der DDR den Weg gebahnt und ist ihnen Gesprächspartnerin gewesen. Es war ihr wichtig, daß Polen menschliche Beziehungen mit Deutschen beider Staaten halten. Sie sah diese Begegnungen unter dem Aspekt der Friedenspsychologie.

Versöhnung zu schaffen hieß für Anna gerade nicht, die Vergangenheit zuzudecken. Wie war Auschwitz möglich? Wo standen die deutschen Kirchen in der Zeit der Naziherrschaft? Worin bestand ihre Mitschuld? Wo liegen die Wurzeln des Faschismus? Worin lag die Tragödie des deutschen Widerstandes? Diesen Fragen geht sie nach in Artikeln und Rezensionen. Immer wieder kommt sie zu dem Ergebnis, daß es die Gleichgültigkeit der Menschen war, die nichts riskieren wollten. Auschwitz und Buchenwald sei kein Donner von oben gewesen, sondern durch die Menschen möglich geworden, die vieles einfach mitmachten. Eine Wurzel für das Versagen der Kirche sah sie in deren Selbstbezogenheit, die die Politik anderen überließ und sich dafür mit der Zwei-Reiche-Lehre rechtfertigte.

Ihre Haltung gegenüber der Vergangenheit ist nicht die einer Historikerin, sondern eher die einer Zukunftsforscherin. Sie will wissen, wie ein dritter Weltkrieg zu verhindern ist, wozu die Wissenschaft künftig dienen soll, wie das Leben in Frieden und Gerechtigkeit zu gestalten ist und eben auch wie Polen und Deutsche in Zukunft als Versöhnte miteinander leben können.

Hier liegt auch der Grund für ihre Beschäftigung mit Dietrich Bonhoeffer. Sie wollte eine Begegnung mit den Kräften der Vernunft und des Friedens in Deutschland anbieten, um Versöhnung vorzubereiten. Sie gab einen Auswahlband aus seinen Schriften heraus und schrieb seine Biografie für Polen. Als die Arbeit abgeschlossen war, kamen ihr Zweifel: »Ich bin sehr unsicher über Bonhoeffer. Ich habe versucht, etwas von der lebendigen Person und etwas von dem menschlichen moralischen Konflikt zu zeigen (der so typisch ist für Mitteleuropa). Aber da er von den Theologen beschlagnahmt worden ist und der Widerstand von den Politikern, wird es unzählige Kritiker geben, die sagen werden: Du hast den Unterschied zwischen Barths und Bonhoeffers Religionsbegriff nicht herausgearbeitet. Du hast vergessen zu erwähnen, was Goerdeler oder Fritsch sagten oder taten etc., wirklich, das Buch ist schrecklich oberflächlich, wie es mir jetzt scheint. Aber da ist nichts mehr zu machen, es wird in diesem Herbst erscheinen« (Brief an E. A. vom 3. 6. 1969).

Ich erinnere mich, daß Anna davon sprach, wie schwierig es sei, polnischen Menschen deutlich zu machen, was es für einen Christen in Deutschland bedeutete, sich den Verschwörern anzuschließen, wie wenig das – ganz im Gegensatz zur polnischen Geschichte – in der deutschen Tradition lag, wo Gehorsam gegenüber der Obrigkeit als christliches Gebot galt. In Polen wurde ihre Veröffentlichung nicht nur begrüßt, man unterstellte ihr sogar, sie wolle mit der Darstellung des deutschen Widerstandes die deutsche Schuld abschwächen.

Anna wußte, daß ihr Buch in mancher Hinsicht eine Zumutung für polnische Leserinnen und Leser war. Es war für diese nicht leicht, sich in die Situation eines Christen im Dritten Reich zu versetzen, sie kannten die evangelische Tradition nicht. Anna mußte auch ökumenische Brücken bauen. Sie schilderte in der Bonhoefferbiografie die geistigen Wurzeln Bonhoeffers: die Reformation, Schleiermacher, Harnack, den Kirchenkampf. (Mir war es schmerzlich, daß Anna bei aller ökumenischen Offenheit und ihrem aufrichtigen Bemühen, Brücken zwischen Katholiken und Protestanten zu bauen, die Skepsis der meisten polnischen Katholiken gegenüber den kleinen protestantischen Kirchen in Polen teilte, und ich erinnere mich, ihr einmal darüber Vorhaltungen gemacht zu haben, die sie aufmerksam, kritisch und nachdenklich anhörte.) Der Angelpunkt ihres Interesses an Bonhoeffer war, zu sehen und darzustellen, wie jemand, der aus dieser protestantischen Tradition kam, glaubte und Konsequenzen aus seinen Grundüberzeugungen im konkreten Leben unter der Naziherrschaft zog.

Es ging ihr um den Menschen und Christen Dietrich Bonhoeffer, nicht so sehr um den Theologen. Es wäre jedoch töricht, nicht zugleich darauf hinzuweisen, daß Bonhoeffers theologische Reflexion, besonders die in den Gefängnisbriefen enthaltene, eine Faszination auf Anna ausgeübt haben muß. Sie hatte die »Gott-ist-tot-Debatte« im Anschluß an J. A. T. Robinsons Buch nach Polen transportiert, weil dort – jedenfalls unter den Intellektuellen – ähnliche Fragen gestellt wurden. Anna hatte viele säkulare Freundinnen und Freunde, mit denen sie im Gespräch war. Sie war den Zweifelnden und Nichtglaubenden sehr nahe, weil sie verstehen konnte, daß die traditionelle Kirche, die sich der Auseinandersetzung mit modernem Denken und moderner Wissenschaft verschloß, ihnen fremd war. Sie war auf der Suche nach einer Laientheologie. Sie wollte einen zeitgenössischen Katholizismus – davon handelte ihr Buch »Perspektywy – Katolicyzm A Wspokczesnosc« (1963). Soviel sie auch mit theologischen Texten umging, sie empfand ihr »Laie«-Sein nicht als einen Mangel, sondern als einen Vorteil. Sie hätte vermutlich ein wenig spöttisch gelacht, wenn sie als »Gotteslehrerin« bezeichnet worden wäre. Und doch paßt dieser Name besser für sie als für viele Lehrerinnen und Lehrer der Dogmatik. Eine Laientheologie, wie sie ihr vorschwebte, konnte nicht in Studierstuben und Bischofskollegien entstehen, sondern nur mitten im Leben, im Dialog mit Andersdenkenden. Eine Laientheologie war ihrer Meinung nach nicht eine Theologen-Theologie, die von Laien in ihre Sprache übersetzt wurde, sondern eine Theologie, die im eigenständigen säkularen Denken wurzelte, die ganz aufrichtig war und keine Angst vor dem Abweichen von der traditionellen Lehre hatte. »Demokratisierung der Theologie« war für sie keine abstrakte Forderung, sondern »sowohl eine Bedingung wie ein Ergebnis des Dialogs«.

Anna wollte den Dialog mit Andersdenkenden, auch wenn er riskant war, weil er die Selbstverständlichkeit von herkömmlicher Lehre und Frömmigkeit radikal in Frage stellte. In einem Vortrag zum Thema »Dialog mit Ungläubigen«, den sie zuerst 1966 auf einem Pax-Romana-Kongreß in Lyon gehalten hat, später auch in deutsch in der DDR, sagte sie: »Was wir gewöhnlich zuallererst entdecken, ist, daß unsere Gedanken, wenn sie wahrhaftig und eigenständig sind, denen der modernen Ungläubigen sehr gleichen; wir haben sie nur niemals ernsthaft mit den abstrakten Formeln verglichen, die wir noch zu sprechen gelernt hatten. So ist es notwendig, unseren Glauben sehr radikal zu überdenken.« Laientheologien, so meinte sie, werden nicht die ganze Wahrheit enthalten. Sie werden bruchstückhaft sein und werden Kennzeichen tragen, die bisher als Kennzeichen des Unglaubens betrachtet wurden, wie zum Beispiel ein gewisser Agnostizismus, auch Modernismus oder ein mehr oder weniger bewußter Immanentismus.

Anna hielt Pluralismus im Katholizismus für eine Voraussetzung und eine Konsequenz des Dialogs. Pluralismus im polnischen Katholizismus, in dem seit Jahrhunderten galt, daß es keine Einheit ohne Gleichförmigkeit gebe und daß jede Abweichung in der Auffassung der christlichen Botschaft verdächtig, wenn nicht gar ketzerisch sei – das war unerhört. Anna lebte in der Aufbruchstimmung des II. Vatikanischen Konzils und hoffte, daß auch die Katholische Kirche in Polen den Kairos wahrnehmen und sich verändern würde. Sie hoffte auf Meinungsfreiheit und auf Vielfalt innerhalb der Katholischen Kirche und auf ökumenische Offenheit im In- und Ausland. Sie empfand es als schmerzlich, wenn sie bei ihren säkularen Freunden nicht als wahre Katholikin betrachtet wurde, weil sie sich erlaubte, eine andere Meinung zu haben als ein Bischof oder die Institution Kirche insgesamt, etwa in politischen und moralischen Angelegenheiten. Sie wollte bei ihren Gesprächspartnern nicht als eine gelten, die sich am Rande der Kirche befand, so wie sie vielleicht sich als am Rande der Partei empfanden als Liberale unter Dogmatikern. »Aber diese Art von Bruderschaft, obwohl sie sehr echt ist, ist nicht ganz das, was wir wollen.« Es behagte ihr nicht, die Kirche bloßzustellen, aber sie beklagte, daß die Kirche ihre eigenständigen Laien bloßstellte, indem sie den Dialog mit Ungläubigen fast unmöglich machte oder nur als ein Mittel gelten ließ, um etwas für sich zu erreichen.

Eine pluralistische Kirche, wie Anna sie erhoffte, würde weniger autoritär und in gewisser Weise auch weniger stark sein. Sie würde eine arme Kirche sein, nicht nur arm an politischer

Macht und an weltlichen Gütern, sondern auch an institutioneller Wirksamkeit. Es schien ihr, daß gerade in sozialistischen Ländern das wirkliche Hindernis eines modus vivendi nicht die christliche Botschaft, sondern die Macht der Kirche sei. Diese mächtige Institution Kirche, die von oben bis unten vollkommen diszipliniert sei, mit Androhungen ewiger Verdammnis, ein Monopol für die Bildung der Gewissen habe und die mit ausländischen Mächten und politischen Ideologien verbunden sei, habe nur noch wenig mit der Person und Botschaft Jesu zu tun. Manche Atheisten hingegen – obwohl sie nicht an Jesus glauben – wollen bestimmte Werte im Gedächtnis an Jesus vergegenwärtigt wissen. Anna zitiert in dem genannten Vortrag über den Dialog aus der Weihnachtsnummer einer polnischen atheistischen Zeitschrift. Solche Werte Jesu seien: die Ablösung des Gesetzes durch die Liebe, die Idee der Gewaltlosigkeit, die Erkenntnis, daß der Mensch nicht vom Brot allein lebe, die Abschaffung jeder Idee einer auserwählten Rasse, das Wissen um das innere Elend der Beschaffenheit des Menschen.

Anna scheut sich nicht, vom »unbewußten Christsein« zu sprechen, das immer wieder in der Welt außerhalb der Kirche anzutreffen sei. Und sie fragt: Wer sind eigentlich die sogenannten Ungläubigen? Das Sekretariat für die Nichtglaubenden gebraucht den Ausdruck »Ungläubiger«, um »das Fehlen oder die Ablehnung aller religiösen Wahrheit« zu bezeichnen. Sie aber meint, daß es beim Glauben nicht um verstandesmäßige Anerkennung religiöser Wahrheiten gehe, sondern um eine existentielle Haltung.

»Ein Gläubiger im weiteren Sinn zu sein bedeutet ein grundlegendes Vertrauen zum Mysterium des Daseins zu haben, selbst wenn es in seiner Ganzheit für uns unbegreiflich bleibt, sogar wenn es nicht ausdrücklich Gott genannt wird. Dieses Vertrauen, das eine Zustimmung zu unserer Beschaffenheit als unvollkommene Wesen ist und ein Beziehen der Gesamtheit des Lebens auf etwas, das größer ist als unser Einzelschicksal, findet Ausdruck in den praktischen Haltungen, die wir Verpflichtet-Sein, Dasein für andere oder auch Proexistenz nennen – Haltungen, die alle von einer Veranlagung zeugen, die hinausgeht über ein in sich verschlossenes Herz und darum auch über eine immanente Welt ...«

So wie es »unbewußte Christen« in der Welt gibt, gibt es auch »Ungläubige« in der Kirche. Darunter versteht Anna »von sich selbst erfüllte« Leute, die regelmäßig zur Kirche kommen, aber kein Vertrauen haben, sondern eine abergläubische Furcht. Die echte und wesentliche Trennungslinie verlaufe nicht zwischen Kirche und Nichtkirche, sondern zwischen denen, die für andere da sind, deren Leben von dem Vertrauen auf das Mysterium des Daseins zeugt, und den von Mißtrauen erfüllten kleinbürgerlichen Doktrinären in beiden Lagern. Aus dieser Überzeugung schöpfte Anna die Hoffnung, daß der Geist des Evangeliums eine menschliche Gesellschaft schaffen und erhalten könne, ohne daß alle, die daran teilhaben, die lehrmäßige Ausprägung des Christentums annehmen. Die Fragen, die Anna umtrieben, waren: Sind wir vorbereitet auf den Dialog? Sind wir zur Bruder- und Schwesternschaft bereit? Ist unser Glaube stark genug, um ohne Getto, ohne Sicherheit im System zu leben?

Anna hat sich sehr weit vorgewagt. »Es gab Leute, die meinten, sie habe in religiösen Angelegenheiten das Gefühl für die eigentlichen Bedürfnisse ihrer Gesellschaft verloren« (»Anna zum Gedächtnis«, Wieź 11/72). Ihr wurde ein unverantwortlicher und gefährlicher Hang zum Neurertum vorgeworfen. Ein Rezensent des postum erschienenen Sammelbandes »Spotkania« überschreibt seinen Artikel »Abendrot für Radikale?« (Tygodnik Powszechny 28/75) und konstatiert, daß die Euphorie christlicher Erneuerung, wie sie für die Zeit des Konzils und unmittelbar danach typisch war, einer ernüchternden Distanz gewichen sei. Annas Themen und Fragen haben aber nicht nur einen Stellenwert als Dokumente einer Zeit des Aufbruchs, sondern sie bleiben ein herausforderndes Plädoyer für ein offenes Gespräch zwischen Polen und Deutschen, Katholiken und Protestanten, Christen und unbewußten Christen, auch in den Mühen der Ebene.

Und der Mensch Anna Morawska? Die sie gekannt haben, werden sie nicht vergessen. Denen, die sie nicht gekannt haben, möchte ich mehr von ihr erzählen. Ich möchte von ihr erzählen als von einer Frau, die sanft und stark war. Sie bewegte sich in der von Männern geprägten Welt ohne Scheu und ohne Anpassung. Sie war hartnäckig, wenn sie ihre Überzeugungen vertrat, sie war einfühlsam, wenn sie andere verstehen wollte, sie war vorbehaltlos, großzügig, herzlich, wenn sie Menschen zu Freundinnen und Freunden machte.

Jacqueline du Prè

Albert Friedlander

Das Schwierigste im Leben jedes Rabbiners ist die tägliche Begegnung mit dem Tod. Im Judentum erkennen wir den Tod als einen Teil des Lebens; heißt der Friedhof nicht »Das Haus des Lebens«? Am Anfang des täglichen Morgengebets danken wir Gott, der »die reine Seele in uns hineingehaucht hat... der sie einst von uns nehmen wird und sie am Ende der Zeit uns zurückgeben wird«. Ein tiefsinniges Buch des jüdischen Denkens in unserer Zeit ist Franz Rosenzweigs *Stern der Erlösung,* wo der Tod als die Krone der Schöpfung anerkannt wird. (Genesis 1,31: »und sieh: es war sehr *(m'od)* gut – v'hineh tov m'od – hat die Auslegung: tov ha-*movet:* gut ist der Tod!) Aber zur Zeit des Todes verschließen wir uns nicht der Trauer. Wir leben in dieser Welt, nicht der nächsten, und sind uns des Verlustes bewußt.

Israel Bettan, mein Professor der Homiletik in Cincinnati, erklärte uns folgendes über die Begräbnis-Predigt: Blick nach unten, dann um dich herum, dann blick nach oben – sprich erst über den Toten, dann zur Familie in ihrer Trauer, und gib am Ende Trost und Hoffnung für die Zukunft (ob Himmel gemeint war, ließ er offen).

Trotzdem bleibt es schwer. Die meisten Rabbiner sind mit einer Gemeinde für viele Jahre »verheiratet«, kennen jedes Mitglied, und der eigene Schmerz und Verlust meldet sich bei jedem Begräbnis. Ein Kind, eine würdige alte Dame, die das Mitleid und die Anständigkeit auf besondere Weise personifizierte, einer, der Auschwitz überlebte... Jeder Tod raubt uns einen Teil unserer Existenz. Einst, in der Zeit, wo ich Universitätsrabbiner in New York war, fiel ich auf das laufende Band der Riverside Chapel, wo man Totenfeiern alle zwanzig Minuten feiert. Rabbiner werden dort als Kanonenfutter verbraucht, und ich wußte nicht, was meine einmalige Aushilfe bedeutete. Es war furchtbar. Man erlaubte mir kaum Zeit, mit der Familie zu sprechen, die dies auch gar nicht erwartete. Die Leute erschienen zehn Minuten vor der gegebenen Zeit und wollten lieber ihre Freunde begrüßen. Nie wieder! Die Funktion eines Priesters innerhalb seines Amtes kann ihn schützen, aber Rabbiner sind so etwas nicht gewöhnt.

Ich war einer der Trauernden am Begräbnis der Musikerin Jacqueline du Prè, mußte aber die Trauer-Rede halten. Ich wollte nur weinen, aber die Fernsehbeleuchtungen bohrten sich in mein Gesicht hinein, so daß ich mich doch in die Predigt flüchten mußte (die Auswahl in der Sendung wurde so gekürzt, daß man die Hoffnung, aber nicht den Schmerz weitergab). Daniel Barenboim, Yitzchak Perlman, Zubin Metah, Rostropovich und andere begleiteten den Sarg vom Gebethaus zum Grab, wo mein Kollege Hugo Gryn die Schlußgebete sprach. Da konnte ich schon weinen und meine Trauer durchbrechen lassen; ich hatte so viel mit ihr verloren.

In den sechs Jahren vor ihrem Tod hatte ich sie fast jede Woche besucht. Sonnabendnachmittag, 17.30 Uhr, war ein ganz fester Termin für uns beide. Das bedeutete nicht, daß wir uns nur um diese Zeit sehen konnten. »Ich bin so allein – komm doch rüber«, sagte es im Telephon von Zeit zu Zeit, und ich kam. Sie wohnte ja nebenan, in Rutland Gardens in London, drei Häuser von meiner Wohnung und Synagoge entfernt. Margot Fonteyn hatte ihr das Haus überlassen, eine schöne Wohnung, die sie für ihren gelähmten Gatten Arias gebaut hatte – mit Rampen und Fahrstuhl. In diesen Räumen, die Eleganz und Wärme kombinierten, war Jacqueline glücklich (fast alle sagen »Jackie«, aber sie wollte Jacqueline genannt werden) – soweit dies möglich war. Einige Male kam sie auch zum Gottesdienst in die Synagoge, in ihrem Rollstuhl, an den sie durch ihre multiple Sklerose gefesselt war, und danach oben zu uns zum Mittagessen. Aber das war selten, gewöhnlich kam ich zu ihr. Wenn andere Verpflichtungen Sonnabend unmöglich machten, suchten wir eine andere Stunde. Da ich viel reiste, schrieb ich von Zeit zu Zeit. Jacqueline mußte dann umziehen in ein anständiges Apartmenthaus in Notting Hill Gate, das früher eine Nonnenschule war. Es war nur 15 Minuten mit dem Autobus, und unser »arrangement« wurde nur sicherer – es war etwas Wichtiges für uns beide geworden.

Viel wird jetzt über Jacqueline du Prè geschrieben, zum Teil Mythos, zum Teil Angriff auf die Familie, zum Teil Wahrheit. Die wirkliche Wahrheit kann in den Texten nicht gefunden werden. Die Wahrheit lebt in der Musik – der Gesang hört nicht auf mit dem Sänger – und in den Erinnerungen, die uns immer wieder in den Segen und in die Tragödie ihres Lebens zurückbringen. Diese Erinnerung wird klein und verblaßt, wenn man sie durch Worte festlegen will.

Im Judentum gibt es keine Beichte und kein Beichtgeheimnis. Es gibt mehr: ein Verständnis für das Private und für die Struktur der dialogischen Begegnungen, die beiden gehören und die nicht weitergegeben werden sollen. Ruth Ann, die treue Krankenschwester, Freundin und Hüterin, schloß immer die Tür zum Zimmer nach meiner Ankunft. Man könnte sagen, daß sie trotzdem teilnahm; sie war ja Jacquelines *alter ego*. Man kann nichts über diese Zeit sagen, ohne Ruth Ann zu erwähnen. Sie ist »eine der Gerechten« dieser Welt, eine, die freiwillig ihr eigenes Leben und ihre persönliche Entwicklung für zwölf Jahre aufgab, um Jacqueline zu betreuen. Als tief überzeugte Christin ging sie täglich zum »prayer meeting«, sang im Chor, betete für Jacqueline und brachte ihren Glauben zu ihr. Vielleicht stand ich ihr gegenüber als der Vertreter der »anderen« Religion, aber wir verstanden und ehrten einander. Ab und zu, im Nebel der Krankheit, sah Jacqueline Ruth Ann als den »Wächter« ihres furchtbaren Gefängnisses – dann mußte ich einen Witz machen, und sie erinnerte sich wieder an die Liebe und an das Gute, das durch Ruth Ann zu ihr kam. Die Reinheit und das Verständnis für die Krankheit umhegte sie in der dunklen Zeit.

Der Chassidismus erzählt vom Vater und Kind in einem dunklen Wald. »Was tun wir, wenn wir voneinander kommen?« fragt das Kind. »Dann mußt du rufen, und ich werde rufen, wenn wir im dunklen Wald herumirren. Solange wir nicht aufhören zu rufen, werden wir uns wiederfinden«, antwortet der Vater. Jacqueline und ich hatten uns gerufen, hatten uns in diesem dunklen Wald gefunden. Wir saßen zusammen und erzählten uns Geschichten. Wie eine andere chassidische Erzählung berichtet, hatten wir das Feuer an einem besonderen Platz im Wald gefunden, wo die Genesung kommen konnte. Aber sie kam nicht. Doch hörte ich zu: Stunden und Wochen und Monate und Jahre. Die Geschichten änderten sich etwas mit dem wachsendem Druck der Krankheit. Die meisten, die über Jacqueline jetzt schreiben wollen, kennen sie nur aus dieser späten Zeit und haben deshalb falsche Begriffe. Ich kann ihnen nicht antworten: privat bleibt privat; aber ich muß darauf hinweisen, daß die einzig Berechtigten für die Beschreibung von Jacquelines Leben diejenigen sind, die sie den ganzen Weg begleiteten. Aber *muß* man überhaupt antworten?

Die Erinnerungen an die gute Zeit webten sich durch das dunkle Bild, das nicht zur Seite geschoben werden konnte. Für die meisten, für ihre Freunde und die Welt, war sie doch »Smiley«, die »immer Lachende«, deren Lebensfreude immer sichtbar sein mußte. Zwischen uns war dies nicht nötig, obgleich ihre Lebensfreude groß war. Ab und zu sagte sie auch zu mir – und nicht zu mir allein: »Um Gottes willen! Erzähl mir doch einmal eine *traurige* Geschichte! Das ist doch mein Unglück: *Ich kann nicht weinen.*« Und sie konnte es nicht.

Ich brachte Freunde zu ihr: Dannie Abse, der ihr seine Gedichte vorlas, der aber mit der Zeit erkennen mußte, daß ihre Konzentrationskraft sie nach einigen Minuten verließ, Jeannette Kupfermann gab ihr einige Lehrstunden über Shakespeare. Donald Swann kam und spielte und sang seine Lieder, die sie wirklich liebte. Ab und zu las ich einige Psalmen mit ihr; aber daran hatte sie kein großes Interesse.

Das Problem der Religion beschäftigte uns von Zeit zu Zeit, aber selten als Hauptthema. Jacqueline Du Prè war Jüdin; aber der Weg in das Judentum kam zu schnell und zu leicht. Daniel Barenboim und Jacqueline kamen nach Israel im Sechs-Tage-Krieg, um für die Truppen zu spielen. Sie wurden mit Begeisterung empfangen. Sie wollten heiraten, und Jacqueline bekehrte sich zum Judentum – in einem Tag! Sie wollten es. Ben Gurion wollte es. Gewöhnlich dauert es Jahre des Studiums, um in das Judentum hineinzukommen – aber das Rabbinat in

Israel ist auch ein Gesetz für sich selbst. Ein Tag – mit Tauchbad und Prüfung vor dem rabbinischen Gericht! Jetzt wollten sie heiraten. Nach einer Version waren die Rabbiner entsetzt: »Man muß doch Monate nach der Taufe warten«, sagten sie, »es wäre eine Sünde.« Und der kluge Daniel – ein Talmudkopf – soll gesagt haben: »Was ist die größere Sünde: sofort zu heiraten, oder sofort zusammenzuleben?« Und so heirateten sie.

Jacqueline kam nicht in einen Bund des Glaubens, sondern in einen Bund mit Daniel, Aida (der heißgeliebten, guten Schwiegermutter), Pinchas, Yitzchak, und ganz Israel. Auch dieser Bund zählt. Wenn wir uns darüber unterhielten, wußte sie etwas ganz genau: Sie war nicht mehr Christin, zum Kummer ihrer glaubenstreuen christlichen Familie. Sie war jüdisch, eine von denen, die sich in Zweifel und im Hadern Gott gegenüberstellen, die sich trotzdem innerhalb der jüdischen Familie identifizieren, aber mit der Religion selbst wenig zu tun haben.

»Ich hasse den Fanatizismus in allen Religionen«, sagte mir Jacqueline viele Male, und das bezog sich öfters auf besondere Situationen. Sie blieb immer frei, aber die Freiheit entfernte sie niemals vom Judentum. Innerhalb ihrer jüdischen Familie in Israel sah sie das Judentum als einen Bestandteil einer besonderen, privaten Existenz. Die Israeli-Virtuosen, die diese beiden umgaben, hatten sich eine sehr private Welt geschaffen, vielleicht die einzige Welt, in der sich Daniel frei und zu Hause fühlte. Aber diese Gruppe reiste auch durch die ganze Welt und brachte so das private jüdische Leben mit sich. Der Unterschied zwischen Jacqueline und ihrer christlichen Familie brachte beiden Kummer. Jacqueline konnte dennoch erkennen, daß die Standhaftigkeit ihrer Mutter in ihrer letzten Krankheit sich auf den Glauben an Jesus stützte und eine Milderung des Leidens war. Jacquelines Weg war ein anderer, sicher schwererer; der Weg einer besonderen Freiheit.

Musik war auch eine Religion, die belehrte, Opfer verlangte, viel gab und sie niemals verließ. Als das Sprechen schwerer wurde, hörten wir uns ihre Schallplatten an: »Wenigstens habe ich alles, was ich wollte, auf das Tonband gebracht«, sagte sie öfters. Wir sprachen auch über anderes Denken, das Einfluß auf sie hatte, Bücher, die sie anfangs noch lesen konnte, bevor das

Gedächtnis und das Sehen zu versagen anfingen. Die Fritz-Perls-Therapie interessierte sie, obgleich sie weit mehr von ihrem eigenen Therapeuten lernte. Ab und zu sprach sie über den Holocaust, zum Teil, weil dies durch viele ihrer Freunde auf sie zukam. Sie schauderte immer, wollte aber das Thema eigentlich nicht verlassen. Ab und zu, als wir darüber sprachen, mußte ich an Sylvia Plath denken. Aber in Jacqueline wurde es nicht eine krankhafte Verbindung mit dem tiefsten Leiden, sondern eine Ablehnung der Roheit und des Hasses, die sie in der Welt sah.

Die Mehrzahl ihrer Besucher waren jüdisch, aber jeder Name in ihrem Tagebuch war etwas Besonderes. In der späteren Zeit war es fast ein Ritus, das Tagebuch zu nehmen und die eingeschriebenen Namen der letzten Woche und der kommenden Woche zu betrachten. So konnte man vergangene Stunden noch einmal genießen und Erwartungen für die Zukunft aufkommen lassen. Und in Zeiten der großen Einsamkeit konnte sie sich überzeugen, daß sie nicht vergessen war. Es wurde ein Spiel: »Was kann das denn bedeuten – Stephen B-K?« fragte ich immer, so daß sie lachend antworten konnte: »Bishop-Kovasovich!« Er war wirklich sehr treu in seinen Besuchen. »William Wordsworth« war ein direkter Nachkomme des Dichters und hatte auch ein kleines Buch über sie zusammengestellt. Lady Barbirolli erschien öfters, Anna Helb immer, und auch einige, deren Besuche etwas schwieriger waren. Es gab eine Auswahl im Buch zwischen Aristokraten und dem Feuerwehrmann und Chauffeur (diese sammelten Geld für MS, und Jacqueline wollte sie weiter ermutigen). Mitglieder meiner Gemeinde kamen ab und zu, um sie zu einem Restaurant oder zu einem Konzert zu bringen. Und die Cellisten! Jacqueline war freundlich und hilfsbereit, aber das war nicht immer eine Freude. Im letzten Vierteljahr brachte ich auch einmal eine Mutter mit einem begabten Kind; aber ich sah ein, wie schwer diese Besuche doch waren. Die alten Freunde kamen, Rodney Friend und William Pleeth und andere. Nie genug – die leeren Tage im Tagebuch häuften sich; dann telefonierte Ruth Ann mit der Umwelt und baute Wege durch die Öde. Es gab auch gekrönte Tage, wo Jacqueline mir von einem Anruf oder Brief von Prince Charles berichten konnte. Und langsam, langsam ging es tiefer in das dunkle Tal des Leidens.

So viele Erinnerungen …

Die letzten Tage. Am Kol-Nidre-Vorabend kam ich mit ihrem Tonband der Kol-Nidre-Melodie und fand, daß Ruth Ann die Schallplatte schon auf den Plattenteller gelegt hatte. Jacqueline und ich hörten uns dies an, und ich sprach über Yom Kippur, den Versöhnungstag, mit ihr. Einige Wochen später erzählte ich dies in einer meiner Sendungen (»Reflections«) im BBC World Service – Jacquelines Familie und Freunde hörten es in Israel zwei Tage vor der Todesnachricht. Am letzten Tag ihres Lebens kam ich zum Apartment und fand viele Freunde im Wohnzimmer. Ruth Ann brachte mich in das Schlafzimmer und stellte die Kol-Nidre-Melodie wieder an. Sie verließ uns, und wir waren zum letzten Mal allein. Jacqueline konnte seit Tagen nicht mehr sprechen; aber etwas war noch in ihren Augen zu lesen. So saß ich dann da, ihre Hand in meiner, und rezitierte die letzten Gebete der jüdischen Tradition für diesen Moment. Es war schwer, Rabbiner zu sein, und noch schwerer, als Freund Abschied zu nehmen. Nur wußten wir alle, daß der Tod jetzt als Freund zu ihr kam, nach langem Leiden. Sie war bereit, wir waren es nicht. Einige Zeit saß ich da, in meine Gedanken versunken. Dann küßte ich sie und ging nach Hause. Sie starb drei Stunden später.

Jeder Rabbiner hat ein Begräbnis in seiner Erinnerung, das ihn nie verlassen wird. Die Erinnerung spricht zu ihm von bleibendem Segen und auch von Schmerz, der sich seinen Familienverlusten anreiht. Das Schlußwort in der jüdischen Eulogie ist immer dasselbe: »y'hi zecher zaddik l'v'racha – die Erinnerung des Gerechten bleibt als Segen.« In unserem Gedächtnis kommen wir immer wieder zum Leidensweg dieses mutigen, großen, lachenden, leidenden Mädchens, das nie alt wurde. Auch die Erinnerung wird nie alt werden.

Die Musik spielt weiter. In der Welt, in meinem Leben.

Lilo Wollny

Hans-Eckehard Bahr

Hinterm Ofen hat Lilo Wollny eigentlich nie gesessen. Seit der Protest gegen das atomare Endlager in Gorleben aufkam, seit sechzehn Jahren also, war sie mit von der Partie. Bei den Mahnwachen, bei den Diskussionen mit Politikern, bei den Protestversammlungen. Die Sechzigjährige war vor neun Jahren im Hütten-Dorf an der Tiefbaustelle 1004, zusammen mit den jungen Leuten; und sie war dabei, als die Blumenbeete, die Hühnergehege und die Holztürme der »Republik freies Wendland« an einem einzigen Abend vom Erdboden verschwanden. Aus der Traum also vom alternativen Landkreis, in dem der Storch fliegt, der Kranich brütet? Was denkt eine der großen Beispielfiguren von damals, was denkt die Bäckersfrau Lilo Wollny Jahre danach?

Und was soll Lilo Wollny hier, im Kreise der religiösen Lehrerinnen? Genügt es, wenn sie mit Dorothee Sölle zusammengearbeitet hat? Ich denke, Konstantin Wecker hat recht, wenn er mich auf einen anderen Typus von Lehrerinnen aufmerksam macht. Er spricht aus, was ich bei Lilo Wollny bemerkt habe.

»Es sind nicht immer die Lauten stark, nur weil sie lautstark sind. Es gibt so viele, denen das Leben ganz leise viel echter gelingt, die stehen nicht auf Bühnen, füllen keine Feuilletons, die kämpfen auf schweren Plätzen, ja, die müssen zum Beispiel in Großraumbüros sich der Unmenschlichkeit widersetzen; die schützt kein Programm und kein Modedesign, die tragen an sich etwas schwerer, die wollen ganz einfach nur anständig sein. Und die brauchen keine Belehrer, die schreiben nie Lieder, die sind Melodie, so aufrecht zu gehen lerne ich nie.«

»Fahr'n Sie da lang. Das Haus mit der Hecke ist es. Da wohnt

Lilo Wollny. Die Haustür ist immer offen«, sagt die Weißhaarige, als ich auf der Dorfstraße angekommen bin. Das Haus: klein, zweistöckig, backsteinrot hinter der Hecke an der Hauptstraße in Vietze. Hinter dem Deich, wenige hundert Meter, die Elbe, geräuschlos strömend. Und breit. Mächtig. Drüben ist die DDR. Die Altmark. Die gleichen Dörfer wie hier, sagen die Leute. Bauernhöfe, um Dorfeichen geschart. Felder mit Kiefernwäldchen. An den Winterabenden, vor Einbruch der Dunkelheit ein eigentümliches Leuchten über dem Elbholz.

Wir sitzen in der Küche. Die Holzscheite knacken im Herd. Der Wassertopf sirrt. Lilo steckt sich eine Zigarette an. Wo ist das Feuerzeug? Man findet aber auch nichts in diesem Haus. Sie spielt ihren Unmut. Ich sehe, wie sie sich wohlfühlt in der kleinen Wohnung unter der Dachschräge. In diesem Dorf am Elbdeich, in dem sie schon seit Kriegsende lebt. Mit ihrem Mann Peter, den sie damals hier kennenlernte, im Hochsommer nach Kriegsende. Heute hat er immer das kleine Kassettengerät in der Tasche, wenn er mit dem Fahrrad nach Gedelitz fährt oder durch Gorleben. Jede Aufforderung eines BGS-Mannes, jeden Wortwechsel mit einem Zivilpolizisten nimmt er mit dem kleinen schwarzen Ding auf. Mehr als einmal hat er bei polizeilicher Vernehmung dann das Band laufen lassen. Und immer das gleiche Ergebnis: Die Gegenüberstellung wird dann sehr schnell beendet. Die Beamten sehen sich einem Mann gegenüber, der sein Recht gewitzt behauptet. Und das schafft überraschend schnell Klarheit.

Während Lilo Wollny den Kaffee aufgießt, wuchtet ihr Mann zwei Körbe Äpfel in die Küche, ein Bruchteil seiner Obsternte, die er Jahr für Jahr auf dem sechstausend Quadratmeter großen Grundstück hinterm Haus einbringt. Mäxchen, der schwarze Hund, bellt so lange, bis Lilo aufhört, in der Schachtel mit den Pressefotos zu wühlen, und den empörten Liebling tätschelt. Ein Foto wird rausgefischt. Ich sehe einen Theaterwagen auf einem Dorfplatz. Darauf Lilo mit anderen Frauen. Lilo beginnt zu rezitieren. Die Moritat, die sie seinerzeit gedichtet hat, das Spottgedicht auf die hohen Herren aus Hannover und Bonn, die so kompetent nicht waren wie die Leute hier im Landkreis, wenn es um Salzstock, um Umweltverträglichkeit geht und um Brenn-Elemente-Versenken. Wochentags waren sie damals mit einer ganz kleinen Gruppe durch die Dörfer zwischen Satemin und Dannenberg gezogen, hatten ihren Widerspruch inszeniert, spielerisch, heiter, als satirisches Theater.

Klar, das brachte nicht nur Beifall ein. Aber immer Hochachtung, Respekt. 33 Prozent der Dorfbewohner wählten Frau Wollny als ihre Parteikandidatin. Nicht zuletzt, weil sie tatsächlich niemanden nach dem Munde redet. Beiläufig sagt sie: »Es herrscht die Vorstellung, man muß ganz nett sein, und wenn die Leute eben wollen, daß eine Straße betoniert wird, naja, dann kann man halt auch nicht dagegen sein. Ich glaube nicht, daß uns das honoriert wird von den Leuten, die uns mit viel Hoffnung gewählt haben. Die sagen, wenn sie nicht mal so viel schaffen, offen ihre Meinung zu sagen, wenn sie eben anfangen zu kriechen und mitzumachen, dann können wir auch genausogut andere Leute da reinsetzen.«

Worauf gründet sich Lilos Hoffnung jetzt?

»Worauf setz' ich meine Hoffnung? Einerseits glaub' ich immer noch, daß es genug Leute gibt, die noch ›open-minded‹ genug sind, um zu begreifen, worum es geht. Andererseits: Man darf einfach nicht aufhören. Wenn wir aufhören würden, wenn nichts mehr passierte, dann würde vieles über kurz oder lang total verflachen, befürchte ich. Obgleich es nicht nur Hoffnungen sind, die mich dabei halten.

Es hat mal ein Freund in einem Leserbrief geschrieben, selbst die größten Enttäuschungen könnten ihn nicht dazu bringen, seine Meinung zu ändern und aufzuhören, darüber zu reden. Einfach aus dem Grunde, weil er sich nicht morgens selber ins Gesicht spucken möchte, wenn er sich beim Rasieren im Spiegel sieht. Und so ähnlich geht es mir auch. Man will zumindest vor sich selbst bestehen können. Ich kann doch nicht meine Überzeugung verleugnen und mich hinter den Ofen setzen.«

»Nun sagen viele Leute«, entgegne ich, »das hat alles gar keinen Sinn mehr. Die ganzen Anstrengungen. Dieser große Kampf der letzten Jahre. Es ist eigentlich erfolglos geblieben. Was ist deine Meinung?«

»Ich weiß nicht«, antwortet sie, »ich habe neulich so einen

Spruch gehört, vorherrschende Meinung der Leute sei: Lieber Kies in der Tasche als Sand im Getriebe.«

Lilo Wollny wird nachdenklich. Lieber Kies in der Tasche als Sand im Getriebe? Wie kommt es zu dieser Einstellung? Lilo meint: »Stellt euch das mal vor, die gehen mit drei Jahren in den Kindergarten, werden morgens rausgeputzt, geschniegelt und gebügelt, und es heißt nur: Sei auch immer schön brav und tu auch alles, was die Tante sagt, und fall auch ja nicht auf und klopp' dich nicht und streit dich nicht; sonst kriegst du womöglich eine schlechte Beurteilung. Und das fängt bei dreijährigen Kindern an. Wo will man denn da in Gottes Namen jemals auch nur die Hoffnung haben, wir könnten Menschen mit Rückgrat für die Zukunft erzeugen?«

»Wo siehst du denn Gegenkräfte? Was kann man tun? Die Zeit nach dem Krieg, kann man daraus lernen als Älterer?« Lilo schlägt die Hände zusammen: »Guck' dir mal die Älteren an. Schau sie dir doch bloß mal an, die alles das miterlebt haben.« »Ja, ich seh ja dich«, knurre ich. Es gibt Ältere, die sich zurückziehen. Aber es gibt doch sehr viele Ältere, die mit jungen Leuten zusammen gemerkt haben, was die Stunde geschlagen hat. Die sozusagen Arm in Arm mit vielen Jüngeren wieder ein neues Leben angefangen haben.«

»Weißt du, ich kenne viele von diesen sogenannten Chaoten, und ich sage dir, sie sind keine«, fährt sie auf. »Sie sehen, wohin das alles läuft, und fühlen sich von uns Alten unheimlich im Stich gelassen und greifen dann zu radikalen Mitteln.«

»Ich denke, wir Älteren – wir müssen ununterbrochen versuchen, mit den Leuten zu reden und sie zu überzeugen, daß wir verantwortlich sind. Wir haben diese Kinder in die Welt gesetzt.«

»Es reicht einfach nicht, daß wir ihnen eine Ausbildung geben und sie dann alleine laufen lassen. Wir sind, solange wir leben, für unsere Kinder verantwortlich.«

Lilo Wollny versteht auch die anderen jungen Männer, die in den Uniformen von Polizei und Bundesgrenzschutz. Die stehen für sie auf der anderen Seite, politisch gesehen. Aber der Gegensatz wird heiter ausgetragen, nicht stumm, nicht mit geballter Faust.

Ich denke an die Szene auf der Landstraße nach Gorleben, beim Dörfchen Trebel. Da mußten die Baufahrzeuge durchkommen. Seit Tagen schon hatten viele Bauern in Gorleben die Ankunft der schweren Bohrgeräte für die Atommülldeponie befürchtet.

Und tatsächlich kamen dann die schweren Lkw an einem Herbstmorgen, bewacht von Polizei und Bundesgrenzschutz. Aber da saßen gut 25 Bauernfrauen mitten auf der Durchgangsstraße im Sitzstreik. Sie hörten die Stimme der Offiziere Kommandos erteilen. Sie sahen die jungen Polizisten in Viererreihen ausschwärmen. Ein regelrechter militärischer Aufmarsch – und das vor den unbewaffnet dasitzenden Frauen. So komisch wirkte das auf sie, daß sie plötzlich losprusteten. »Wir konnten uns nicht mehr halten vor Lachen«, erzählt mir später Lilo Wollny. »Wir standen auf und marschierten auch in Viererreihen, im Tanzschritt, singend, um die jungen Männer rum.«

Wie die merkwürdige Demonstration dann weiterging? »Plötzlich«, erzählt Frau Wollny, »da haben wir den jungen Polizisten auf die Schulter geklopft und haben ihnen gesagt: ›Nee, Jungens, wir wollen nach Hause.‹ Und dann sind die auch angetreten und tatsächlich abmarschiert. Und viele haben uns Frauen heimlich zugewinkt.«

Augenzwinkern auf beiden Seiten, kein Handgemenge. Aufgeräumte Stimmung, kein Haß. Kooperation in der Konfrontation. Bei Gorleben haben sie das schon mehr als einmal erreicht, die Frauen um Lilo Wollny. Die konnten die Sprachlosigkeit der Männer zurückdrängen, das Stumme, Stupide, in dem allzu oft die Gewalt sich vorbereitet.

Daß man der Lernfähigkeit des anderen ebensoviel zutraut wie der eigenen – das war ja schon die Überzeugung der großen Friedensstifter. Daß die Menschen durch Heiterkeit eher verlockt werden, von Gewaltneigung abzulassen, als wenn sie dazu durch Gegengewalt gezwungen werden – das wußte Gandhi, das wußte auch Franz von Assisi. Daß die Menschen der Zärtlichkeit bedürfen, die im Augenzwinkern steckt, daran hielt Martin Luther King ebenso fest wie die Frauen hier im Wendland.

Und ein Zweites fällt mir bei den Erzählungen von Lilo Wollny immer wieder auf. Die Frauen bei Gorleben suchen eine Verständigung jenseits von Worten. Tänzerisch fast, als Pantomime, bringen sie ihren Protest zum Ausdruck, symbolisch, in einer Art neuer Körpersprache. Frauen haben das weltweite Unbehagen an bloß sprachlicher Kommunikation längst viel stärker empfunden, während unsereins, die Männer auf den Kanzeln, Kathedern und Rednertribünen, in der Küche wie im Parlament, am Biertisch wie am Mikrofon noch immer das große Wort schwingen, als ließen sich so die Probleme der Menschheit lösen.

Den anderen fertigmachen, wie das läuft, das weiß man ja. Den Gegner demütigen, ihm wehtun, ja..., aber die witzige Überlistung des Gegners, wie die Frauen um Lilo Wollny – das ist etwas anderes und ein Novum. Nicht die schwachen Stellen ihrer Gegner haben sie berührt, sondern deren Stärke; ich meine die Fähigkeit der jungen Polizisten, menschlich zu reagieren, großzügig und gerade nicht stur, reflexhaft wie bloße Befehlsempfänger.

Aber – wie ging es dann schließlich weiter in Gorleben? Das Foto ging durch die Presse: Junge Männer, in den Baumkronen sich festhaltend, als der Wald um die Bohrstelle kahlgeschlagen werden sollte. Pflanzen und Bäume bewahren, das, was der heilige Franziskus meinte, die Jugendlichen wollen das spielerisch inszenieren, symbolisch an Bäume sich klammernd. Ohne Worte und ohne jede Gewalt sollte in Szene gesetzt werden, wie sie die großen Worte des heiligen Franz von der Versöhnung mit der Natur verstehen.

Dann kamen Frauen aus dem Dorf mit Essen, auf eine Stange montiert, die sie hochreichten zu den Jungen da oben in den Baumkronen. Lilo Wollny, eine von ihnen, wurde plötzlich von einem Uniformierten beiseite gestoßen. »Seid nicht so unbarmherzig, sogar Jesus am Kreuz hat was zu trinken gekriegt«, reagierte die Sechzigjährige auf den jungen Mann. Der aber knurrte: »Dem habense Essig zu saufen gegeben. Wenn ihr denen da oben in den Bäumen Essig bringt, dann haben wir nichts dagegen. Das können die auch kriegen.« Sprach's und schlug der Frau, die seine Mutter sein könnte, mit der flachen

Hand leicht ins Gesicht, mit dem Schlußkommentar: »Du blöde Olle, scher dich doch nach Hause.« »Mein Mann stand dabei«, erinnert sich Lilo Wollny, »den mußte ich festhalten. Der ist dann heulend abgezogen. Das war ganz schlimm.«

Wut und Ohnmacht waren die natürliche Reaktion der Betroffenen. Aber Lilo Wollny hat in diesen Jahren gelernt, nicht zurückzuschlagen, sondern anders zu widerstehen, souverän. Ich denke an die Situation im Wendland und frage Lilo weiter: »Frauen haben hier im Landkreis über die Jahre viel intensiver durchgehalten als Männer. Viele Frauen haben die Kleinarbeit gemacht. Woher habt ihr eigentlich die Kraft und den Mut euch genommen?«

»Schwierige Frage. Ich denke, was dazugehört, ist eigentlich nicht mehr als die Überzeugung, daß das, was man tut, notwendig ist. Ja, das muß eine wirkliche Überzeugung sein. Ich denke also, Leute, die – wie man so oft bei jungen Leuten hört – dann gerade mal Bock auf irgendwas haben... Also Widerstand mit Bock kann man sicherlich nicht machen. Durchhalten kann man wirklich nur aus Überzeugung. Das ist dann aber auch, ja, ein Motor, der läuft. Wobei natürlich ab und zu Schwächeanwandlungen kommen. Es geht bis in die Träume. Vieles hat auch was mit meiner Kindheit zu tun. Wir hatten sechs Jahre lang die gleiche Lehrerin in Deutsch, Geschichte, in allen Fächern, die wichtig waren für mich. Sie war sehr dominant. Mit der waren wir ein ganzes Jahr lang in der Kinderlandverschickung. Und da hatte sie uns ganz in ihren Klauen. War unwahrscheinlich religiös, Pietistin. Und ich hab' sie verehrt. Bis ich gemerkt hab', daß sie uns wahnsinnig unter Druck setzt. Ich hatte nur gelernt, mich selber nicht wichtig zu nehmen. Ja, das war mir völlig in Fleisch und Blut übergegangen, dieses ›Ich selbst bin überhaupt nichts‹. Ich bin völlig unwichtig. Und dann hab' ich eine Predigt im Radio gehört. Eine Predigt, die mein Leben verändert hat. Dieser Pastor erklärte, es ginge darum: Liebe deinen Nächsten wie dich selbst. Und er hat gesagt, man kann nur Leute lieben, wenn man sich selber liebt. Und man kann von anderen auch nur soweit geliebt werden, wie man sich selbst liebt. Man kann nicht von anderen erwarten, daß sie mehr von einem halten, als man selbst von sich hält. Und da hab' ich gedacht, Freundchen, irgendwas machst du falsch. Du brauchst dich.«

Ob sie sich in dieser Religion noch beheimatet fühlt, will ich wissen. »Mit Sicherheit nicht mehr in der Kirche. Aber im Grunde genommen bin ich eigentlich sehr fromm.« »Was meinst du, wenn du sagst: fromm?« »Das weiß ich auch nicht«, antwortet Lilo. »Fromm? Du wirst es ... Ich habe beispielsweise das Gefühl, niemals allein zu sein.« »Schöne Definition«, sage ich. »Bist du eigentlich aus Frömmigkeit nach Italien gefahren?« »Die Reise hat Selbständigwerden bedeutet ... Es war aber auch ein Schritt zum Tod. Das hört sich witzig an. Aber ich hatte tatsächlich in Florenz das Gefühl. Und es gibt sehr viele Dinge, die ich, bevor ich sterbe, unbedingt gerne sehen möchte. Dazu gehörte Florenz. Und als ich in Florenz gesehen hatte, was ich sehen wollte, da hab' ich gedacht, jetzt bin ich einen Schritt näher am Tod. Aber es gibt noch eine ganze Menge Schritte, bevor ich soweit bin, daß ich befriedigt sterben kann.«

Sie erzählt von Assisi: »Ich frag' mich immer, ob das alles immer Einbildung ist. Aber ich finde, Assisi ist eine heilige Stadt. Und daß man das auch bei den Menschen spürt. Wir gingen dort den Berg hoch, und von oben kam uns eine Gruppe Kinder entgegen, eine Schulklasse. Und die tanzten singend den Berg runter, vorneweg zwei Jungs und ein Mädchen, die sich an den Händen gefaßt hatten und immer im Kreis herumsprangen, während sie den Berg runterliefen. Es war so eine unwahrscheinliche Fröhlichkeit in diesen Kindern, wie die da diesen Berg runtergestürmt kamen. Und wir sind stehengeblieben und haben ihnen zugesehen. Und plötzlich rief eins der Mädchen den anderen zu, sie sollten alle mal kommen. Und dann verstand ich, daß sie ihnen erzählte, wir wären Engländer. Und dann flüsterten sie alle zusammen, und plötzlich drehten sich alle zu uns um und sangen uns ein englisches Lied vor, ›Good morning, good morning, oh what a happy day‹. Sangen uns das Lied vor und drehten sich wieder um und sprangen lachend wieder weiter ihren Berg runter. Und ein alter Herr stand mit griesgrämigem Gesicht und guckte sich auch die Geschichte an. Und ich hab' ihn wohl fragend angesehen, weshalb er nur so ein böses Gesicht macht, worauf er plötzlich strahlte und sagte: Herrliche Jugend.«

Wir sprechen noch einmal über die vielen Menschen hier bei Gorleben, die in den letzten Jahren buchstäblich aus politischem Tiefschlaf aufgewacht sind. »Ich bin erst langsam dabei, erwachsen zu werden«, schmunzelt Lilo. »Weißt du, mein Mann hatte früher eine ganz dumme Angewohnheit. Als wir noch in der Elbe gebadet hatten, tauchte er immer ganz falsch rum, ganz weit unter Wasser, daß man immer Angst kriegte ... Kommt er überhaupt noch mal wieder? Und dann kam er langsam hoch, und dann schwammen seine Haare so auf dem Wasser. Und dann kam er mit der Hand raus und faßte sich in die Haare und zog sich am eigenen Schopf empor. Es war ein irrsinniges Bild. Aber ich hab' manchmal gedacht, man muß immer wieder so auftauchen und sich selber an den Haaren rausziehen.«

Lois Kroehler

Bärbel von Wartenberg-Potter

Es gibt Menschen, wenn ich denen begegne, gehe ich hinterher weg und möchte weinen. Es gibt aber auch Menschen, wenn ich denen begegne, gehe ich hinterher weg und möchte singen. Lois Kroehler ist eine von den Frauen, die mir Lust zum Singen macht, und nicht nur dies, sie gibt mir auch gleich ein Lied mit, das ich singen kann, ein zartes oder mitreißendes Lied, ein trauriges oder glückliches, richtig und stimmig in dem, was es sagt. Unsere Wege haben sich in den letzten Jahren mehrfach gekreuzt, und jedesmal kam ich zurück voller »Segen«, denn Lois hatte ihre Hoffnung, ihre Liebe und ihr Zutrauen zum Leben mit mir geteilt, sie hatte sie mir ins Gemüt gesungen.

Lois ist eine Amerikanerin, mit deutschen Wurzeln, eine Missionarin mit der Guitarre, die seit nun bald vierzig Jahren in Kuba lebt und arbeitet. Ihre wirkliche Bedeutung verbirgt sich hinter einer schüchternen Außenseite. Sie tritt bescheiden und zurückhaltend auf, wenn mensch ihr begegnet. Es machte mich manchmal fast ein wenig nervös, diese typisch frauliche Zurückhaltung zu sehen. Ich brauchte einige Zeit, um hinter diesem Anschein ihr ungewöhnlich feinfühliges Künstlertum, ihre Ehrlichkeit und Willensstärke zu entdecken. Dort, wo ich ein Ausrufezeichen hinter eine Aussage setzen würde, stellt sie eine Frage. Den einzigen von ihr geschriebenen Artikel über sich selbst habe ich mit der Hand selbst abgeschrieben. Uneitel, wie sie ist, hatte sie ihn nur in einem einzigen Exemplar.

Doch nimmt sie ihre Guitarre in die Hand, dann wächst eine wunderbare Kraft und Glaubwürdigkeit aus ihr heraus. Ihre Stimme hat einen einzigartigen Schmelz und ist klar wie Wasser. Jedesmal hat sie mich zu einer anderen Frau gemacht, hat mich die trübsinnigen Nörgeleien, aus denen ich kam, verges-

sen lassen und mir die Spuren des Aufbruchs gezeigt, die Zeichen und Lieder Gottes. Eine Gotteslehrerin fürwahr.

Wie kommt eine amerikanische Missionarin nach Kuba? Und mehr noch: Was hat sie denn heute dort zu tun? Am besten wird es sein, ihr selbst zuzuhören, so wie sie zu uns[1] gesprochen hat, Lois, die Frau, die in kein Klischee paßt.

»Ich stamme aus einer amerikanischen Pfarrersfamilie, aus der viele Missionare kommen. 1949 ging ich nach Kuba, um als Sekretärin dort meine Sprachstudien in Spanisch zu vertiefen. Es sollten nur zwei Jahre sein. Dann blieb ich aber ganz in Kuba, um als Missionarin an einer christlichen Schule zu arbeiten. Da kam die Revolution, und die Schulen wurden verstaatlicht. Es wurde uns freigestellt, nach Amerika zurückzugehen. Meine Kollegen taten das auch, ich aber wollte in Kuba bleiben. Die Kirche baute nach dem Verlust der Schulen ein Team

---

1 Diese Ausführungen stammen teilweise aus Gesprächen, die Winfried Muder 1987 in Kuba aufgezeichnet hat.

für christliche Erziehung auf, in dem ich mitarbeitete und bald die Musikerziehung übernahm. Heute bin ich Direktorin für Musik der Presbyterianischen Kirche. In der Zeit nach der Invasion in der Schweinebucht 1961 erklärte die Regierung, daß die Revolution sozialistisch sei. Ich las damals einen Artikel in ›Newsweek‹ mit dem Titel ›Gott und Mensch in Rußland‹. Da hieß es, daß die Kirchen in Rußland besonders durch Musik die jungen Leute erreichten. So kam es denn zusammen: Hier waren wir ein sozialistisches Land geworden, dort hatte mich die Kirche beauftragt, Musik zu unterrichten – und wir wollten die Jugend erreichen. Da war meine Aufgabe klar vorgezeichnet. Damals war alle Kirchenmusik amerikanisch oder europäisch geprägt. Es wurde mir klar, daß durch Musik und Lieder vielleicht mehr Theologie in der Gemeinde gelehrt wird als durch die Predigten. So wählte ich die Musik als meine Art, Theologie zu treiben. Zuerst begannen wir, neue Texte zu alten Melodien zu schreiben, dann aber auch neue Texte zur Guitarre. Aus dem allem wuchs schließlich nach jahrelangem Improvisieren und Vervielfältigen ein neues Gesangbuch. ›Die ganze Kirche singt‹ heißt es und will sagen, daß zur ganzen Kirche Lieder aus allen Erdteilen, allen Konfessionen und aus allen Jahrhunderten gehören. Aber besonderen Wert haben wir auf kubanische und lateinamerikanische Lieder gelegt. Dies neue Gesangbuch wird gerade gedruckt.«

Wie hat sie die Revolution erlebt?

»Die Zeit unter der Diktatur Battistas, die ich ja noch kennengelernt hatte, war gekennzeichnet durch enormes Elend: Alles, aber auch alles kam zusammen: Unkenntnis, Verzweiflung, ökonomische Ausbeutung, politische Korruption, soziale Ungleichheit, Unterentwicklung, Straßenbettelei, Prostitution, Pornographie, Spielsucht, Kriminalität. Auf der anderen Seite mangelte es an Schulen, im Gesundheitswesen, an Erholungsmöglichkeiten, Büchern, Kunst, Musik und anderen kulturellen Einrichtungen. Es gab eine chronische Arbeitslosigkeit. So war es in Battistas Kuba. Und so ist es noch in vielen Ländern Lateinamerikas, Asiens und Afrikas heute. Es gibt Situationen, die bringen die schlechtesten Seiten im Menschen nach oben. In einem Klima von Selbstsucht, Gewinnsucht und Korruption werden die schlechten Seiten des Menschen ermutigt, stimuliert. In einem anderen Klima, daran glaube ich, können sich auch die besseren Seiten entwickeln. Kuba ging durch eine sozialistische Revolution: Heute gehen alle Kinder zur Schule, die Kindersterblichkeit ist so niedrig wie in den reichen Ländern, Gesundheitsfürsorge ist gewährleistet, es gibt Arbeit und Essen und keine Elendsviertel. Ich sehe darin Erfahrungen von Gerechtigkeit und Liebe, also Zeichen des Gottesreiches. Es gibt in unserem Land Solidarität und Opfer unserer Schwestern und Brüder auch außerhalb der Kirche. Gottes Hand ist am Werk in diesem geschichtlichen Prozeß. Aber ich habe das nicht immer so gesehen. Ich sage manchmal, daß ich am 1. Januar 1959 politisch geboren wurde. Wir begannen die Dinge erst langsam aus einem anderen Blickwinkel zu betrachten. Als ich die unglaubliche Armut der Leute auf dem Lande kennenlernte und sehe, wie es ihnen heute geht, was bedeutet es da, daß ich mir nicht alles kaufen kann wie in den USA, daß ich auch ›Entbehrungen‹ auf mich nehme, wenn dafür andere wenigstens das Notwendigste haben?!

Kurz nach der Revolution hatte ich folgendes Erlebnis: Ein russischer Seemann hatte einen Brief mitgebracht, geschrieben von russischen Kindern an die Kinder Kubas. Einzige Verständigungsmöglichkeit war Englisch. So wurde ich gebeten zu übersetzen. Ich war voller Vorurteile. ›Was tust du‹, flüsterte mir eine Stimme ins eine Ohr, ›eine amerikanische Missionarin übersetzt einen Brief für einen russischen Atheisten?‹ Im anderen Ohr hörte ich eine Stimme: ›Aber der Inhalt des Briefes ist doch freundlich: die Kinder erzählen, daß sie Arbeiter, Lehrer, Ärzte werden wollen, um anderen Völkern zu helfen. Was ist daran falsch?‹ So übersetzte ich also. Hinterher gab mir der Seemann eine kleine Anstecknadel als Souvenir. Der Kopf Lenins war darauf. Da sagte die eine Stimme wieder: ›Aber Lenin, das ist doch der Teufel.‹ Und die andere Stimme: ›Lenin ist für ihn, was für dich George Washington ist.‹ Was ich daraus lernte, war, wie viele Vorurteile wir verinnerlicht hatten. Jetzt fingen wir erst einmal an, mit unseren eigenen Köpfen zu denken.

Ich habe in der Folgezeit gute und schlechte Kommunisten kennengelernt, so wie es ja auch gute und schlechte Christen gibt. Ich sah, daß diese Leute Qualitäten hatten, die wir sehr oft als christlich bezeichnen – und doch sind es Ungläubige.«

Was hat sich seitdem für sie verändert?

»Ich habe verstanden, daß das politische Element ein integrierter Bestandteil unseres Glaubens sein muß. Die Kirche soll nicht nur auf Sonntag, Pfarrer und Bibel beschränkt sein. So habe ich ein Lied geschrieben: ›Gott am Montag ... spricht zu uns durch die Welt, über die Welt, die Welt, die Gott liebt und in die er seinen Sohn geschickt hat. Gott am Montag spricht zu uns in unserem säkularen Leben, in den Fabriken, auf den Feldern, in der Schule, im Büro. Wir müssen auf Gottes Stimme in der Welt hören und Gott in dieser Welt antworten.‹

Die Kirche hat sich sehr verändert. Vor der Revolution bestand der einzige Außenkontakt zu den USA. Dann entdeckte die Kirche, daß es die Karibik gab, Lateinamerika, den Ökumenischen Rat. Kirchen in anderen sozialistischen Ländern. Ich blieb in Kuba, weil dort so viel zu lernen war. José Marti hat einmal gesagt, er möchte sein Geschick mit den Armen der Erde teilen: Mose ging auch zu seinem unterdrückten Volk, statt im Palast zu wohnen. Freilich, ich bin keine Kubanerin. Aber Kuba leidet noch immer sehr unter den USA, unter der Wirtschaftsblockade, der politischen Diffamierung. So wollte ich lieber am leidenden Ende sein als dort, wo es verursacht wird. Die Kirche in Kuba nimmt an einem historischen Prozeß der Menschheitsgeschichte teil, in der etwas Neues geboren, ausprobiert wird. Mein Leben hat Bedeutung, weil ich Teil der Kirche und der Menschen bin, die eine neue Gesellschaft aufbauen und neue Menschen werden. Arbeit ist für mich etwas Kreatives, nicht etwas Ermüdendes.

Meine Familie reicht über die eigenen vier Wände hinaus. Als ich nach Kuba kam, wollte ich andere etwas lehren. Ich weiß heute, daß ich gar nichts lehren konnte außer vielleicht, daß andere von meinem Lernen etwas gelernt haben, an meinem Wachsen gewachsen sind. Siehst du, Christsein kann man doch nicht praktizieren wie Medizin oder Recht. Es ist keine Frage, wie oft ich die Bibel lese oder in die Kirche gehe oder Opfer gebe und Lieder singe. Heißt das Christsein? Ein Christentum, das *praktiziert,* aber nicht *gelebt* wird, ist vielleicht verantwortlich für den Atheismus der Ungläubigen heute. Christsein ist ein ganzer Lebensstil. Es ist nicht Teil des Lebens, sondern das ganze Leben. Die christlichen Worte haben eine neue Bedeutung für mich gewonnen, sie wurden auf das Wesentliche reduziert. Das Leben wurde einfacher und menschlicher. Die Kirche wurde sicher ärmer, aber was wir an Besitz verloren, haben wir an Tiefe und Vision gewonnen.

Als ›Frau‹ wurde ich erst sehr viel später wach, auch im Hinblick auf die sexistische Sprache meiner Lieder. Wenn in dem Wort ›man‹ (engl.) die Frau immer mitgemeint ist, und wenn ›man‹ + ›woman‹ = ›man‹ ist, dann kann ja ›woman‹ nur gleich null sein. Wir betrachten auch als Frauen noch das meiste mit einer männlichen Brille. Aber das wird sich ändern, wir arbeiten daran. Der Machismo ist auch kulturell noch stark verwurzelt. Aber immerhin verpflichtet der kubanische Familienkodex Frauen und Männer zu gleichen Teilen zur Haus- und Familienarbeit.

Meine Lieder haben vielleicht geholfen, die ökumenische Zusammenarbeit zu fördern. Wir haben auch viel übernommen von der weltweiten Ökumene. Es gibt ein Lied ›Kumbaya mi Lord‹, das auf der Vollversammlung des Ökumenischen Rates in Nairobi 1975 verwendet wurde. Dort heißt es in den einzelnen Versen: ›Jemand weint ... jemand stirbt ... jemand schreit ... jemand blutet ...‹ Es endet jedesmal: ›Gott versöhne die Zeit.‹ Wir in Kuba haben aber einen Vers hinzugefügt, als wir es sangen, nämlich: ›Jemand singt ... ein neues Lied.‹ Ja, es gibt Menschen, die feiern ihre Befreiung, ihre Arbeit, ihre Chancen zu wachsen und zu leben. Wir feiern die vielen Möglichkeiten, die wir bereits haben, Zeichen des Gottesreiches in uns und um uns herum.«

Lois ist freiwillig in Kuba geblieben. Sie könnte jederzeit in die USA gehen, wenn sie wollte. Aber die tiefe Befriedigung, die Armen nicht mehr arm, sie gespeist, sie gekleidet zu sehen, ist eine Erfahrung, für die sie Gott dankt. Sie ist differenziert.

Als sie uns erzählt, Fidel Castro habe gesagt: »Solange in vielen Ländern der Erde so große Armut herrscht, ist es nicht recht, daß Kuba nach einem höheren Lebensstandard strebt«, sagte eine Besucherin: »So kann eure wirtschaftliche Misere auch entschuldigt werden. Warum wollen denn dann so viele Menschen von hier weg?« (Ich dachte sogleich an die täglichen Schlangen von Ausreisewilligen vor der amerikanischen Botschaft in Kingston, also einem westlich-»freien« Land.) Lois schwieg dazu, und ihr Schweigen war voller Würde.

Dieses trockene Papier wird niemals die Schönheit von Lois Stimme, ihren Schwung und ihre Einfühlsamkeit vermitteln können. Aber an den wenigen Texten, die ich übersetzt habe, ist zu erkennen, was für eine Gottes-Lehrerin sie ist.

Die theologische Bekehrung der Lois Kroehler ist wohl am ehesten in einem ihrer Lieder ausgedrückt, das nach einem Gedicht Toyohito Kagawas geschrieben wurde, der in Kobe, Japan, in den Slums arbeitete. Sie singt es besonders gern.

Entdeckung

Ich kann keine großen
und außerordentlichen Dinge erfinden,
wie die schnellen Flugzeuge,
die ihre Silberflügel ausbreiten,
aber heute im Morgengrauen
wurde mir eine wunderbare Eingebung zuteil.
Und meine Kleider, abgetragen
von zu häufigem Gebrauch,
wurden auf einmal hell und schön
von einem Licht, das durch
die Himmelsfenster fiel,
ein sanftes Glitzern
von Bronze, Gold und Silber.
Meine Entdeckung aber war die,
daß es verborgen in meiner Hand
einen geheimen Plan gibt:
Danach ist meine Hand groß, sehr groß
eben um dieses Planes willen.

Gott, der/die in meiner Hand wohnt,
kennt diesen geheimen Plan, nämlich
all die großartigen Dinge,
die Gott für diese Welt tun will
durch meine Hände.

In keinem Gesangbuch gibt es etwas über Frauen, stellte Lois fest. Ihr erster Versuch, eine biblische Frau zu besingen, wählt Deborah (Richter 4), die Frau, die aufsteht, um ihren Beitrag zur Befreiung ihres Volkes zu leisten. Will sie den Frauen, die unter Machismo leiden, und sich selbst Mut machen mit diesem Beispiel, ihre Rolle auf diesem Weg zu finden und eine gewußte, aber nicht gelebte Stärke endlich einzusetzen für die bessere Zukunft aller?

Wach auf, Deborah, wach auf
mitten in grausamer Unterdrückung.
Steh auf, du bedeutsame Frau,
und leiste deinen Beitrag.
Hilf, die Befreiung zu schaffen.

Wach auf, Deborah, wach auf
mitten in der Angst.
Steh auf, du bedeutsame Frau,
gib deine Stärke und deine Begeisterung.
Dein Beispiel macht anderen Mut.

Wach auf, Deborah, wach auf,
dein Herz gehört zum Volk.
Steh auf, du bedeutsame Frau,
deine Eingebung kommt von Gott.
Sing ein neues Lied.
Sing ein neues Lied.

Der Journalist Jorge Ricardo Masetti, Gründer der »Prensa Latina«, schrieb in einem Zeitungsartikel am 24. Juni 1974: »Manchmal wird Unparteilichkeit als eine Tugend hingestellt. Aber angesichts von Gerechtigkeit und Ungerechtigkeit, von Liebe und Lieblosigkeit, ist es da möglich, unparteiisch, neutral zu bleiben?« Das folgende Lied wurde nach dieser Zeitungsnotiz geschrieben:

Wir sind objektiv, aber nicht unparteiisch.
Wir sind objektiv, aber nicht unparteiisch.

Wir wollen wissen, wer leidet,
damit wir versuchen können, das Leiden zu lindern,
und wer lacht,
damit wir uns mitfreuen können.

Wir wollen wissen, wer unterdrückt ist,
damit wir ihnen helfen können,
und wer unterdrückt,
damit wir gegen sie kämpfen können.

Parteiergreifend für die, die leiden,
gegen die, die Leiden verursachen.
Parteiergreifend für den Menschen
gegen alle, die entmenschlichen.
Parteiergreifend für die Unterdrückten
gegen die Unterdrücker,

sind wir objektiv, aber nicht unparteiisch.

Lois hat oft dem kubanischen Theologen Sergio Arce bei seiner Arbeit geholfen. Einmal, sagte sie, sei ihr der Gedanke gekommen, daß doch immer die Frauen die Sachen der Männer freiwillig tippen. Dann aber sagte sie sich: Wenn Sergio mir all den Theologieunterricht, den ich während des Tippens erhalten habe und der mir den Stoff für meine Lieder gibt, in Rechnung stellen würde, wer bliebe da wem etwas schuldig?

Das Lied »Auferstehung« ist gesungene Theologie:

Auferstehung

Auferstehung: wir müssen sie verkündigen
und der Welt diese Realität zeigen,
eine göttliche Realität: Christus ist wahrhaftig
auferstanden.
Deshalb müssen wir die Auferstehung verkündigen.

Auferstehung: wir müssen sie lehren,
die Kirche selber muß diese große Wahrheit lernen.
Wir brauchen sie wegen der menschlichen Bosheit.
Deshalb müssen wir die Auferstehung lehren.

Auferstehung: wir müssen sie leben
in Kirche und Gesellschaft, diesen Willen Gottes.
Es ist eine göttlich-menschliche Möglichkeit.
Deshalb müssen wir die Auferstehung leben.

Auferstehung bedeutet neues Leben,
ein neuer Mensch, eine neue Menschheit.
Es bedeutet, im Glauben zusammenzukommen.
Es bedeutet Liebe – Gerechtigkeit.
Es ist eine sichere Gewißheit heute: Auferstehung.

Auferstehung:
um sie zu verkündigen
um sie zu lehren
müssen wir sie leben.

Dies ist Lois Lieblingslied. Einfach einige Verse aus dem Jesajabuch. Sie hat gesehen, wie einige dieser Prophezeiungen wahr wurden – vor ihren Augen: Rückgang der Kindersterblichkeit, kein Abschieben der Alten, Arbeiter bauen Häuser, in denen sie auch selbst leben dürfen, nicht in Blechhütten, sie können die Arbeit ihrer Hände selbst genießen. Ja, Lois glaubt auch fest daran, daß Wölfe ihre Eßgewohnheiten ändern können.

Jesaja 65,17–25 (ausgewählt zur Musik)

Ein neuer Himmel, eine neue Erde:
dies sind die Zeichen des Gottesreiches.
Neues Leben und neue Menschen
singen die Lieder des Gottesreiches.
(Refrain nach jedem Abschnitt)

Der früheren Dinge wird man nicht mehr gedenken,
niemand wird sich ihrer erinnern.
Fröhlichkeit wird über der Stadt (Jerusalem) sein
und Freude in meinem Volk.

Es wird daselbst kein Kind mehr
nur wenige Tage leben
und keine Alten geben,
die ihre Jahre nicht erfüllen.

Sie werden Häuser bauen
und sie bewohnen.
Sie werden Weinberge pflanzen
und ihre Früchte essen.

Sie werden nicht bauen
und andere es bewohnen.
Sie werden nicht pflanzen
und andere es genießen.

Ihrer Hände Werk werden sie genießen,
sie sollen nicht mehr umsonst arbeiten.

Ehe sie rufen, will ich antworten.
Wenn sie noch reden, will ich hören.
Wolf und Schaf sollen miteinander weiden.
Sie werden weder Bosheit noch Schaden tun
auf meinem heiligen Berge.

Als ich eine Kubanerin nach Lois fragte, sagte sie: »Die Art und Weise, wie sie sich kleidet, wie sie lebt, darin ist sie so bescheiden. Sie ging mit den Leuten durch alle Schwierigkeiten. Morgens ging sie, wie alle anderen, um 4 Uhr zum Bus, 32 Jahre lang. Sie hatte, wie die meisten, kein eigenes Auto. Sie hat sich sehr verändert in den Jahren. Als Amerikanerin trägt sie bewußt eine kollektive Verantwortung und erfuhr viel Ablehnung. Aber sie ist hiergeblieben und hat der Kirche geholfen, ihren Weg zu gehen. Wir lieben sie. Sie ist eine wahre Missionarin, die jeder akzeptieren wird.«

Nehemia 2,18

Kanon für sechs Stimmen von Lois Kroehler, Kuba

Lesbische Frauen

Carter Heyward

Ich spreche immer als Lesbierin. Ich führe meine Hunde aus als Lesbierin. Ich frühstücke als Lesbierin. Ich bete als Lesbierin. Ich kämpfe gegen die Contras als Lesbierin. Ich treffe mich mit meinen Studenten als Lesbierin. Und ich kämpfe als Lesbierin gegen Rassismus und Antisemitismus sowohl in meinem eigenen Leben als auch auf der ganzen Welt.

Wie die meisten Lesbierinnen gebe ich mich nicht immer als solche zu erkennen. Nicht immer erzähle ich offen von meiner Erfahrung dieser ursprünglichen Energie, die die Liebe zwischen Frauen birgt, dieser intensiven, spielerischen, vollkommen spirituellen Energie, die ihren seelischen Ursprung im Bemühen um eine gute, das heißt gerechte, schwesterliche, fröhliche wechselseitige Beziehung zwischen Frauen hat. Diese Energie ist gefühlsmäßig, körperlich, politisch und geistig in unserer beharrlichen Sehnsucht nach starken, zärtlichen Beziehungen mit unseren Müttern, Schwestern, Töchtern, Freundinnen und Geliebten sowie nach Einigkeit mit uns selbst verankert.

Lesbisch zu sein bedeutet nichts anderes als unsere Sehnsucht nach innigen Beziehungen mit anderen Frauen, unsere Sehnsucht, einander an den geheimsten Stellen zu streicheln und zusammen zu entdecken, wie wunderbar wir sind. Wir wollen unsere gemeinsame und individuelle Basis erforschen, unseren Boden, unsere Blüten, aber auch unser Unkraut. Wir wollen unsere Körper und damit uns selbst feiern.

Gemeinsam beginnen wir Lesbierinnen zu glauben, daß unsere Körper, also wir selbst, »das heilige Wort« sind, wie Hyung Kung Chung es ausdrückte[1]. Dieses Wort lehrt, daß die

1 Hyung Kung Chung ist eine feministische Theologin aus Korea, die

Erotik eine heilige Kraft ist. Dies ist eine radikale Umkehr in unserer »theologischen Epistemologie«. Endlich begreifen wir, was wirklich heilig in unserem Leben ist, daß wir gut und gesund sind, sinnlich und voller Harmonie.

Die meisten von uns, die sowohl beruflich als auch privat in der Lage sind, sich als Lesbierinnen zu artikulieren, sind weiße Frauen mit einer gewissen wirtschaftlichen Sicherheit im Hintergrund. Das heißt aber nicht, daß Lesbischsein hauptsächlich eine Angelegenheit weißer Frauen ist. Wir weißen, privilegierten Lesbierinnen müssen uns darüber im klaren sein, daß unsere Rassenzugehörigkeit und unser Status uns ein gewisses Maß an Mißachtung der Normen ermöglicht, das für die meisten unserer farbigen, armen Schwestern unerreichbar ist. Wir können uns mehr oder weniger aussuchen, wie weit wir uns aus unserem Versteck hinauswagen wollen, unter welchen Bedingungen und zu welcher Zeit.

Das heißt aber auch, daß wir weißen Lesbierinnen in einer kreativen Spannung zwischen unserem öffentlichen Kampf gegen die Heterosexualität und die Angst vor Homosexualität auf der einen und unseren Bemühungen um jegliche Form von Gerechtigkeit auf der anderen Seite leben müssen. Unser Leben, unser Kampf und unsere Vorstellung von Gerechtigkeit entstammen derselben Wurzel.

Wir können nicht alles für alle Menschen tun. Der Vorschlag, daß wir es zumindest versuchen sollten, ist eine Provokation des heterosexuellen Patriarchats, die uns erschöpfen soll. Immerhin können wir uns aber des Wertes jedes Menschen bewußt sein und auf der Basis dieser Erkenntnis, daß jeder einzelne zählt, weiter für Gerechtigkeit, für das Überleben und die Würde jedes Menschen sowie für alle Lebewesen auf der Erde kämpfen.

Im Kampf um Gerechtigkeit ist es wichtig, daß wir uns und anderen klarmachen, daß lesbische Frauen Trägerinnen einer ganz besonderen und manchmal sogar schrecklichen Kraft und

---

zur Zeit am Union Theological Seminary in New York studiert. Sie nannte unsere Körper das »heilige Wort« auf derselben Fachtagung, auf der ich diese Rede gehalten habe, in Cambridge, Massachusetts, USA, am 12. November 1988.

Leidenschaft sind: Es stimmt, wir Frauen verfügen in der lieblichen, lustvollen Leidenschaft der durch Frauen verkörperten Liebe zu anderen Frauen über eine wunderbare Quelle kreativen und befreienden Segens.

Doch wir tragen in uns auch den einsamen, manchmal quälend schmerzhaften, wütenden Zorn darüber, daß der Segen unserer Liebe und Arbeit sowohl der Öffentlichkeit als auch uns selbst allzuoft verborgen bleibt. Es gibt für mich persönlich nichts Schmerzlicheres, als erleben zu müssen, wie meine ureigensten Quellen, also die leidenschaftliche Liebe zu meinen Freundinnen, diese erotische, schöpferische Kraft in meinem Leben, lächerlich gemacht oder ganz negiert werden, und zwar nicht nur von Kirchenvätern, sondern auch von Frauen, einschließlich Lesbierinnen.

Wir verletzen einander aus Angst vor der Kraft und Leidenschaft unserer Beziehungen. Wir alle tun das, und wir sind doch hier auf dieser Welt, um einander über diese schwachmachende Furcht hinwegzuhelfen, die unsere Energie und damit unser Leben angreift.

Lesbierinnen mögen vielleicht nicht unsichtbar sein, weder allein noch zusammen. Unsere Gärten – unser Leben und unsere Arbeit – sind oft außerordentlich fruchtbar und vielgelobt. Doch die Resultate unserer Fähigkeiten, zu wachsen, uns zu verändern und so noch schöner zu werden, werden von den Machtstrukturen der heterosexuellen Gesellschaft im Verborgenen gehalten, Strukturen wie Heirat, Kirche, die »gute Ordnung« von Erziehung, Gesundheitswesen, Therapien und anderen professionellen Institutionen und Beziehungen.

Indem die Quellen unserer Macht, diese erotischen Früchte der Leidenschaft und Freundschaft, vor anderen und viel zu oft auch vor uns selbst verborgen gehalten werden, geht der Sinn unseres Lebens verloren. Allmählich entmutigt uns das. Wir trocknen aus, ja wir brennen aus. Wir geben auf. Bald ist es, als hätten wir nie existiert. Und unsere Töchter, die unsere Gärten einmal erben sollen, werden niemals erfahren, wie üppig unsere Früchte einst wuchsen. Falls sie aber doch davon hören, werden sie von uns nicht gelernt haben, wie sie selbst solche Früchte voller Lust und Liebe hervorbringen können, und sie werden nicht wissen, an wen sie sich wenden können, um es zu lernen.

Wenn also die Quelle unserer Kraft verborgen bleibt, werden wir weiter ein Leben der Lüge führen.

Wir Lesbierinnen tragen in uns das Wissen über die Quelle, aus der unsere heilige Kraft stammt. Auf diese Weise sind wir gewissermaßen die Inkarnation des Reichtums an Segen für alle Frauen; wir ermutigen unsere Schwestern im heterosexuellen, rassistischen Patriarchat. Deshalb sind wir gefährlich. Unsere bloße Existenz ist eine Bedrohung für die herrschenden politischen, wirtschaftlichen und religiösen patriarchalischen Strukturen der westlichen Gesellschaft.

Wir sind außergewöhnlich, weil wir alle Frauen repräsentieren, die Frauen ernst nehmen, die leidenschaftliche Frauen ernst nehmen. Deshalb ist jedes Mittel recht, sei es politischer, theologischer, ökonomischer, sozialer, psychischer oder physischer Art, um uns den Mund zu stopfen, um unsere Körper unter Kontrolle zu halten und unsere Energie zu unterdrücken und zu verbergen, sogar vor uns selbst.

Unsere Familien, Arbeitgeber, Schulkameraden und Freunde mögen uns als Lesbierinnen »akzeptieren«, aber die wahre Quelle unserer Kraft, unsere heiligen Wurzeln, unsere Leidenschaft für das Einverständnis zwischen Freundinnen und Geliebten, unser Einsatz für Gerechtigkeit für Frauen bleibt weithin unbeachtet.

Eines der effektivsten Mittel, diese Lebenskraft zu unterdrücken, ist natürlich, uns selber Angst davor einzureden, das heißt, uns angst vor unserer eigenen Kraft zu machen. Deshalb müssen wir Lesbierinnen einander freundlich, aber energisch diese Angst ausreden.

Lesbierinnen repräsentieren das Leiden aller Frauen, die Unsichtbarkeit ihrer Existenz. Diese Unsichtbarkeit steigert sich noch, wenn es sich um schwarze, asiatische, lateinamerikanische oder schlicht um arme Lesbierinnen handelt oder um Frauen, die auf andere Art und Weise den Normen der herrschenden Gesellschaft nicht genügen. Weil wir Lesbierinnen andere Frauen so energisch ermutigen, einander zu lieben, also auch einander Respekt zu erweisen – etwas, was der Sexismus in unserer Gesellschaft erschwert –, werden wir sowohl in der Geschichtsschreibung als auch in Kirche und Theologie totgeschwiegen; es soll ein Keil in unsere Gemeinschaft und zwischen unsere Körper und Seelen getrieben werden. Trotzdem müssen wir auch weiterhin wagen, miteinander zu lernen und zu lehren, daß wir, meine Schwestern, nicht verrückt sind, sondern ganz einfach in Harmonie mit uns selber und mit anderen leben wollen. Wir müssen den Rest unseres Lebens damit verbringen, die grundlegende heterosexuelle Lehre in unserer Gesellschaft energisch zu widerlegen, die uns glauben machen will, daß wir verrückt sind.

»Dies ist wieder nur eine Lüge, eine der vielen, die wir uns schon anhören mußten. Aber ich will nichts mehr davon hören – keine Verzweiflung, keine Verrücktheit, keinen Selbstmord mehr in meinem Namen« (nach Holly Near, »Nie wieder Völkermord«[2]).

Wir Lesbierinnen sind aufgerufen, jetzt zusammenzuhalten und die Lügen, die wir so lange mit Leib und Seele aufgenommen haben, endlich hinter uns zu lassen.

Wir, die wir die Möglichkeit dazu haben, müssen auf Frauentreffen als Lesbierinnen sprechen. Nur dadurch können wir das Schweigen brechen und die Früchte unseres Lebens sichtbar machen; nur dadurch können wir unseren zahlreichen Schwestern aller Hautfarben, Klassen und Religionen, die in Gefahr sind, von sich selbst entfremdet zu werden, eine Rettungsleine zuwerfen. Denn die herrschenden wirtschaftlichen, sozialen, psychologischen und religiösen Normen sind aufgestellt worden, um uns gefangenzuhalten, um uns davon abzuhalten, zu uns selbst und zueinander zu finden; sie sollen verhindern, daß wir erkennen, wieviel Kraft uns unsere Frauenfreundschaft gibt, wieviel Vertrauen, Hoffnung, Liebe und Freude. Die meisten von uns hätten nie für möglich gehalten, daß sie dies alles einmal empfinden könnten.

2 Holly Near ist eine feministische und lesbische Liedermacherin, die auf der ganzen Welt für ihren politischen Einsatz für Gerechtigkeit und Frieden bekannt ist. Diese Zeilen entstanden nach ihrem Lied »No More Genocide – Nie mehr Völkermord«, aus dem Album »Hang in There«, Ukiah, Kalifornien, USA, Redwood Records, 1973.

Audre Lorde hat recht: Unser Schweigen wird uns nicht schützen[3]. Das Schweigen von uns Lesbierinnen wie auch das Schweigen der heterosexuellen Frauen wird uns letztendlich vor gar nichts schützen, sondern es wird uns in erster Linie von den Dingen abhalten, die am wichtigsten für uns sind: unsere Kreativität und unser Kampf für die Befreiung aller Unterdrückten in der Welt.

Wir alle sind in Gefahr! Deshalb sollten wir endlich zornig werden, und zwar nicht aufeinander – das wäre gerade die falsche Reaktion –, sondern auf die Kontrollmechanismen, die unser Leben, unsere Arbeit und unsere Beziehungen beherrschen. Der einzige Weg, mit diesen Mechanismen fertig zu werden, ist, zusammenzuhalten, zusammen zu sprechen und zu handeln. Und dann laßt uns feiern und lieben!

Solange wir es zulassen, daß die heilige Kraft unserer lesbischen Liebe unsichtbar bleibt, so lange werden auch die Früchte unserer Bemühungen im Verborgenen bleiben, und zwar nicht nur die der Lesbierinnen, sondern auch die der heterosexuellen Frauen. Solange dies geschieht, sind wir in großer Gefahr. Deshalb müssen wir lernen, unseren Mund aufzumachen. Wir müssen einander geduldig und beharrlich zuhören und uns gegenseitig dadurch zum Sprechen bringen[4]. Das aber erfordert ein hohes Maß an Zärtlichkeit, das wir, ähnlich wie junge Schwestern, gerade erst zu lernen beginnen.

Laßt uns nicht die Türen voreinander verschließen! Laßt uns endlich wagen, zusammen gegen die Furcht anzugehen, die uns so lange Zeit voneinander, von uns selbst und von unserer eigenen Macht entfremdet hat!

---

3 Audre Lorde ist eine schwarze, lesbische Feministin und lebt in den USA. Dieser Satz stammt aus ihrem Aufsatz »The Transformation of Silence into Language and Action – Die Wandlung von Schweigen in Sprache und Handlung«, aus: »Sister Outsider: Essays and Speeches«, Trumansburg, New York, USA, Crossing Press, 1984, 40–44.

4 Nelle Morton (gest. 1987) war eine führende feministische Christin in den USA. Als weiße Südstaatlerin kämpfte Nelle Morton ihr Leben lang gegen Rassismus und Sexismus in der ganzen Welt, vor allem aber

auch in der Kirche. Der Satz stammt aus ihrem Buch »The Journey Is Home – Die Reise geht nach Hause«, Boston, Massachusetts, USA, Beacon Press, 1985.

Übersetzung aus dem Amerikanischen: Karen Günther

Die Autorinnen und Autoren

ELISABETH ADLER
Geboren 1926 in Magdeburg. Studium der Germanistik und Geschichte in Halle und Berlin. 1959 bis 1965 Europasekretärin und stellvertretende Generalsekretärin beim Christlichen Studentenweltbund in Genf. 1965 bis 1987 Studienleiterin/Leiterin der Evangelischen Akademie Berlin-Brandenburg. Veröffentlichungen u. a.: Ein erster Anfang (Berlin 1975), Wie lange noch? Apartheid als Herausforderung für Südafrikas Christen und Kirche (Berlin 1982).

HANS-ECKEHARD BAHR
Geboren 1928 in Petershagen (Pommern). Studium der Evangelischen Theologie in Kiel und Heidelberg. Promotion 1959. Professor für Praktische Theologie an der Ruhr-Universität Bochum. Tätigkeit im Kuratorium der Deutschen Gesellschaft für Friedens- und Konfliktforschung sowie in der Enquete-Kommission des Deutschen Bundestages. Zahlreiche Veröffentlichungen, zuletzt: Alleinsein. Ich höre auf das Leise (Stuttgart 1987), Hoffen. Geschichten vom gelingenden Leben (Stuttgart 1988), Vertrauen. Wo das Rettende wächst (Stuttgart 1989).

MARGA BÜHRIG
Geboren 1915 in Berlin, seit 1934 Schweizerin. Studium der Germanistik in Zürich, Bern und Berlin. Promotion, später Studium der Theologie. Tätigkeit in der Erwachsenenbildung und Frauenarbeit sowie als Lehrerin und Journalistin. 1959 bis 1981 zuerst Studienleiterin, dann Leiterin des Evangelischen Tagungs- und Studienzentrums Boldern bei Zürich. Seit 1983 im Präsidium des Ökumenischen Rates der Kirchen. Schwerpunkte: Stellung der Frau in Kirche und Gesellschaft, Feministische und biblische Theologie. Veröffentlichungen: Die unsichtbare Frau und der Gott der Väter (Stuttgart 1987), Spät habe ich gelernt, gerne Frau zu sein. Eine feministische Autobiographie (Stuttgart 1987).

Marianne Dirks
Geboren 1913. Musiklehrerin und Organistin, verheiratet mit dem Publizisten Walter Dirks, vier Töchter. 1951 bis 1972 Präsidentin der Katholischen Frauengemeinschaften. 1951 bis 1973 Mitglied des Geschäftsführenden Ausschusses im Zentralkomitee der deutschen Katholiken. Mitglied der Synode der deutschen Bistümer. Auseinandersetzung mit der Bewußtseinsbildung christlicher Frauen an der Basis der Gemeinden. Wichtigste Veröffentlichungen: Sie prägten das Antlitz der Kirche (Mainz 1982), Glauben Frauen anders? (Freiburg 1983), Für eine neue Liebe zu Maria (Freiburg 1984, zusammen mit Karl Rahner).

Albert H. Friedlander
Geboren 1927 in Berlin. Studium in Chicago. 1952 Ordinierung als Rabbiner in Cincinnati. Gemeinden in Arkansas, Pennsylvania und seit 1966 in London. Erst Direktor, jetzt Dekan des Leo Baeck College und Rabbiner der Westminster Gemeinde. Verheiratet, drei Töchter. Vorträge und Veröffentlichungen zur jüdischen Theologie, Geschichte und Philosophie. Professor der Theologje am Leo Baeck College. Buchpublikationen: Leo Baeck. Leben und Lehre (Stuttgart 1973), Out of uhe Whirlwind (New York 1967), The Six Days of Destruction (Oxford 1988, zusammen mit Elie Wiesel). Redakteur von »European Judaism«.

Helmut Gollwitzer
Geboren 1908 in Pappenheim. Studium der Evangelischen Theologie in München, Erlangen, Jena und Bonn. 1950 Professor für Systematische Theologie in Bonn, seit 1957 in Berlin. Emeritierung 1975. Zahlreiche Veröffentlichungen, zuletzt: Krummes Holz – aufrechter Gang (München 1970), Befreiung zur Solidarität (München 1978), das hohe Lied der Liebe (München 1978). Gesamtwerk im Chr. Kaiser Verlag. Jahrzehntelange Mitwirkung in der Friedensbewegung, im Gespräch zwischen Juden und Christen, beim Deutschen Evangelischen Kirchentag. Träger der Buber-Rosenzweig-Medaille und der Carl-von-Ossietzky-Medaille.

Catharina J. M. Halkes

Geboren 1920. Studium der Philologie, Literaturgeschichte und Theologie in Leiden, Utrecht und Nijmegen. 1970 Dozentin und Pastoralsupervisorin im Fachbereich Praktische Theologie. 1977 Gründung des Projekts »Feminisme en Christendom«, dem 1983 ein spezieller Lehrstuhl zuerkannt wurde. Heute ist sie emeritierte Professorin an der Katholischen Universität in Nijmegen. Sie war verheiratet und hat drei Kinder. Veröffentlichungen u. a.: Gott hat nicht nur starke Söhne. Grundzüge einer feministischen Theologie (Gütersloh 1980), Suchen was verloren ging. Beiträge zur feministischen Theologie (Gütersloh 1985), En alles zal worden herschapen (Baarn 1989, wird übersetzt).

Carter Heyward

Geboren 1945. Studium zusammen mit Dorothee Sölle am Union Theological Seminary in New York. Ph. D. in Systematischer Theologie. Heute Professorin der Theologie an der Episcopal Divinity School in Cambridge/Massachusetts. Forschungsschwerpunkte: Feminismus, Befreiung, Systematische Theologie. Zahlreiche Buchpublikationen in den USA, auf deutsch: Und sie rührte sein Kleid an. Eine feministische Theologie der Beziehung (Stuttgart 1986).

Walter Jens

Geboren 1923. Promotion 1944, Habilitation 1949. Seit 1967 Universitätsprofessor und Direktor des Seminars für Allgemeine Rhetorik in Tübingen. Zahlreiche Literaturpreise, u. a.: Lessingpreis der Freien und Hansestadt Hamburg 1968, Heinrich-Heine-Preis der Stadt Düsseldorf 1981. Ehrenpräsident des P.E.N. Zentrums. Veröffentlichungen u. a.: Der Fall Judas (Stuttgart 1975), Die Friedensfrau (München 1986), Eine deutsche Universität (München 1977), Ort der Handlung ist Deutschland (1977), Kanzel und Katheder (München 1984), Dichtung und Religion (München 1985, zusammen mit Hans Küng).

Johann Baptist Metz
Geboren 1928. Studium der Katholischen Theologie in Bamberg, Innsbruck und München. Ordination 1954, Promotionen 1952 und 1961. Seit 1963 Ordinarius für Fundamentaltheologe an der Universität Münster. Forschungsschwerpunkte: Politische Theologie, Befreiungstheologie. Neuere Veröffentlichungen: Zur Theologie der Welt (Mainz 1968), Zeit der Orden? Zur Mystik und Politik der Nachfolge (Freiburg 1977), Glaube in Geschichte und Gesellschaft (Mainz 1977), Jenseits bürgerlicher Religion (Mainz/München 1980), Unterbrechungen. Theologisch-politische Perspektiven und Profile (Gütersloh 1981), Zukunftsfähigkeit. Suchbewegungen im Christentum (Freiburg 1987).

Elisabeth Moltmann-Wendel
Studium der Evangelischen Theologie in Berlin und Göttingen. Promotion. Verheiratet, vier Kinder. Autorin im Bereich Frau – Theologie – Feminismus. Wichtigste Veröffentlichungen: Frauenbefreiung – Biblische und theologische Argumente (München 1976), Ein eigener Mensch werden. Frauen um Jesus (Gütersloh 1980), Wenn Gott und Körper sich begegnen. Feministische Perspektiven zur Leiblichkeit (Gütersloh 1989).

Jürgen Moltmann
Geboren 1926. Promotion und Habilitation. 1958 Kirchliche Hochschule Wuppertal. 1963 Professor für Systematische Theologie und Sozialethik in Bonn, seit 1967 Lehrstuhl an der Universität Tübingen. Veröffentlichungen u. a.: Trinität und Reich Gottes (München 1980), Gott in der Schöpfung (München 1985), Theologie der Hoffnung (München [12]1985), Der gekreuzigte Gott (München [4]1981). Kirche in der Kraft des Geistes (München 1975), Zukunft der Schöpfung (München 1977).

Wolf-Dieter Narr
Geboren 1937. Studium der Philosophie, Sozialwissenschaften, Klassischen Philologie und Geschichte. Seit 1971 Hochschullehrer für Politikwissenschaft an der Freien Universität Berlin. Mitglied des Sozialistischen Büros. 1977 bis 1979 im Beirat des 3. Internationalen Russell-Tribunals. Mitglied des Komitees für Grundrechte und Demokratie. Arbeitsschwerpunkte: Demokratietheorie, Herrschaftstheorie, Theorie der Menschenrechte, staatliches Gewaltmonopol, dazu auch zahlreiche Publikationen.

Luise Schottroff
Geboren 1934 in Berlin. Studium der Evangelischen Theologie in Berlin, Bonn und Göttingen. Promotion 1960, Habilitation für das Fach Neues Testament 1969. Professorin für Neues Testament in Mainz, seit 1986 in Kassel. Arbeitsschwerpunkte: Sozialgeschichte des frühen Christentums, Befreiungstheologie und Feministische Theologie im Kontext der »ersten« Welt. Neuere Veröffentlichungen: Sucht mich bei meinen Kindern (München 1986), Das Kreuz – Baum des Lebens (Stuttgart 1987, zusammen mit Dorothee Sölle und Bärbel von Wartenberg-Potter), Schuld und Macht. Studien zu einer feministischen Befreiungstheologie (München 1988, zusammen mit Christine Schaumberger).

Willy Schottroff
Geboren 1931. Studium der Evangelischen Theologie und Orientalistik in Wuppertal, Tübingen, Heidelberg und Mainz sowie in Paris. Promotion 1961 in Mainz, Habilitation 1968. Seit 1971 Professor für Evangelische Theologie (Altes Testament) an der Universität Frankfurt am Main. Neben zahlreichen Publikationen zusammen mit Luise Schottroff Herausgeber von: Mitarbeiter der Schöpfung. Bibel und Arbeitswelt (München 1983), Wer ist unser Gott? Beiträge zu einer Befreiungstheologie im Kontext der »ersten« Welt (München 1986).

Fulbert Steffensky

Geboren 1933. Verließ im Alter von 36 Jahren den Benediktinerorden, konvertierte zum Protestantismus. Verheiratet mit Dorothee Sölle. Professor für evangelische Religionspädagogik an der Universität Hamburg. Schwerpunkte: Konfessionsübergreifende Formen neuer Spiritualität, christliche Frömmigkeit, Ausdrucksformen des Glaubens. Zahlreiche Vorträge und Veröffentlichungen, in Buchform: Feier des Lebens. Spiritualität im Alltag (Stuttgart 1984), Wo der Glaube wohnen kann (Stuttgart 1989).

Johannes Thiele

Geboren 1954 in Paderborn. Studium der Katholischen Theologie, Germanistik und Psychologie an der Universität Paderborn. 1984 bis 1985 Cheflektor Theologie beim Benziger Verlag Zürich. Seit 1986 Lektor im Kreuz Verlag Stuttgart. Forschungsschwerpunkte: Sozial- und Mentalitätsgeschichte der mittelalterlichen Mystik, Interreligiöser Dialog, Grundzüge einer postmodernen Theologie. 20 Buchveröffentlichungen, zuletzt: Die Erotik Gottes. Menschen werden wir nur als Liebende (Stuttgart 1988), Mein Herz schmilzt wie Eis am Feuer. Die religiöse Frauenbewegung des Mittelalters in Porträts (Stuttgart 1988), Die mystische Liebe zur Erde. Fühlen und Denken mit der Natur (Stuttgart 1989).

Hanne Vack

Geboren 1940. Volks- und Realschule und Ausbildung als Sekretärin. Politische Sozialisation in der Arbeiterjugend und seit Anfang der sechziger Jahre in der Friedensbewegung. Verheiratet, zwei Töchter. Sekretärin des Komitees für Grundrechte und Demokratie. Veröffentlichung: Mutlangen – Unser Mut wird langen! Verteidigungsreden wg. »Nötigung« (herausgegeben zusammen mit Klaus Vack).

Klaus Vack

Geboren 1935. Volksschule und kaufmännische Ausbildung. Politische Sozialisation in der Arbeiterjugend und in der Antikriegsbewegung Mitte bis Ende der fünfziger Jahre. 1956 bis 1961 Gewerkschaftssekretär. 1961 bis 1964 Bundesgeschäftsführer des Verbandes der Kriegsdienstverweigerer. 1969 bis 1979 Sekretär des Sozialistischen Büros. Seit 1980 Sekretär des Komitees für Grundrechte und Demokratie. Arbeitsschwerpunkte: Außerparlamentarisches Engagement in Sachen Frieden, Menschenrechte, Ökologie und Ziviler Ungehorsam. Vorwiegend als politischer Initiator und Organisator tätig, zahlreiche Veröffentlichungen.

Marie Veit

Geboren 1921. Theologiestudium in Marburg, Jena und Halle. Promotion 1946 bei Rudolf Bultmann. Zunächst Schuldienst, seit 1972 Professorin für Didaktik des Religionsunterrichts in Gießen. Zahlreiche Veröffentlichungen, zuletzt: Alltagserfahrungen von Jugendlichen, theologisch interpretiert, in: Jahrbuch der Religionspädagogik (1984), Wir leben in verschiedenen Zeiten, in: Berlin '89. Impulse für den Kirchentag (Stuttgart 1989). Mitarbeiterin an verschiedenen Unterrichtswerken für Gymnasien.

Bärbel von Wartenberg-Potter

Geboren 1943. Studium der Germanistik und Theologie in Heidelberg und Tübingen. Pfarrerin. 1980 bis 1985 Direktorin der Abteilung »Frau in Kirche und Gesellschaft« des Ökumenischen Rates der Kirchen in Genf. Verheiratet mit Philip Potter. Seit Herbst 1985 Dozentin am Theologischen College in Kingston/Jamaica. Schwerpunkte: Rassismus in Südafrika, ökumenisches Lernen, feministische Theologie, Friede und Gerechtigkeit. Veröffentlichungen u. a.: Wir werden unsere Harfen nicht an die Weiden hängen. Engagement und Spiritualität (Stuttgart 1986), Das Kreuz – Baum des Lebens (Stuttgart 1987, zusammen mit Luise Schottroff und Dorothee Sölle), Die Reise der Pachamama. Eine theologische Erzählung (Stuttgart 1989).

JOHANNES THIELE (HRSG.)

Mein Herz schmilzt wie Eis am Feuer

Die religiöse Frauenbewegung
des Mittelalters in Porträts

Reihe »Wege der Mystik«

299 Seiten kartoniert · ISBN 3 7831 0932 9

19 Porträts mittelalterlicher Mystikerinnen enthält dieses Buch, das ein farbiges und lebendiges Bild der Blütezeit alteuropäischer Mystik zeichnet und Spuren weiblicher Spiritualität sowie alternativer Lebensformen nachgeht. Die Mystik ist ein gesamteuropäisches Phänomen, und die mittelalterlichen Mystikerinnen haben der Sehnsucht nach Gott einen unmittelbaren Zugang zur seelischen Innenwelt eröffnet.

LUISE SCHOTTROFF / DOROTHEE SÖLLE /
BÄRBEL VON WARTENBERG-POTTER

Das Kreuz: Baum des Lebens

96 Seiten, kartoniert · ISBN 3 7831 0897 7

Dieses aus der Mitarbeit der Autorinnen am 22. Deutschen Evangelischen Kirchentag 1987 in Frankfurt entstandene Bändchen greift eines der umstrittensten und brisantesten Themen der protestantischen und feministischen Theologie auf: das Kreuz, der Baum, unter dem das Leben gefeiert werden kann als Sieg über die Mächte des Todes und der Unterdrückung. Das Buch entfaltet dieses Thema in dreierlei Hinsicht: das Kreuz Christi, das Kreuz der Frauen, das Kreuz der Armen. Anliegen, Ziel und Methode der Autorinnen sind befreiungstheologisch, aber unter verschiedenen Blickwinkeln. Luise Schottroff zum Beispiel kommt als Neutestamentlerin von der historischen Wissenschaft her und wird das Thema sozialgeschichtlich behandeln. Dorothee Sölle und Bärbel von Wartenberg-Potter setzen aktuelle politisch-theologische Akzente (Befreiungstheologie in Asien und Lateinamerika).

Kreuz Verlag

Von Dorothee Sölle sind im Kreuz Verlag erschienen:

Leiden – Studienausgabe
223 Seiten, kartoniert · ISBN 3 7831 0750 4

Aufrüstung tötet auch ohne Krieg
128 Seiten, kartoniert · ISBN 3 7831 0669 4

Das Fenster der Verwundbarkeit
Theologisch-politische Texte
347 Seiten, kartoniert · ISBN 3 7831 0843 8

Die Hinreise
Zur religiösen Erfahrung / Texte und Überlegungen
190 Seiten, kartoniert · ISBN 3 7831 0467 X

lieben und arbeiten – Eine Theologie der Schöpfung
213 Seiten, kartoniert · ISBN 3 7831 0791 1

Phantasie und Gehorsam
Überlegungen zu einer künftigen christlichen Ethik
71 Seiten, kartoniert · ISBN 3 7831 0216 2

Politische Theologie – Erweiterte Neuauflage
222 Seiten, kartoniert · ISBN 3 7831 0679 6

Das Recht ein anderer zu werden – Theologische Texte
Erweiterte Auflage
190 Seiten, kartoniert · ISBN 3 7831 0632 X

Dorothee Sölle im Gespräch
Herausgegeben von Theo Christiansen und Johannes Thiele
240 Seiten, kartoniert · ISBN 3 7831 0912 4

Stellvertretung
Ein Kapitel Theologie nach dem »Tode Gottes«
Erweiterte Neuauflage
190 Seiten, kartoniert · ISBN 3 7831 0662 1

Sympathie – Theologisch-politische Traktate
319 Seiten, kartoniert · ISBN 3 7831 0561 7

Wählt das Leben
156 Seiten, kartoniert · ISBN 3 7831 0595 1

Kreuz Verlag